运筹多空策略

捍卫金融疆土

一场没有硝烟的战争已经打响！

谁将成为最后的王者？

谁能捍卫中国的金融疆土？

期货英雄 4

——蓝海密剑中国对冲基金经理公开赛优秀选手访谈录 2014

杨劲松　沈　良　刘健伟　主编

东航金控有限责任公司 & 七禾网期货中国　出品

地震出版社
Seismological Press

图书在版编目(CIP)数据

期货英雄.4,蓝海密剑中国对冲基金经理公开赛优秀选手访谈录2014/杨劲松,沈良,刘健伟主编.—北京:地震出版社,2015.2

ISBN 978-7-5028-4548-3.

Ⅰ.①期… Ⅱ.①杨… ②沈… ③刘… Ⅲ.①期货交易—经验

Ⅳ.①F830.59

中国版本图书馆CIP数据核字(2015)第002941号

地震版 XM3409

期货英雄4——蓝海密剑中国对冲基金经理公开赛优秀选手访谈录2014

杨劲松 沈 良 刘健伟 主编

责任编辑: 朱 叶

责任校对: 孔景宽

出版发行:地 震 出 版 社

北京市海淀区民族大学南路9号 邮编:100081

发行部:68423031 68467993 传真:88421706

门市部:68467991 传真:68467991

总编室:68462709 68423029 传真:68455221

证券图书事业部:68426052 68470332

http://www.dzpress.com.cn

E-mail:zqbj68426052@163.com

经销:全国各地新华书店

印刷:三河市嵩川印刷有限公司

版(印)次:2015年2月第一版 2015年2月第一次印刷

开本:787×1092 1/16

字数:253千字

印张:16.5

书号:ISBN 978-7-5028-4548-3/F(5240)

定价:39.80元

《期货英雄 4》编委会

目 录

《期货英雄1》/《期货英雄2》/《期货英雄3》各路豪杰寄语

爱上趋势－黄俊：悉闻《期货英雄4》将出版发行，由衷地为蓝海密剑的成长和书中介绍的英雄们点赞和骄傲。

作为国内最早全方位衡量交易水准和质量的期货大赛，6年多来挖掘和发现了大量的交易人才，由蓝海密剑大赛中选拔的交易师们所运作的资管产品，东航种子一号，和MOM一号产品均取得了稳定而优异的成绩，我有理由相信本书中所蕴含的交易智慧将为各位读者带来很多的启发和思考，再次代表我个人向各位奋斗在交易第一线，且有志于在交易领域有所建树，或拓宽视野的人们推荐这本优秀的交易类出版物。

张健：这些年我对期货的感悟：一、持长是做趋势交易的第一要务，很多时候我们止损得很及时，做到了把亏损扼杀在初期，但是真正能使资金积累起来的第一要素是利润最大化。

二、期货交易的方法并不是最重要的，很多人都用最简单的分析方法做到持续稳定盈利，所以不要纠结于什么高深的分析方法，一个好的策略和资金管理更重要。

市场变化：现在越来越多的期货投资机构涌现出来了，管理资金的规模越来越大、管理的水平越来越高，很多都是套利和程序化交易，单边投机的风险被市场逐步认识，很多参与者开始寻求稳定持续的盈利，这种投资方法也逐渐被大众认可。

freezegogo（徐佳佳）：期货交易对于绝大多数人而言，仍是一片神秘的未知海域。随着国内金融行业的日渐成熟，这片海域以其特有的魅力，正吸引着越来越多的探险者。“蓝海密剑”大赛，像是一本厚厚的航海日志，年复一年，精确地记录着航海家们的探险轨迹，也忠实地记载着一次次的成功和失败。**《期货英雄》系列访谈录，则像是一套旅行游记，其中既有与惊涛骇浪搏斗的精彩故事，由当事人娓娓道来，更为动人；又有应对种种险滩暗礁的宝贵经验，这些经验在教科书上无法找到。**如今，我国期货行业已进入黄金时期。在这个千帆并进的“大航海时代”，让我们共同携手，在“蓝海密剑”和“期货英雄”上写下新的篇章！

周伟：东航金融的蓝海密剑从2008年开始举办以来，不知不觉已经快要进入第七个年头了，通过这个比赛，涌现出了一大批交易高手，越来越成为我国金融衍生品市场优秀人才的“黄埔军校”。

对于我们广大交易员来说，2014年是具有里程碑意义的一年，3月17日，证券投资基金业协会公示50家私募基金登记备案开始，中国期货市场正式进入私募基金发展的黄金时期，有实力的优秀交易员必将在这时代一显身手，很庆幸的是**东航金融给大家提供了一个展示自己能力的平台，希望这个比赛能推陈出新，与广大交易员，与中国金融衍生品市场一起不断成长……**

高兵：期货市场总是那么有魅力，明天永远只是猜。存在的行情都是合理的，错了是因为你没猜到。天天怀疑自己则任何事情都做不好，过于相信自己乃至膨胀，必将受到市场的修理，之后才会懂得虚心。间或一段时间增长十倍几十倍，并不是说明大脑强于比尔•盖茨，倒是应该小心接下来的亏损。

蓝海密剑致力于发现交易人才，弘扬中华智慧，开展最具创意的期货比赛，赞！同时也希望《期货英雄4》带给有缘的期货人更多的启示！

严圣德：《期货英雄》系列总结了蓝海密剑期货实盘大赛优秀选手的交易经验和方法。牛顿曾说过：“如果我看得比别人更远些，那是因为我站在巨人的肩膀上。”所以我认为这是一套值得一读的书籍，大家可以参考学习，特别是对于刚刚接触期货以及长期交易却还陷于亏损的泥沼中的朋友会有所帮助。

林峰：在期货市场这个没有硝烟的战场里，一个个期货英雄神话的造就让无数的投资者趋之若鹜。在《期货英雄4》即将出版之际，首先对所有的英雄们给予最崇高的致敬，表示深深的祝贺！同时感谢为《期货英雄》的编辑出版付出努力的所有七禾网的工作人员！的确，在期货市场不乏出现很多的传奇和神话，那些英雄们的成功不是一蹴而就的，他们的成功是之前许许多多的失败铸就出来的，他们有着敏锐的分析判断能力、过人的胆识、强大的心理素质，等等。**但期货市场瞬息万变，谁又能说这些传奇就是永恒的成功，一时的成功不能代表永恒！长青树不是不落叶，而是落叶即生，所以生命之树长青。**

愚者困惑，智者不愚，只有在智慧的峰顶才会鸟瞰！愿《期货英雄》之书成为所有期货投资爱好者的交易指引，路越走越远！

陆海鹏：大江东去，浪淘尽。千古风流人物。故垒西边，人道是，三国周郎赤壁。乱石崩云，惊涛拍岸，卷起千堆雪。江山如画，一时多少豪杰！将军百战死，壮士十年归，此中有真意，欲辨已忘言。

丁洪波：期货市场是充满激情和梦想的地方，也是追求财务自由、时间自由和心灵自由的憧憬所在。**英雄可以是一时的，也可以是持久的，每位期货英雄的经历和感悟都值得我们学习借鉴并得以成长。**放下过去，谦卑向前，就一定能不断超越自我，走得更远。

周汉平：今年是趋势交易盈利比较丰厚的一年，严格的资金管理和风险控制才能取得稳定的成绩，才能是市场上的寿星。稳定盈利才是真正的暴利，急于求成往往功亏一篑。

2014年是私募放开的一年，这样一来，市场参与者的结构会改变一些，竞争性加大，赚钱也可能会越来越难了。这就需要投资者根据市场结构的变化来微调自己的系统，来适应这个变化的市场结构。

祝愿新一届的蓝海密剑比赛越办越好，让更多的优秀投资者有一个更好更大的舞台。

葛云华：商场如战场，要在期货市场中立于不败，通常人们都会说求变。而我要说的是静，等市场先出招，因为市场先变的话，这个变代表着一种欲望，有欲望就出现了一个有，由于万事万物总是两两对立在矛盾中孕育着，所以这个有(变)最终还是要走向无(失败)。那么何为静？静就是不动，不动的意思就是不想让对方知道我在干什么，从某种程度上来说就是一个无。那么这个世界如果什么都没有的话是不可能的，而最能体现这个无的就是中。中其实是没有的，但其始终存在着。那么既然是没有的，就不存在消失。但其始终存在着，由于万事万物总是两两对立在矛盾中孕育着，所以这个中(静、无)将永远走向其对立方。

另外，借此想对“蓝海密剑”大赛收益率的计算法则提个建议：只算最大累计净入金的份数，而不减去出金的份数，让选手去创造出色的收益率，从某种程度上来说难度增加了不少。许多人都会说资金大难以创出出色的收益率，这要看你的资金到底有多大，是否在股指期货以及一些成交很活跃的商品期货品种上。先说股指，区区几个亿的资金能让你在瞬间就能成交。假使你有1个亿，翻10倍也就10个亿。10个亿的资金在现在的股指期货上正常情况下，一分钟就能搞定你。资金大，1个亿的资金你有吗？10倍的收益率在现在的众多期货大赛上就可以去争夺头名了，你做到了吗？噢，不好意思10个亿的资金就能在一分钟内搞定，1个亿算大吗？而我看到在现在的国内众多期货大赛上所谓的大资金，不过千把万而已。10个亿的资金在一分钟内就能搞定，区区千把万算大吗？1千万翻100倍，不过10个亿。10个亿在股指期货上一分钟就能搞定，而100倍就差不多可以去改写拉瑞·威廉姆斯的纪录了，你做到了吗？再说商品，逊色一些是可以理解的。那么在10个亿的基础上缩小5倍，2个亿，下面的话你们觉得还用得着说吗？

最后再来个横批——1个1万元的资金与1个1千万的资金去比综合得分。1万元赚100%才赚1万元，而1千万赚10%就有100万。请问拿1万元与100万去比综合得分更容易，还是拿1万元与1千万去比相同的收益率更容易？这就是为什么人与人之间境界的差距大：能大到无边无际……

朱啸宇：再过半年，期货就做满十个年头了，很难不感慨！头四五年里，基本上属于打哪儿指哪儿，时灵时不灵。后来学习K线，开始所谓的技术分析，尝试建立系统。**如果用木桶理论来评价的话，我所谓系统其实只有两块板，止损和技术分析。**即便简陋至此，竟也凭之侥幸在2011年的蓝海密剑获得第六名。

然而两块木板毕竟做不成水桶，因此近两年来一直在反思，复盘三年来的几乎每一笔交易，尝试完善交易系统。"愚者千虑，终有一得。"到现在，期货交易，才算是有点儿入门了。

顾伟浩：时至岁末，回顾14年的金融市场，可谓跌宕起伏大开大合，首先全球货币市场欧元、日元等非美货币连续暴跌，美元指数一鼓作气直指90大关，大宗商品市场，以石油、黄金、白银为代表连创新低，在这全球经济紧密相连，信息高速传播的时代，全球各经济体此消彼长的力量变化，引发了全球市场的滔天巨浪，因此，**密切关注全球经济的动态变化，领悟重大经济体社会政治经济的重大变化，紧贴历史潮流是取得出色业绩的重要方法！**

同此，中国社会经济面临巨大变革，中国实体经济进入后重工业化时代，金融市场改革开放的进程正如火如荼展开，社会经济的重大变革必将为我们提供巨大的投资机会！

关注社会政治经济变化，关注社会群体心理与市场参与主体心理的周期变化，突破其兴也勃其衰也忽的盛衰周期律，以从容坚定的战略和灵活机变的战术适应市场变化，如此方能顺天应人立于不败之地！

——是以为感！

黄平：一、今年交易市场感悟：期货市场要想当长期的赢家，千万不要失去理智而去孤注一掷，今年某个冠军的爆仓事件给我及我们这样的私募公司很好的警示。**期货交易没有一成不变的经验，长期的赢家一定是不断思考市场变化而去契合市场，而不是老拿过去的老经验认为是不变真理。**

二、期货市场的变化明显资金量增大，机构之间的博弈代替机构与散户的博弈将越来越明显。

三、蓝海密剑比赛是伴我在期货里成长的比赛，我也认为这个比赛是国内办得最好的比赛，希望能一直坚持下去，挖掘出更多的期货人才！

杨行贵：交易这行，诚如人生一样，最终还是要学会自己思考，发现自我，做自己。

有时难免受人感染，表现我执，等跳出来后才幡然醒悟，貌似学别人，其实是陷入自己不断强化的预期中不能自拔，应秉持唯变所适的态度，自信到将自己的想法付诸实际，即利弗莫尔所言交易者的勇气。

有时也要重新出发，今年小孩儿出生，我可以用接近中年的心态再经历一次童年。置身内外，我尝试安静地观察他的感受和自己的感受。恰好自己的交易也需要类似这样的心态重新开始，做好行情记录，耐心等待时机，揣摩市场节奏，及调整自己心理变化等，可能与之前做的不无二致，但多了份旁观的清醒和自省的勤勉。

交易这条路，自己何以走成这样，后面又要如何走，打算如此多问问自己。同时也打算多关心家人，他们给我的爱比我给的多得多。与诸位共勉！

吴飚：期货市场是不断进化的，期货投资人也在不断的进化，当前市场机构投资者逐步增多，市场波动率逐步降低，投资行为比原来理性多了，市场的驱动力偏向市场的本质规律，在机构力量不断开疆拓土的时候，个人投资的生存空间不断被挤压，而互联网金融的崛起，又给我们提供新的巨大的机会，将来团队协作将成为重要的生态。**只有与时俱进，不断学习，不断总结，感受市场的脉动，顺应市场变化，才能长久生存。**

李志康：投资市场一个持续的赢家意味着不断寻找、打造、升级、完善自己特定的吻合当前市场要求及自身特定目标的商业模式。它首先得体现长期持续盈利是硬道理这个大前提，其次才是优化平衡等软道理，奔跑中调整姿势，美化姿势才是现实中有生命力的体现，而不是先完美和理想化。为此，模型升级路径是从没型到乱型到成型到转型到定型再毁型最后成为最高境界类似变形金刚的超级变型能力。所以为了能够不断升级，需要我们在市场中不断努力，完善自己，愿每一位在此努力的朋友能最终达成所愿。谢谢。

孙永刚：欣闻《期货英雄 4》即将出版，蓝海密剑从 2008 年开始，不知不觉 6 年了，**6 年里，通过蓝海密剑，吹尽黄沙始得金，一批优秀的交易人才被发现，这是我国金融衍生品力量的宝贵财富，也是我们捍卫金融疆土，保卫我国金融利益的宝贵力量**，有一点我可以肯定，我们的巴菲特，我们的索罗斯，我们的西蒙斯就在蓝海密剑里，希望我们的交易人才逐渐成长，担当起维护国家金融利益的重任，我们不仅要有《期货英雄 4》，还要有 5，6 等。最后，祝东航蓝海密剑期货实盘大赛越办越好，愿《期货英雄》系列丛书与我们一路前行。

徐恺曜：在当今的期货交易市场中，市场的参与者越来越年轻，并且越来越多的量化，程序化交易参与进来，所以期货交易的难度越来越大，行情往往也更急躁冒进一些，是挑战也更是机会。祝愿所有的期货英雄能抓住行情的脉络，在期市中乘风破浪，也祝愿大家都成为未来的期货英雄！

梁国根：期货市场是对一个人全面素质的考验，市场无时无刻不在进行着无常的变化，作为个人投资者也需要不断学习，随市场的变化更新自己以往的市场经验，优化自己对市场的知识结构，否则，很容易被市场淘汰。

时光匆匆又过去了一年，对于交易我又总结了以下几点，虽然都是老生常谈：

一、利沃莫回忆录里说，市场最难的是判断正确并能坚持持仓。现在越来越感觉到了这句话的分量了。

二、趋势的力量很强大，沿趋势方向的做单是损失最小的。

三、经验是双刃剑，经验能加强你对市场规律的认识，但也使你的主观想法加强，很多损失都来自主观的做单。

四、心态是很难修的，来自于心态问题的交易损失不断重复，战胜心态问题需要做单原则和资金管理。

杨帆：成功就是不断重复做正确的事情。**交易的成功就是不断重复地严格执行正确的交易策略。**

老树：时光荏苒，蓝海密剑实盘大赛已成功举办六届，《期货英雄4》即将推出，数十位期货英雄熠熠生辉，“东航金融MOM一号”基金成功运行4年多，以4年年均25%收益率和较低回撤称雄于资管市场。既有决心探索创新，又有耐心执着坚守，蓝海密剑实盘大赛和七禾网必将越办越好。

作为大赛见证者和参与者，和大赛共同成长，我通过这个平台结识了诸多好友，学习借鉴投资理念和操作感悟，收获满满。展望未来10年，愿与您同行，迈向明天。

宋学军：因为我对期货的理解不够，不能从本质上正确看待自己操作手法的优劣，不知以后的发展该从哪儿入手。于是去年开始尝试各种风格的操作手段，尤其是在程序化自动交易上花了很多精力，并且阅读了很多大师的著作，学习了很多前辈的经验，但结果还是不尽我意。不过，却使我找到了正确的学习方向。我开始思考：期货的本质是什么？经过反思发现是时候面对自己了！于是今年开始，**我将探究方向转向了自己的交易。着重研究自己的交易情景，回顾自己的交易笔记，重新定义了期货交易中的各种概念。**从寻求“期货本质”出发，结合自己和前辈的经验，开始探索。经过努力已取得了一个自认为很幸运的结果，尤其是对风险的崭新认识，使我对过去所有的交易和将来的交易都有了一个新的评价体系。这标志着自我体系的建立。2014年对我来说是一个重要的转折点，我可以预见它的重大意义！在此我要感谢最困惑时帮助我的人们：我的家人，还有首善集团的陈连君，是他使我明白了：要追求自我！

吴洪涛：人要想改变命运，改变现状，就得先改变自己。如果以前自己的努力没有改变命运，那就是还存在很多问题。所以先改变自己，然后命运就会改变。

人性亦然，没有改变，就是还没吃够苦，还没遭够罪啊！也就是还没想明白啊！改变人性很难的，江山易改本性难移。

人性中很多属恶、属贪……，改变一分，成就一分。所以成败和敌人和他人无关，取决于自身。

马云生：多年的投机生涯，我的感悟是：**投机这一最具魔力的行业，最终比拼的不是所谓技术，而是心理上的比拼，要克服一夜暴富的心理，轻仓长线，让时间发挥它的复利效应，才是绝大多数人的盈利之道，短线天才万中取一，绝大多数人并不适合。**

《期货英雄4》给我们提供了很多成功交易者的心得体会，我相信，不管是新手还是老手，都能从中得到大量有益的启示。

李竞：过去一年金融市场风起云涌，在美元强势崛起和国内经济转型的大背景下，市场整体波动率回归，带来了很多大趋势交易机会。我们所处的期货市场正在面临变革：量化交易、跨市套利、程序化越来越流行，这也为专业的资金托管业务带来难得的发展机遇。

回顾一年来的交易，个人收获了很多感悟和成长，更加完善了自己的交易系统和心理状态，对于趋势行情出现时的级别判断和行情把握也更加成熟。今年出现的几波大行情交易系统在第一时间都发出了信号，自己也顺利的抓住了，兑现了去年继续打破纪录的期望，刷新了个人保持的单日盈利纪录，也打破了蓝海密剑季度盈利纪录，也数次接近月度盈利纪录。自己把握趋势行情的能力毋庸置疑，需要更加完善的是大幅获利后调整心理状态。**交易的实质是心理和心性的考验，适合我个人的方法是只做有力度的趋势行情，减少对杂波的关注。**在把握趋势条件下的稳定复利才是交易的终极之道。

《期货英雄》系列丛书为我们展现了很多优秀交易者的交易理念和方法，

对自己怎么看待期货市场提供了更多的角度和思考，是难得的好书。我也迫不及待地希望学习新书里优秀交易者的交易经验和心路历程。预祝《期货英雄4》出版大卖！与诸位共勉。

序　言

混乱的自由

沈良 2014.3.5 空中狂想

红绿世界，
净是混乱的自由。
可争分秒，
可布全局，
也可相时而动。

经世群侠，
得以保全个性，
纵享沉浮。

阴阳苍茫震撼，
可知未知犹可预知，
无知不知亦有先知。

一朝成名，冠压群雄。
一溃千里，霸王乌江。
少年战神，无坚不摧。
孤独帝王，一呼万应。

大成者聚，大荣者归。

莽莽红尘，
几多浮华。
昨日钱潮观澜，
今朝风轻云淡。

百花飘，万人迷。
芬芳宇宙，剧毒因果。
天赐善。

付爱民：更稳健，更持久，从个人到团队

（2013年12月10日　沈良、翁建平、叶晓丹整理）

付爱民

著名期货投资人、上海睿福投资管理有限公司董事长，20年期货投资经历。曾获得第二届“海通杯”操盘手大奖赛亚军(3个月289.19%的收益率)，第三届“海通杯”期货实盘大赛冠军(12个月3384%的收益率)，第三届全国期货实盘交易大赛第2名(4个月287.13%的收益率)，第四届全国期货实盘大赛百万以下组冠军(4个月466.80%的收益率)。

访谈精彩语录：

每隔两三年，主流品种都有一波大的行情，而暴利的机会随时都有，只是不一定是主流品种。

期货市场永远有暴利机会。

行情不存在难做不难做，只是你的手法有没有适合行情，当你抓到行情节奏的时候，行情自然就好做了。

以往的成功经历，可能应付不了现在的波动情况。

某些新的品种会成为主流品种。

我现在把较大的精力放在新品种的把握上。

我平均每天差不多操作 10 个品种。

我一个人同时有三四种风格(短线、趋势、对冲等)在做，别人把我这种方法叫“太极拳”。

我是多品种交易，但是当出现重点品种的时候我会重点出击。

每个商品都有它独特的个性，你必须亲自去做，才能了解它的个性。

只要是新品种我都会去研究，争取在新品种成为主流品种的时候能把握住，那时利润就会比较大。

对新品种的研究是重中之重。

上期所推出了黄金白银夜盘后，又推出铜、铝、铅、锌，这是逼着我们去做夜盘。

凭我自己的感觉，从这四年的过程来说，程序化的收益率是逐年下降的。

所谓程序化，最核心的就是策略，而策略只有做过盘的人才有。

永远轻仓，肯定赚不了大钱，永远重仓，肯定会暴仓，所以要选择合适的时机，选择自己有把握的机会，适度重仓。

期货的机会是不均等的，用均等的思维看期货肯定是不对的。

在国际上成功的交易员大多是做长线的，做短线的非常少，只占 10%，甚至更低。

短线靠的是天生的一种本能，靠的是你的感觉，对盘面的盘感，更多的来自于自身原始的能力，而中长线需要的是理性的分析，交易计划的制订和执行。

多种交易方法组合使用的好处是资金使用率提高，在保持较高盈利的情况下，风险还能有效控制。

资金小的时候一次性建仓更好，而资金大的时候还是分步多次建仓比较好。

小资金平仓，说平就平掉了。大资金平仓必须要打提前量。

大资金要分步建仓，不对的时候要提前走，做的时候先想风险再想利润。

金融管理就是把单个个体的交易曲线变成多个个体组合后的曲线。

金融交易讲究个体，金融管理讲究团队，金融管理更讲究可持续的发展。

希望未来投资者想到我的时候，不是我付爱民个人，而是睿福投资团队。

根据不同的风格来进行团队培养，团队成员之间要形成互补，达到整个交易团队的稳定。

只要把自己打造好，这个市场是不缺钱的。

这些大佬都不是赌来的，他们也不是一夜暴富，他们都是经过前期的厚积薄发，他们都有屡次成功失败的折磨。

要想成为期货大佬，还是要把自己的内功练好，把自己的交易风格、交易手法积极地做改变。

从现在开始到未来10年，肯定是期货市场的又一个黄金10年。

问题1：付爱民先生您好，感谢您在百忙之中接受期货中国网的专访。您在2009～2010年期间，把20万元左右的资金做到5000万元左右，请问您当时主要抓住了哪几个交易机会？您觉得类似的“暴利”机会还会有吗？

付爱民：具体盈利数据我以前没怎么说过，好汉不提当年勇。**当时我是抓了四波行情：豆油、橡胶、PTA，还有锌。**其实我觉得类似的机会还会有，因为从我将近20年的交易经验来说，**每隔两三年，主流品种都会有一波大的行情，而暴利的机会随时都有，只是不一定是主流品种。**今年的白银暴跌，包括近期甲醇的暴涨，都是暴利机会，但因为它们不是主流品种，大家或许没关注，所以有人说行情难做，其实机会永远不会缺。换言之，我的认识是**期货市场永远有暴利机会。**

问题2：较多高手认为2013年的期货市场几乎没有“像样的行情”，交易不太好做，收益没有以前高。您如何看待2013年的期货行情？您觉得2013年的行情是否比往年更难做？

付爱民：我在接受媒体采访时谈到过这个问题，我觉得2013年对我来说是进步最大的一年。因为在2012年年底到2013年年初的时候，整个行情的节奏跟以往有所不同，在这个过程中我自己也出现了一定的回撤，但是后来我技术方面做了一些改进，整体业绩又做上来了。所以就拿我自己来说，**行情不存在难做不难做，只是你的手法有没有适合行情，当你抓到行情节奏的时候，行情自然就好做了。**至于很多高手认为没有像样的行情，可能是因为某些高手习惯做某几个品种，如果这几个品种没机会，特别是我刚刚提到的主流品种，像我们传统的铜、橡胶、棉花，确实没有单边的大行情，相对主流的品种确实没什么机会。大资金规模要做成交量大的品种，确实没什么大的机会。很多高手在前些年，小资金成长为大资金以后，比较成熟的品种才能做，我觉得这可能是大家认为不好做的原因。因为他们对品种的选择范围越来越小了，对一些偏门品种不敢去放大规模做。就拿近期的甲醇来说，我也做进去了，也赚到了，但是量很小，甲醇买到了，但不会重点去做，产生的利润是微乎其微的。

问题3：您在2013年主要做了哪几波行情？收益情况如何？

付爱民：2013年可以说是我交易手法有较大改进的一年，到现在客户平均收益50%左右，自己的账户仓位重一些，收益也更高一些，100%多。**主要收益来源，一个就是做空白银，**白银在年初我就看空，看空衍生品、贵金属等金融属性比较强的品种，这点把握得还比较到位，所以白银的一波下跌几乎是全做到了。按照往年，利润会更大，但因为是做空行情，主要下跌阶段跌得比较快，相对来说仓位没有放足，利润虽然也还可以，但是比想象要少一点。**第二波行情就是十月份以后，做多棕榈油，**底部到高位，几乎全把握住了。对客户来说，两次整体盈利差不多50%，这个50%是在年初回撤接近16%的情况下拉平后取得的。所以相对于往年，今年的行情确实让自己感触比较多，经历了先抑后扬，而且把自己的手法风格做了很多改进。

问题4：您觉得类似于2013年这样的行情波动特征，以后会成为常态吗？优秀的交易者应该如何应对不同年份的不同行情结构？

付爱民：可能会成为常态，这对投资者来说是很大的挑战，因为我一直觉得做这个行业就是要适应市场，但确实很多投资者进入期货市场时间也不长，投资年限相对比较少，我认为风格的多样化是建立在多年经验的基础之上，新的行情波动出来以后，会面临学习的过程，下一回再碰到类似的行情才会产生利益。大部分投资者在市场待了10年以内，或者很少的投资年限，他们现在会面临很多新的问题。我觉得**以往的成功经历，可能应付不了现在的波动情况**，在某些行情上应该进入学习、修整的阶段，而且**像2013年的波动特点，未来可能会是常态**。但我所说的常态并不是指品种活不活跃，而是**某些新的品种会成为主流品种**。某些新上市的品种会慢慢活跃，传统的品种有可能会不见得那么活跃，因为资金的退出，像铜资金目前有流出迹象，而豆粕以前不怎么活跃，现在非常活跃，成为了主流品种。这一点是必须要面对的，所以**我现在把较大的精力放在新品种的把握上。**

问题5：您平时一般操作几个品种？在某个品种有行情时，会不会对这个品种重点出击？

付爱民：看过交易单之后，发现我是做很多品种的，**我平均每天差不多操作10个品种**，但我的手法里还有大量的对冲交易、套利，甚至还有我擅长的单边趋势、短线，我自己是做短线出身的，我一个人把很多的方法融合了，所以我做的品种数量比较多。**我一个人同时有三四种风格在做，别人把我这种方法叫"太极拳"。我是多品种交易，但是当出现重点品种的时候，我会重点出击**，在重点品种出来的时候，其他品种会做得少，重点品种重点把握。比如说前几年一波橡胶行情就是重点出击，产生了较大的利润。

问题6：近两三年来，期货市场上市的新品种越来越多，这些新品种您有没有关注？有没有参与？当一个新品种具备哪些条件时，会成为您主要操作的品种？

付爱民：我是比较喜欢新鲜的，新的品种我不仅关注，而且都会参与，都会去试盘，毕竟我们是一线交易员出身的，我认为**每个商品都有它独特的个性，你必须亲自去做，才能了解它的个性。我会在新的品种上市的时候用非常小的量，哪怕一两手地做，去试着找感觉。**几乎所有的新品种我都会参与交易，然后去摸索它，特别是这两年最大的变化是新品种可能会成为主流品种。所以只要是**新品种我都会去研究，争取在新品种成为主流品种的时候**

能把握住，那时利润就会比较大。现在我们回顾一下当年的棉花，一开始也觉得是很死的品种，可后来就出现了大行情，当年的棉花错过以后，到现在都很后悔，没想到一个新的品种会成为主流品种，包括去年豆粕的行情也比较大。所以我觉得**对新品种的研究是重中之重。**

选主要操作的品种，首先成交量和资金量的吞吐能力必须要有，其次就是持仓量大，资金进出方便。投资者的参与结构包括机构、散户，各类资金比较均衡的时候，简单说就是持仓量到了一定程度以后，成交达到活跃状态以后，这个产品基本上就可以参与了。**"量"是首要考虑的。**第二个就是当这个新品种的国家产业政策有所导向以后，或者**基本面对这个新品种有些特殊利好，这样的品种可能会面临大的结构性变化的机会，**我会重点去参与。一个是量，一个是产品本身，真的出现大机会的时候，一定会有资金去炒作它。比如说甲醇，这么活跃，出现这个情况的时候就会操作它。相当于一个从技术面上去看，一个是从基本面上去看。

问题7：上期所黄金和白银的夜盘已经上线了一段时间，交易比较活跃。如今上期所正大规模推出夜盘交易(铜、铝、锌、铅)，您目前有没有参与夜盘交易？夜盘的推出对您的交易产生了哪些影响？

付爱民：目前只推出了黄金白银，我参与得比较少，因为我觉得交易员的体力尽量还是用在刀刃上。但是**上期所推出了黄金白银夜盘后，又推出铜、铝、铅、锌，这是逼着我们去做夜盘，**所以是不得不参与。从内心来说，**夜盘推出来以后影响最大的就是自己的身体，**因为以前做4个小时，现在做的时间拉长了，几乎都没有休息的时间了，特别像我们属于主观交易者，对人的体力要求更大。不过，**凭我自己的感觉，从这四年的过程来说，程序化的收益率是逐年下降的，**因为程序化做得越来越多，同质化越来越严重，而且程序化不能一概而论，很多程序化属于伪程序，太同质化了，就拿了几个简单程序来运行，也叫程序化？我觉得真正的程序化实际上是有核心交易理念的，只有真正懂交易的人才能写出好的程序，而不是简单的一个白领、一个小程序员一出来写的程序就可以用。**所谓程序化，最核心的就是策略，而策略只有做过盘的人才有。**下一步我可能会把一些理念设计成程序，作为辅助，我目前也打算组建程序化团队，用来应付夜盘，甚至我也会再招聘一些人员帮我盯盘，尽量保证身体不被拖垮。也可以通过程序化自动交易，让自己补充点能量。

问题 8：您曾说过，做期货不要去“赌”而是要去“博(搏)”，您觉得“赌”和“博(搏)”有什么不同？

付爱民：我觉得赌的胜率是五五对开的，它凭的是一种运气，这是不值得提倡的，因为十赌九输，一次两次运气好，最终肯定会输掉的，而搏则经过客观分析的，像我们有大量的实盘经验，有比较高的胜率的时候，发现确实是千载难逢机会的时候，该出手时就出手，这凭的是一种实力，绝对不是凭运气。我觉得有合适机会时，该搏还是要搏。**永远轻仓，肯定赚不了大钱，永远重仓，肯定会暴仓，所以要选择合适的时机，选择自己有把握的机会，适度重仓**，这是辩证的思维，两者平衡，所以我觉得平时应该轻仓，但该搏还是要搏的，人还是要有魄力。还有，**期货的机会是不均等的，用均等的思维看期货肯定是不对的**，当机会来临的时候，你还是继续守着不动，那肯定是不行的。当机会来临的时候，肯定要重，不再是轻，这是交易中要把握的，但往往这是最难把握的，需要丰富的经验。

问题 9：您被誉为中国期货市场从短线交易转型到中长线交易比较成功的代表人物，请问您是什么时候开始转型的？为什么要转型？

付爱民：我是 2002 年转型的，我以前做短线，1994 年开始做交易，到 2002 年之前都是以短线为主，当时每天都做几十个来回，而且当年的手续费非常高，是交易所的 3 倍，大量的盈利变成手续费了，真正自己的利润并不是太高。那时我看了大量的书籍，看了书以后发现，**在国际上成功的交易员大多是做长线的，做短线的非常少，只占 10%，甚至更低**。这些原因吸引我做转型的尝试，但是 2002 年转型的时候非常痛苦，转了差不多一年，到了 2002 年年底 2003 年年初，才基本上转型成功。

问题 10：就您看来，一个短线交易者要转变为波段或中长线交易者，必须去做哪些方面的改变？

付爱民：这个问题跟刚才的问题相关联，要转型其实非常难，为什么？

因为短线靠的是天生的一种本能，靠的是你的感觉，对盘面的盘感，更多的来自于自身原始的能力，而中长线需要的是理性的分析，交易计划的制订和执行，它是理性的东西，两者是非常矛盾的，所以我当年在转型的时候几乎亏了一年。我短线做得非常好，但我中线必须要留单，理性和感觉出现了非常大的矛盾，人处于分裂状态，就没法做单了。赚钱的单子留住，亏钱的单子又要止损，感觉跟计划冲突，这个非常难，其实就是要把两个不同的人融合成一个人。我做短线凭的是感觉，就是所有的东西都不要计划，凭感觉做。做中线就等于自己把自己否定，几乎把自己以前的盘感，所有的东西都彻底否定，完全不要凭感觉做，完全要靠计划来执行，就是计划你的交易，交易你的计划，要完全换了个人，所以很多短线的成功人士转中长线都很难，往往短线越成功的，转型越需要把很多以前的优势丢下。

问题11：您觉得成功的短线交易最关键的要素是什么？成功的中长线交易最关键的要素是什么？

付爱民：短线最重要的是盘感、眼疾手快。中长线我觉得最大的关键就是理性、计划、执行，这个是中长线成功的最大要素。

问题12：您现在还做短线交易吗？短线交易目前在您的整个交易体系中占多大的比例？

付爱民：我现在还有在做短线，中间做了转型，2002年从短线转中长线，到2003年，几乎把短线抛弃，但是到了2004年，中长线出现损失以后发现好多交易还是需要短线，短线应该和中线互补，于是把短线、中线融合，我现在短线、中线全做。目前来说，短线的成交量肯定大于中线，但是利润的贡献，我粗略地算了一下，短线的盈利占20%～30%。我的短线现在以3天以内的短线为主，日内短线很少做了，但我的长线一般都是1个月，甚至更长，有的在3个月以上。中长线就1～3个月之间，短线是1～3天，不排除个别短线放一个星期的，但大部分在3天以内。

问题13：除了短线和中长线，您还会不会应用其他的交易模式，比如波段操作，或是对冲套利等？就您看来，不同交易模式的组合使用有什么好处？

付爱民：会。其实我现在自认为比较成功的就是我的交易模式比较多。

就我自己在期货上的资金大概有一两千万，使用率基本上在90%，但整个回撤还是比较小的。为什么回撤小？因为我同时有三四个方案，三四种风格在操作，短线的、趋势的、对冲的，甚至有些特殊的手法，重点在于每个方法是互补的，而作为整体整个账户的风险其实比较小。因为我短线能力的存在，一旦机会出现，我会形成爆发力，这是我的优势，对冲套利我用的也比较多，**多种交易方法组合使用的好处是资金使用率提高，在保持较高盈利的情况下，风险还能有效控制**。相当于一笔资金在三四种模式中相互切换，这样就使得这笔资金闲置的可能性比较小，使用率比较高，而且风格多样，风险还比较低，但利润却最大化了。

问题14：近年来，有些手工炒单的高手，比如汪斌、渔岵、公羽捷等脱颖而出，您如何看待手工炒单这种交易模式？

付爱民：我当年做短线其实也是每天做几十个来回，就是日内炒单。日内炒单风险很小，它通过交易频率把风险降下来了，但是这种一般适合刚入行的年轻人，利润高，资金使用效率特别足，但它最大的缺点就是资金瓶颈的问题，一般做到某一个规模以后就做不上去了。一个在初期的优秀交易员，完全靠人的本能在交易，**像他们这种人都是天才级的人物，他们的天性对风险、价位波动、曲线波动等都有非常灵敏的感觉，而且能迅速捕捉**。据我所知，手工炒单也是可以培养的，在国内有几个专门培养手工炒单模式的团队，培养了一些炒手出来，但是他们的瓶颈就是到了二十七八岁就很难做下去了，因为炒单对人体力的消耗，对眼睛的损耗非常大。

问题15：关于建仓，您觉得一次性建仓的模式更好，还是分步多次建仓的模式更好？您主要采用哪种方式？

付爱民：资金小的时候，我们开玩笑说“头发少，发型就不好分了”，**资金小的时候一次性建仓更好，而资金大的时候还是分步多次建仓比较好**。像我现在大部分是多次建仓，甚至我有时候建仓是分10多次的，**就是边建仓，边修正自己**，这就是人工交易的好处。我可以通过短线的感觉来修正自己的建仓规模，把短线点位的选择、成本的降低，通过多次建仓达到有效地增长，而且万一遇到风险，也可以合理控制，万一建仓的时候发现不对头，风险就控制了，把风险多次化解了。**多次建仓的目的就是强调对风险的可控性**，就是有利的时候灵活性的仓就多一点，不利的时候灵活性的仓就少一点。而且像我们做了这么多年，更倾向于复利增长，复利增长是很大的，把心态放平和，虽然说一次性建仓做对的时候可以赚很多，比分步建仓多，但是就我多年的经验来说，一般这种情况非常少，概率上来说，分步建仓总的是不吃亏的。分步建仓风险小，总的情况肯定是分步建仓更好，就某一次机会而言，有可能一次重仓赚的多，但拉长的话，肯定是差不多的或者是分步建仓效果更好，因为一次性重仓的止损也会大很多。

问题16：关于平仓，您曾表达过这样的观点："小资金该走就走"、"大资金能走则走"。请问什么叫"该走就走"？什么叫"能走则走"？为什么小资金和大资金的平仓要有所不同？

付爱民：这是成本问题，**小资金量小，它对盘面不会产生冲击**。假如某个止损位到了，你**小资金平仓，说平就平掉了**，而大资金假如说止损位到了，下面挂了1000手买单，而你要平10000手单子，你把这1000手吃掉，剩下的9000手你就自己打自己了。我们以前做过这类单子，到时候一旦破位可能就没有接盘的，所以价格自己把自己砸下去，这种情况会很吓人，损失非常大，出现一次这样的情况，损失可能是不可控的，所以**大资金平仓必须要打提前量**，等到位置一破，大家一窝蜂跟上来的时候，别人小户船小好调头了，人家想跑就跑，压低两个点就跑掉了，而你就跑不出来了，这个时候万一出现极端行情的话，可能就灭掉了。所以**大资金要分步建仓，不对的时候要提前走，做的时候先想风险再想利润**。像我们自己下单，就是只要觉得有风险的话，一般我都会做仓位控制，不会等到破位再去减仓。大资金走的时候，我个人分两种做法，如果是止损就全部走掉，这个单子我认为错了，但假如行情震荡上升，我可以做仓位调节，账户里有短线有中线可以调节仓位，那不叫止损，只是调节，仓位重了，我会提前减仓。但如果单子已经错了，基本面已经发生改变，我已经不能再继续持有的话，那就要全部止损了。

问题17：您认为大资金要求稳，但您自己的账户哪怕有上千万的资金也经常重仓交易，这是为什么？您自己的账户重仓交易，如何控制风险？

付爱民：第一，刚刚提到过**我自己的仓位是个人的资金，这个资金只是资产的一部分，所以可以重仓交易**；第二，我自己的仓位上，虽然重仓交易，但**我是多种方法的组合，其实风险也比较低**，等于只是提高了资金效率。这个资金的重仓是提高资金使用效率，而不是扩大风险，我大量地运用短线交易、对冲交易、套利交易，这些占了我很大的比重，虽然我自己重仓交易，但单向的可能性很小，一般都是组合交易。

问题 18：现在，您管理客户的账户一般仓位控制在多少？整体风险如何控制？

付爱民：**客户仓位控制一般在 30%左右，回撤一般是每 5%，就是一个控制点**。客户给我们的钱其实并不是源源不断的，他也就给你一次机会，亏钱以后他就不会给你加资金了，所以风险要自己把握。很多客户在找你的时候，说得很好听，亏了我不在乎，但是真正亏钱的时候，以我的经验，一般来说都是在乎的。所以说风险要自己把握，一定要慎重对待客户的资金，对待客户的资金其实比对待自己的资金还要难，因为我自己的资金即使出现风险，也不用解释，但客户钱亏了以后，可能就没法解释，因为做期货亏钱是没法解释的，所有错误一定是自己的，我们首先要提高风险控制，不要出现尴尬的局面。

问题 19：您给自己的定位是从纯粹做“金融交易”转变为做“金融管理”+“金融交易”，请问您如何定义“金融管理”？

付爱民：从 2010 年开始，我就有从金融交易向金融管理迈进的意图，当时我们用合伙基金做了尝试。我们客观地看待每一个人，我自己在这行业也是时起时落，有状态好的时候，也有状态不好的时候，这是客观的，只要是人，是交易员，他就存在着起伏。但是我们常说，这行业只缺寿星，不缺明星，在自己弱的时候，如果找一个能够跟你互补的人，整个资金的平稳度会强很多。这就是我说的把自己从交易员变成一个管理者，把不同的交易风格融合，包括现在我自己账户也是把不同风格的融合做一个尝试。目前来看，这个效果是比较好的，而且从我们前几年做的基金的几个交易员来说，回顾起来，如果大家还在一起做，这个基金的效果会很好。**金融管理就是把单个个体的交易曲线变**

成多个个体组合后的曲线。组合是更好的，关键是人员的选择。

问题20：“金融管理”和“金融交易”有哪些不同点？

付爱民：**金融交易更加强调个体的自身能力，金融管理更讲究团队作战，而且我觉得金融管理肯定是未来的主要发展方向。**做期货这么多年下来，从一个交易员角度，对期货的理解越来越深，去幻想靠一波行情两波行情暴富的可能性比较小，也不会去刻意做这种事情，我们做的是长远的事情，做的任何事情是经过时间考验的事情，通过一两笔能赚暴利的机会会有，但不会刻意去追求，应该是功到自然成。简单来讲，**金融交易讲究个体，金融管理讲究团队，金融管理更讲究可持续的发展。我目前要做的就是更稳健、更持久，逐渐淡化个人，强化团队，强化睿福投资。希望未来投资者想到我的时候，不是我付爱民个人，而是睿福投资团队。**

问题21：就您看来，如何利用“金融管理”的制度设计、架构设计和执行，以实现“金融交易”可持续的良好业绩？

付爱民：这是我目前主要研究和探索的，应该说目前还没成型，只能说有一个模糊的构架，做了小部分的尝试，我觉得效果还挺好的。未来资金规模大了以后，效果怎样还有待于后续的验证，但确实使金融管理可以达到一种可持续性，比个人交易的可持续性更强一些。

问题22：您要把睿福投资打造成不只是依靠一两个操盘手的综合性资产管理机构，请问您打算如何打造公司内部的交易团队？

付爱民：内部的团队目前我首先是培养人，**根据不同的风格来进行团队培养，团队成员之间要形成互补，达到整个交易团队的稳定，**这是战略上大的框架。具体细节上，包括人才的选择，包括这几年我一直都在带人，从2008年我就一直在培养人，在这些方面做了好几年的探索，目前来说，整个交易团队的雏形已经慢慢建立起来了。

问题23：另外，睿福投资会不会和外部的交易人才合作，共同管理睿福投资的期货产品或期货账户？您打算如何选择和打造公司外围紧密合作的交易团队？

付爱民：这也是重点。外面存在很多高手，让这些高手和我们一起合作，我有一个理念，**很多好的交易员他只能合作而不能管理**，我们自己是交易员出身的，交易人员的心理我们更加了解，特别是很多优秀的交易人员的心理，所以好的交易人员我会先去跟他合作，把金融管理作为共同的目标来做好。我们可以跟外部合作，甚至双方的交易团队互补都可以，就是我在请别人做交易团队的时候，如果他自己的交易团队比较大的时候，我们也可以为他做投顾，互相渗透，共同发展。目前也有很多团队找过我，都是为了整个资金更加平稳，为了客户利益，不是为了某某哪个人，而是为了整个资产的效率化运作，**整个资产实现了稳健的可持续增长，才是心灵深处最大的安慰。**

问题 24：程序化交易在期货市场很热门，您在打造交易团队的过程中，会不会考虑把程序化交易作为主题之一？

付爱民：其实我在很早的时候就接触过程序化，只是后来精力上顾不过来，而且人手上也顾不过来。目前来说，**我打算把自己一些策略编成程序，专门成立一个以我为主的程序化团队。**

问题 25：如今的期货市场，已经进入了资产管理时代，就您切身感受而言，您觉得这两年来的期货市场和以往相比，发生了哪些变化？

付爱民：第一，**投资者比以前成熟**。在两三年前，大行情频发的时候，很多暴利的故事此起彼伏，几乎所有投资者进来以后都是想赚大钱，心理都比较浮躁，但经过这两年以后，因为期货市场相对平稳了很多，而且客户对收益预期、对风险承受的综合程度比以前成熟，过去可能看利润看得多，现在可能更倾向于看风险；第二，前几年涌现了一批好的交易人才，但是这两年以后，我觉得当年出现的一批人才都是一些手法比较凶悍的，而这一两年，**交易人员都倾向于稳健**，因为期货公司现在招资管人员也不是看你赚多少钱，而是看你的风险控制能力。有资管需求的客户也是如此，这对交易员的要求就变了。回到刚才所说的，金融管理是大势所趋。

问题 26：资产管理时代下期货市场的这些变化，对交易模式会有什么影响？某些交易模式会不会面临被淘汰的危险？

付爱民：其实这两年很多交易模式已经被短暂淘汰了，前几年做得比较好的人，如果模式不改变的话，都会受到较大影响，或者说这也不叫淘汰，就是我以前学来的手法，用过一段时间后不用了，但现在又用了或将来又可以用了，所以某些交易模式只是暂时把它锁了，以后还会有适合启动的时候。**任何交易模式都是有用的，这是我的观点。**喜欢做牛市的人，碰到熊市就不会做了，但以后还是会有牛市。大家可以把自己的交易模式做修正、做改变，但是不要去淘汰，未来再出现类似行情变化的时候，还可以再用，因为永远有大行情，顺的行情，甚至一定会再出现2007年的大行情，到那时候，某些方法还是有用，但是你要耐心等，别被折磨掉了，要适应。任何模式都是总结出来的，而且曾经发生的行情，类似的行情还是会再发生，就是**历史总会重演，等到合适的行情再出来的时候，对应的模式又可以用了。**

问题27：在期货资产管理时代，不少投资高手都想大干一番事业。您对自己的期货事业是如何规划的？

付爱民：**前些年都是以个人的拼搏为主，未来肯定是团队作战，**不是我付爱民做得好，而是以投资公司、团队的名义去运作，最终走向以稳定为主的方向，而且我觉得以后的市场就是容量越来越大，现在投资者成熟了，期货公司成熟了，他们对稳定盈利的盘手、投资公司，要求会更高，也更有需要。现在我都追求稳定盈利，并不需要翻多少倍，因为我们现在有更加成熟的风险控制能力和盈利能力，有比较好的盈亏比。投资者成熟了，对交易团队的要求更高，我们首先要把自己锻炼好，符合投资者的要求，最终把资金做大。这个行业，就是打铁自身硬，**只要把自己打造好，这个市场是不缺钱的。**

问题28：前些年，期货市场出现了数十亿的盈利故事，造就了数个期货大佬。现在，也有不少期货高手正向着期货大佬的方向努力着。就您看来，一个期货高手要一跃成为期货大佬，还需要哪些方面的突破？

付爱民：这些期货大佬我们都知道，甚至有些我都认识，但是有一点是肯定的，**这些大佬都不是赌来的，他们也不是一夜暴富，他们都是经过前期的厚积薄发，他们都有屡次成功失败的折磨，**起起落落，最后赚到了钱，所以我觉得他们已经有很多的积累，最终才反映出来。向期货大佬的方向努力，**不要光看他们的成功，更要看他们的付出是不是我们所能付出的，**但是我们也相信，付出以后，最终也会成功。就是**要想成为期货大佬，还是要把自己的内功练好，把自己的交易风格、交易手法积极地做改变**。未来只要有机会存在，这行业还是创造奇迹的行业，万事皆有可能。一定要打造自己的格局，**最终凭的是格局，而不是数量**，这个格局就是对行情把握的格局，对交易理解的格局，我觉得把这两个格局充分提升之后，你不想成为大佬都难，我甚至觉得**从现在开始到未来 10 年，肯定是期货市场的又一个黄金 10 年**，未来的机会绝对是数不清的。甚至说得极端一点，很多的大佬是经过长期的奋斗，也就一波行情就成大佬了，未来这种行情还会存在，现在就是把自己锻炼好，万事俱备，只要行情来了，下一波行情真的抓到的话，其实也快的。这个行业，它的杠杆交易确实可以创造很多奇迹出来。

刘福厚：综合分析商品内在的逻辑关系

（2014年3月6日　沈良、刘健伟整理）

刘福厚

内蒙古鄂尔多斯兴万福集团董事长，鄂尔多斯人，生于1962年1月1日，是当地成功的企业家，从事钢材及粮食现货贸易多年，对贸易经营有较深研究。2008年接触期货市场，仅用一年多时间就实现盈利，现在已经暂停实业经营，全身心转战期货市场，从2009年至2014年2月盈利超过2亿元。2012年荣获和讯瑞达杯百万元大奖赛第3名，2013年在和讯网首届全国期货大赛中以盈利3000万元左右获收益金额第2名。

七禾网期货中国私募排行榜 http://simu.7hcn.com/“刘福厚”、“刘福厚02”等账户的运作者。

访谈精彩语录：

期货就是远期的交易，现货就是即时的买卖。

做期货亏了，是因为做现货的方法本身就不对，期货只是扩大化。

我们做现货主要是从供需去考虑，而做期货有时候也要考虑金融属性。

赔了钱总是在客观上找原因，会越找越难，其实还是自己主观上没有把握好。

期货市场的魅力就是舞台更大，时空边界更大，能够更好地发挥。

作为一个市场，期货是一个公平合理的地方，而作为一个游戏竞技场，我觉得这个市场很不公平合理。

你才开户 2 天和做了 20 年的比，怎么能赢？

从 2008 年做期货以来，到目前为止，应该赚了 2 个多亿。

要做你自己熟悉的品种，如果一开始没有熟悉的品种，那你做一个品种两三年，它自然就成了你熟悉的品种。

两点之间，直线只有一根，曲线是无数的，也就是正确的直线路线只有一条，跑偏的就很多了。做期货也一样，赚钱的做法大同小异，赔钱的做法是五花八门。

必须要有自己的交易计划，把交易计划走完，不管它赔还是赚，我认为都是赚的。

不需要斤斤计较，大资金看的是大趋势大行情，不在那几个点上。

最核心的是分析期现价差，第二个是供需关系，第三是入场时的仓单数量、外盘指数等。

还要综合分析商品内在的逻辑关系。

玉米和早籼稻现在的交割规则出现了瑕疵。

我认为做期货，多头是弱者。

我现在赚了一些钱，就是因为某些交易规则、交易细则有瑕疵，我们了解了、懂了，通过规则的不合理赚这个钱。

白银、股指上了之后，游资往这两个品种上转移较多，现在商品期货市场产业客户更多了，企业参与多了，游资很难撬动大的趋势。

前几天我数了一下，我持仓不同的合约和不同的品种一共28个，全是空单。

我的持仓是90%的时间拿着90%的仓位，但这只不过是场内资金的持仓量，我们还有其他资金。

我没有把止盈、止损刻意地设成规则。

基本面反转了、技术面背离了，这个时候肯定需要止损，基本面没反转，可是技术面背离了，炒作厉害了，这个时候也得规避、也得躲一躲。

当你大幅亏损的时候，更需要冷静，更需要执行你自己的计划。

我最喜欢的品种是螺纹钢，可以说没有在螺纹钢上赚的钱，就没有我现在期货上的成功。

哪个难赚钱，哪个容易赚钱是相对的，只不过是你能不能赚到这件商品的钱。

最近我和以前的中学同学办了个同学互助会，做慈善，成立了一个“爱圣基金”做期货。

我目前还是打算继续专心做我的交易，因为我觉得我的交易还很不成熟，有些人让我出去讲课，我说等我60岁的时候，再做上七八年，看收益如何再做这个打算。

问题1：刘福厚先生您好，感谢您在百忙之中接受期货中国网的专访。您从事实业经营多年，并且在实业上获得很好的成就，现在做期货也做得红红火火。请问，就您看来，做实业和做期货主要有哪些方面的差别？

刘福厚：肯定是有关联的。做实业比较容易形成固有的思维模式，比较呆板，现货市场的边界比较小，而期货把现货市场更扩大化，期货更有发挥的空间。现货和期货一定是有关联性的，就像你看书对写作肯定是有好处的。

问题2：多年的现货经营和贸易的经验，对您做期货是否有帮助？

刘福厚：肯定有帮助。**期货就是远期的交易，现货就是即时的买卖。**期货是未来的现货，如果你现货做得好，对期货判断的准确率肯定会比较高。

问题3：也有人说现货的某些经验用在期货上可能是有害的(会导致亏损)，对此您是否认同？您自己吃过亏吗？

刘福厚：如果一个人做期货没有做好就怨现货，说是做现货的做法不适宜期货，我觉得他做现货就不成功，做现货的做法就是错误的，他把错误的做法拿到期货，更杠杆化，更扩大化，肯定更不成功了，在现货上总是亏，到了期货上肯定是屡战屡败。**做期货亏了，是因为做现货的方法本身就不对，期货只是扩大化**，把错误发展蔓延，并不是说现货商做期货就有坏处，我觉得没有坏处。用做现货固有的思维，把这种思维原封不动地拿到期货市场，自然会碰壁，毕竟期货市场是一个杠杆化的市场，也是一个金融属性很强的市场。**我们做现货主要是从供需去考虑，而做期货有时候也要考虑金融属性。**比如2012年的螺纹钢、焦炭，那个时候现货不涨，期货跟随股指一路上涨，在这个过程中，你要是用固有的做现货的思维，肯定要吃亏，那年我就吃了亏，现货不涨，期货一涨，就逆势加仓做空，这就是对期货的金融属性认识不够，最后导致亏损。当然，这个也不能完全归结于做现货的毛病，或者说现货商不应该做期货，或者说现货的经验用到期货上有什么不利，这些说法都是错误的，只不过是没有把现货和期货很好地融合在一起，没有把现货上正确的东西放到期货上，反而把现货上一些不正确的东西在期货上扩大化了。**赔了钱总是在客观上找原因，会越找越难，其实还是自己主观上没有把握好。**

问题4：为什么您现在基本暂停实业经营，全身心转战期货市场？对您而言，期货市场有哪些魅力？

刘福厚：现在暂停实业的原因是鄂尔多斯整体经济不好，包括中国经济也在相对下行，所以只能暂时离开观望，再加上我这几年做期货已经有点儿感觉了。我觉得做实业是一个资本原始积累的过程，积累了以后自然就是玩资本运作，暂时来说我玩得还算不错。**期货市场的魅力就是舞台更大，时空边界更大，能够更好地发挥。**

问题5：就您看来，期货市场的本质是什么？

刘福厚：我觉得期货市场有金融属性、现货属性，也包含赌博属性、运气成分。期货市场既然叫作市场，那么它就有市场的本质，我觉得它和其他木材市场或者钢材市场都没什么两样，就是一个大的市场，可以买这个买那个，可以卖这个卖那个的，有买有卖。**作为一个市场，期货是一个公平合理的地方，而作为一个游戏竞技场，我觉得这个市场很不公平合理。**其实你看似期货交易规则是完全没错的，都是平等的，但对参与者它没有界定，比如你参加摔跤比赛，肯定是一个级别对一个级别，但是期货市场把所有的竞技比赛者放在一起，不分层次和档次，最后结果不言而喻。所以我认为在竞技这个场合上，期货市场是不平等的。我现在对要进入市场的新人奉劝一句，远离这个市场，以竞技来说它不公平，很难赢，**你才开户2天和做了20年的比，怎么能赢？**

问题6：网络上流传鄂尔多斯的房地产崩溃了、民间借贷崩溃了、经济崩溃了……是否如此严重？您本人为什么能在六七年前就意识到危机？

刘福厚：鄂尔多斯现象是现实存在的，和网络上传的没什么两样，现在的情况在六七年前我就预测到会有这样的现象。为什么有这个想法？那得益于期货，做期货的人毕竟相信商品的价格上涨和下跌都是正常现象。可是那个时候鄂尔多斯夸张到什么程度：房子不可能降！刚好那年神八发射，有人说神八发射最后可能降下来，但鄂尔多斯房价就是降不下来，因为他们没有见过房价有下降的。但是从供需关系、逻辑关系上来说是不成立的，最简单的例子就是鄂尔多斯99个人都有房子了，只有1个人没有，还怎么涨呢？就这么简单的逻辑。那么放钱（民间借贷）这个例子就更简单了，什么都不用做，36%的钱就赚到手了，中间根本没有创造实质价值，增值的钱从哪里来呢？哪个行业能够始终维持这么高的收益呢？这是头脑发热，不冷静思考。一个人努力学习的最终目的是什么？是为了提高赚钱的本领，那你有这么好的本领，连送幼儿园都不需要送了，可以把幼儿园的学费放出来吃利息。现在反过来一想，就是这么简单的事情。

问题7：目前鄂尔多斯做期货的人多不多？就您看来，在鄂尔多斯地区原本做实业的企业家，如果资金没有比较好的出路，做期货是不是一条比较合适的路？

刘福厚：鄂尔多斯做期货的人数很少，但我们这里氛围还不错，我去年出去以后感受到南方对金融投资的热情非常高，我们这边现在来说还没有这样的热情。你问我现货商能不能去做期货，我觉得从期货市场赚钱是很难的，**现在做期货的人最终能盈利的不会太多，因为毕竟赚钱太难。**

问题8：您和朋友一起发起了一个期货投资者俱乐部，请您谈一谈运作这个俱乐部的意义和目的。

刘福厚：目的和意义就是为了大家更好的交流，提升赚钱的能力。意义就是交流，目的就是赚钱。

问题9：您2008年接触期货，2009年就实现盈利，在实现盈利之前，您有没有大亏过？您在亏损中总结了哪些经验教训？

刘福厚：我2008年开始做期货，做期货刚入场的时候都喜欢做多，不习惯去做空，上半年做多还赚了点儿钱，下半年8月份美国次贷危机开始，一下大跌，赔了好多钱，那年一共赔了1600多万元。那时候我拿公司的资金做，做到年底最后赔了1680多万元，还剩1050万元。之后我们公司开董事会，商量期货还做不做，从我内心我是想做的，因为期货市场像提供了最公平合理的交易平台。最后公司决定最多再亏300万元，就是1050万元赔掉300万元就彻底离场。从2009年开始做，一开始又赔了250万元，离300万元就一步之遥了。我现在还记得很清楚，3月27日，螺纹钢期货上市，**我以前就是搞钢材现货贸易的，自从螺纹钢上市那天，我就专注做螺纹钢**，做自己熟悉的品种，直接得益于现货的交易经验，2009年最好的行情就是螺纹钢，从3500涨到4900，我从最开始做的多单，一直做，断断续续持有多单，拿到4920，就从4920块那天翻的空，礼拜五翻空了一些，礼拜一翻了2000手空单。螺纹钢掉价掉到10月份，快过国庆的时候，做多螺纹钢这一波，我上涨赚了380万元，下跌赚了5000万元。2009年做螺纹钢就一下子翻了上来，后期回吐了一下，那年最后赚了4000多万元，从那以后就断断续续每年能赚点儿。**从2008年做期货以来，到目前为止，应该赚了2个多亿**，去年算是1.4亿元，最近这一笔加上就2亿多了。

问题10：都说“做期货90%的人是亏的”、“做期货至少要亏个三五年才能盈利”，而您2008年入市，2009年就实现了盈利。您觉得自己步入期货市场一年左右就实现盈利的核心原因是什么？

刘福厚：一个是得益于我现货市场的经验，再一个就是得益于螺纹钢期货的上市。没有螺纹钢的上市我现在不会坐在这里，我会干什么都说不好。后来我在很多场合都讲，**要做你自己熟悉的品种，如果一开始没有熟悉的品种，那你做一个品种两三年，它自然就成了你熟悉的品种**，也可以说在这个品种上你成了专家。举个例子，打麻将，你打个几年，一拿牌不就能摸出来了吗？还有，你自己的老婆，她走在外面，你听到她的声音就知道她来了，就是因为你和她接触的时间长，就熟悉了。像螺纹钢从上市那天到现在我都在做，刚才包头的朋友来的时候，我还正在下螺纹钢的单子，我每天都观察，包括它的价格波动、持仓多少，熟悉了总能看出眉目来。

问题11：2014年刚刚过去的两个月中，您在七禾网期货中国私募排行榜“刘福厚”、“刘福厚02”两个账户累计盈利就已经超过6000万元，这两个月您做了哪几个品种的行情？

刘福厚：我现在做的品种数量比较多，**做多抓住了菜粕、豆粕**，年前的时候我做了几千手多单，正月开盘涨了4%左右。我在那次会上(2013年12月21日俱乐部包头活动——两周年庆典)和傅海棠交流的时候就说我考虑做多豆粕、菜粕、黄金这3个品种，另外的品种都看空，**四大皆空，工业品包括焦炭、螺纹钢、焦煤做的都是空单**，有一天跌停了4个品种，这4个我都拿到了。

问题12：就您看来，在期货市场的各个赢家，是否有共性？有哪些共性？

刘福厚：这是肯定的。我举个例子，**两点之间，直线只有一根，曲线是无数的，也就是正确的直线路线只有一条，跑偏的就很多了。做期货也一样，赚钱的做法大同小异，赔钱的做法是五花八门**。再一个就是能赚钱的赢家都有一套自己独特的盈利方法，可以说不赚钱的都是在胡做、乱做。

问题13：您的交易方法是自己在实战中总结的，还是从别人身上或书上学来的？您觉得自己的交易方法最大的特征是什么？

刘福厚：我都是自己总结的，看书很少，我现在这套做法最大的优点就是能够不断地总结不断地更新。2012年焦炭、螺纹钢现货和期货背离了，期货逆势上涨，使我出现了很大的亏损，在亏损当中能够总结失败的教训。我也经常和同事们讲，**亏钱不怕，只要你完成自己的交易计划，这一次的亏钱就是给你下一次的盈利打基础**，知道这一次怎么亏了，其实就该知道下次怎么赚，要一直把这个盈利模式做下去。我总结，**必须要有自己的交易计划，把交易计划走完，不管它赔还是赚，我认为都是赚的**，赚了知道下次继续怎么赚，赔了知道下次怎么赚。

问题14：您目前个人在期货市场投入的资金大约是多少？您觉得自己操作更大的资金，比如10亿、数十亿，甚至上百亿，能否依然游刃有余？

刘福厚：这个不好说，我是弄不了上百亿的，大致有10来个亿就差不多了。现在(2014年3月6日)我们公司账户是1个亿，俱乐部展示账户是3000多万元，一共是1.3个亿左右。

问题15：有人说，操作大资金在进场和出场时，滑点会比较大，您是否有这样的感觉？您如何避免或减少滑点？

刘福厚：我觉得**不需要斤斤计较，大资金看的是大趋势大行情，不在那几个点上**。比如我现在讲棉花从20000元要跌到10000元，怎么还会在乎那几个点呢？我这方面的东西考虑的少，当然有时候也挂点儿单，但是最后总结这个也没有多大意义。赚钱不在那几个点，不能和短线一样就赚那两三个点。再一个就是在进出场的时候要慢，不要太快、太着急，有时候早进不如晚进，慢慢下单对价格的影响就小。

问题16：除了期货，您目前还在哪些金融领域有投资？您如何配置自己的资产？

刘福厚：现在实体基本上不做了，只是帮客户提供一些流动资金，把一些场地和厂房出租，再一个就是买国债逆回购，主要就是这么几方面。国债逆回购就是用证券账户做国债逆回购，收益是固定的，去年有一阵一天的年化收益达到55%。

问题17：您做期货以基本面分析为主，请问您主要关注、分析哪些基本面信息？

刘福厚：最核心的是分析期现价差，第二个是供需关系，第三是入场时的仓单数量、外盘指数等。主要是期现价差，比如现货价低、期货价高就做空。我现在盈利赚钱最核心的理论就是这些。**有些人把期货妖魔化了，好像期货是洪水猛兽，其实我认为它就是正常的做生意，做买卖**，它有价差，但它最后要体现价格合理回归，就是在合理回归的时候赚钱。当市场走的和现货背离了，那么我们就是在修正市场的错误过程当中赚钱。另外，**还要综合分析商品内在的逻辑关系**，当然这方面东西的难度更大。

问题 18：您如何判断宏观大方向？如何判断一个品种的方向？

刘福厚：宏观大方向就是包括国际、国内的宏观走势，这其实就是消息面。中国现在 GDP 增速在下降，各方面产能过剩，这就是大的偏空局面，**具体到商品，大的宏观方向有关联性，各品种还有自己的个性**，不能说整体行情偏空就没有涨的，肯定有涨的品种，那什么品种涨、什么品种跌就要研究商品的个性。如何研究商品的个性？我举几个例子，现在我主要关注研究的如棉花、玉米、早籼稻这类品种。先说棉花，刚才我提到研究品种不能离开供需关系和期现价差，2008 年以后，国家为了保护棉农的利益，实行了临时收储政策，收来的棉花在傅海棠他们做多棉花那年全部都抛了，抛了也没压住。而从 2011～2013 年这 3 年，中国收储了世界上 1/3 的棉花，1300 万吨，这些棉花够全中国用 2 年，这种状况就产生了供需矛盾，严重的供大于求。另外通过收储政策，把价格严重扭曲了，本身收储政策的制定就是值得商榷的，棉花怕它掉价就去收了，但棉花为什么要掉价？就是因为棉花种的多了，你就不能叫棉农少种一点儿？少种，才能把棉花价格拉起来，往常的棉花价应该是 15000 元，结果是 20000 元收，种棉花的人就更多了。但本身它 15000 元都卖不动，要改成 12000 元甚至 10000 元去卖，一掉价，农民算不过账来，就会减少种植面积，通过这个供需关系来调节棉价，而政府用的是行政手段，最后把价格抬高。我上次在包头的活动上，那时候棉花是 20000 元左右，我就说这个棉花要掉下来。

问题 19：棉花收储政策取消了？

刘福厚：对，已经确定取消了。取消了棉花和大豆的临时收储政策，所以你看最近棉花就掉的厉害，2013 年农民种植的棉花估计 90%以上全部给国储收购了，棉花价格还涨不起来，那你说 2014 年、2015 年棉花都不收储了，棉花的价格会怎么样？棉花的储存期有2年，2年以后质量就下降了，它必须得抛储。收储价是20400元，抛储价是18000元，无形之中2400元就说是给农民补贴了，实际不知道给谁补贴了。这样的政策，把市场价格扭曲了3～4年，我觉得它的调整至少要4～5年，2014～2015年掉到10000元，在3年之内价格或许不超过10000元。严重供过于求之后，价格就背离了价值。像傅海棠那年(2009年)买大蒜，是严重的供不应求导致价格扭曲，最后价格严重背离了价值，这个是从商品的供需关系找商品的内在逻辑。我现在从交易规则也就是交割的细则上找问题，**玉米和早籼稻现在的交割规则出现了瑕疵。**比如早籼稻，时间贴水，也就是年份贴水上极为不合理。2013年的早籼稻，国家收储价是1吨2640元，2010年的早籼稻，其实1吨就值2000元，可是在期货市场用于交割，2000元钱的早籼稻，不管哪个年份，只贴40元的贴水就可以交割，这样的话实际价差和期货上的贴水价差严重偏差，实际是400元。而期货上只贴了40元，在这样的情况下，懂稻子的套保企业，可以把2000元的稻子买了，到期货上去抛，而不懂的多头，觉得国家收储价2640元，现在期货价格才2340元，真便宜，其实它只值1800元。再说玉米，现在期货价格是2350元，实际上的价格和期货没什么两样，可是那个是一等玉米，一等黄玉米就是2350元，而我们期货上的玉米可以用替代品交割，它质量上的升贴水设计不合理，四等玉米东北是1吨1900元，期货上四等可以替代二等品，贴了20元，拿四等玉米炒期货注册仓单交割了，给买家只贴了20元钱。玉米原来的1401在12月份，几天时间一下就掉了200元，有些多头还以为是原来的价格，而另一些多头则发现了交割规则的问题，知道这个东西不值2000元，赶紧抛了。现在1403合约也是不到2100元，可是1405还是2350元，今天的03就是明天的05，05得要4月底，也会跳水回归。我们仔细琢磨这个事情是怎么造成的，交易所制定交易规则的时候，有个询价机制，询价问谁询？问现货商、贸易商，本身四等玉米和二等玉米应该贴水200元，他们说20元，交易所定了20元，这样他们就可以把四等玉米抛到期货上赚钱了。所以**我认为做期货，多头是弱者，**凡是玉米上做多的可以说很多是不懂的，懂的人谁敢做多？他们知道这个东西值多少钱，现货商和套保企业大部分都是做空的。**我现在赚了一些钱，就是因为某些交易规则、交易细则有瑕疵，我们了解了、懂了，通过规则的不合理赚这个钱。**还有，**白银、股指上了之后，游资往这两个品种上转移较多，现在商品期货市场产业客户更多了，企业参与多了，游资很难撬动大的趋势。**所以说，你要是做长线的就必须懂这个，玩短线就玩股指、白银，不要弄这些商品。再一个是甲醇，甲醇上我赚钱没有少赚，甲醇在上市那天我就开始做，一直关注，就像守株待兔一样，只要你能守住时间，有耐心，就能把它抓到。

问题 20：您有没有专门建立搜集基本面信息、做市场调查、研究分析的团队？您目前的期货团队共有多少人，如何分工？

刘福厚：专门的市场调研没有。我们现在应该也算一个团队，我们弟兄几个和公司的同事一起做，也没有刻意地去成立团队。从我个人来说，现货方面的经历、阅历比较多，也不需要专门出去调研，今天下午甲醇网的人过来还问我甲醇怎么走、怎么看，他们觉得我的分析还比较专业。团队分工是这样的，我们弟兄 3 个都做决策，主要决策是我做，下单员有 3 个，风控员有四五个，其他还有几个配合的人员。

问题 21：昨天听贵公司的同事说，您做期货以前主要关注价格因素和供求因素，而现在开始关注和运用时间因素。请问，在期货交易中，您如何理解和运用时间这个要素？

刘福厚：做期货要把时间考虑进去，这个概念我是从 2014 年 1 月份才逐步形成的，我现在分析总结下来，时间概念占到盈利的 30%～50%，是很重要的。关注 1403 合约每天是什么情况，应该提前 2 个月就关注，1403 的玉米是怎么走的，稻子是怎么走的，虽然交易量少，但是代表着下一个合约的未来。我们中国的期货合约是不连续性的，现货是连续的，我们的期货交易是不连续的，1 月、5 月、9 月就这么几个主力合约，其他时间段不怎么有交易量，不像国外每个月都是连续的，那样就不需要研究时间这个概念。现在的 5 月份合约太好赚钱了，作为现货贸易商来说，是不可能赔钱的，它就是一个现货买卖，他玉米 2000 元拿来，抛到期货中，多头 2350 元去拿货，但这个玉米就值 2000 元，你做多，时间越来越向 5 月靠近，拿了货也卖不了，国家收储政策二等以下的就不要，霉变超标的也不要，2350元拿来，2000元也销不掉，只有对这些细节的东西特别了解，你才能发现商机。就像玉米霉变这个事情，国家规定饲料厂用作饲料的玉米，霉变率不能超过2%，国内期货市场的规定则是不能超过4%，2个百分点现货的价差有200元，但交割的贴水只有20元，就是贴上500元也不行，因为霉变的玉米有黄曲霉素，这个是致癌物质。这些细节只有将粮食贸易中霉变、等级差别等所有的指标详细看了才知道是怎么回事。所以**我现在越来越重视时间，一个是合约的交易时间，另一个就是我们入场的时间**。比如5月份合约因为交割因素而下跌，一进入交割月，可以择机做多9月，原来把价格打低了，跌了以后总要有反弹的，那么到时做一下多，就是交易入场时间的考虑。

问题22：您是做中长线交易的，请问您平均一笔单子持仓时间多长？持仓最久的单子曾持仓过多长时间？

刘福厚：其实也没有一味的做长线而不做短线，长短都做的。前几年我做多小麦，有的单子拿了3年。有时候也做短线，有的单子只拿30分钟就能赚钱。我当时做硬麦，拿了3年，最后没有赚钱，为什么？本身那个时候小麦就供大于求，我还是做多，其实就是刚入场经验不足。那时候是2008年，刚入场就做多，对做空很难理解。现在这个阶段我基本上就不做多了，**前几天我数了一下，我持仓不同的合约和不同的品种一共28个，全是空单。**

问题23：一个品种当您看准一个方向后，只做一个方向，还是多空都做？

刘福厚：一般就做一个方向，做长线两个方向是没法做的，只有这个趋势走完了，基本面反转了，那个时候才会彻底转变过来，原来做空的转变过来做多，那是完全看它基本面的发展，平时也不出来，对锁也是不做的。

问题24：您还会做一些套利，请问您会在什么情况下做套利？套利交易占您所有的交易比重有多大？套利交易为账户贡献多少比例的利润？

刘福厚：套利我是2012年开始做的，2013年我的整体盈利不错，俱乐部展示账户那个时候盈利将近3倍，但套利没赚多少，套利对整体贡献不大，稳健回报的收益肯定比较小。2012年就做焦炭、螺纹钢这些自己熟悉的品种，这个是没错的，但是你持有单一的品种，一旦方向做反了，亏损会很大，所以我从2013年开始就改变了操作手法，做点儿套利对冲，开空单的时候就尽量开些多单，把结构性的风险化解对冲。再一个就是做套利，套利在什么时候做？在两个合约之间，或者两个品种之间，价差不合理的时候，我们通过一买一卖做套利操作，最后让价差回归合理，在这个过程当中赚钱。套利毕竟利润薄，到2014年也没什么好套的，对冲也很难，所以我就把品种分化了，一共在做的有28个合约，主要10个品种拿的仓位。我前几天在北京说，马年的趋势真好，“五马分尸”，全部分散开来，这样挺有效，又不影响盈利又分散风险，棉花、玉米、螺纹钢、焦炭还有化工类的橡胶等，**尽量配一些不相关的品种，今天这块赚那块亏，明天那块赚这块跌，最后总体起来赚了，把风险这样来化解。**

问题25：您做交易似乎仓位比较重，请问您如何看待重仓交易？如何看待期货中风险和收益的关系？

刘福厚：仓位重合不合适要看一个人的性格，你爱重就重点儿，你爱轻就轻点儿，重和轻是无所谓的事情，我如果不重仓，会不舒服，做也不要做了。至于好与坏也不好评估，重仓就会多赚，轻仓就少赚，亏也是一样，这个是从心理层面讲。再从资金分配上，你看到我拿出1亿来，虽然重仓了，其实整体资金谈不上重仓，只不过用于交易的场内资金看似重仓了。**我的持仓是90%的时间拿着90%的仓位，但这只不过是场内资金的持仓量，我们还有其他资金，**必要时都是可以调整的。我认为仓位就是这么看，一个资金配置，一个心理承受。当然，本大利大，这个不用说的，你开的仓多了，赚的就多了，收益和风险肯定是正相关的。

问题26：在交易中，您的止损和止盈一般是如何设置的？

刘福厚：我没有把止盈、止损刻意地设成规则，没有具体的确定，但是做期货总得有止盈、止损的操作。**大的止损，假如我现在有3亿元，亏掉1亿元我就不玩期货了，**但我对小的止损不怎么考虑，浮动盈亏一两千万对我基本没有感觉。当然，在具体的操作上肯定也得设置，不能蛮干，只要是**基本面反转了、技术面背离了，这个时候肯定需要止损，基本面没反转，可是技术面背离了，炒作厉害了，这个时候也得规避、也得躲一躲。**像甲醇过了年以后突然一下子涨停了，涨停以后我们分析它是什么原因涨停，一个是看是不是现货涨了，现货涨了我们就要注意点儿，再一个是看现货商有没有去做多期货，从这两方面来分析甲醇涨的原因，那么你想一想，现货也没涨，现货商也没有抛现货买期货，这个肯定就是游资炒作，是资金的推动，既然是资金的推动，那就是多头给我们送大礼包来了，这个时候不光不止损，还应该加仓，所以在它涨停以后，又加了几千手空单，一共2个礼拜，通过甲醇就赚了3000多万元。止盈、止损是这样分析得来的，不需要像别人那样设置的多少个点。

问题27：现在，如果您的账户在短时间内亏损较大，您会怎么处理？短时间回撤较大会不会影响您的操盘状态？

刘福厚：像甲醇，刚涨停的时候我浮亏了1000万元，但是我仍旧加仓。我的总结就是，**当你大幅亏损的时候，更需要冷静，更需要执行你自己的计划**，你要看是计划出现了问题还是市场出现了问题，这个时候更要冷静，不能盲目地平仓，大部分人都是在慌乱之中平了仓。我跟一些客户就说，你们平仓大部分时间都是在慌乱中平的，你也不知道是不是真的要平仓，其实就是在**行情出现大的波动，资金出现大的亏损的时候，更应该冷静，但很多人这个时候冷静不下来。**

问题28：您主要做哪些品种？有没有您特别偏好的品种？您在哪个品种上赚的钱最多？

刘福厚：我最喜欢的品种是螺纹钢，可以说没有在螺纹钢上赚的钱，就没有我现在期货上的成功。

问题29：近年来，期货市场上市了较多新品种，您对新品种是否关注？有没有参与操作？

刘福厚：对新品种都有关注或参与，但是没有其他品种参与度高，主要原因是期货新品种上市，有很多热钱会去炒作这个品种，它不存在交割的压力，我在这些新品种上的参与度小。可是最近我观察在制定交易规则的时候就有漏洞，如果你们想参与，就在上市开盘那天放空，一个是因为现在整体商品走势是熊市，其他老品种都在下跌，像现在聚丙烯和聚氯乙烯大致是关联性的，交易所向企业询价，总是把挂牌价给弄高了，你这时候开点儿空，顺水推舟赚点儿钱。

问题30：某些新品种推出后成交量比较大或者行情比较大，受到越来越多投资者的关注，您觉得这类新品种有没有可能成为新的主流品种？

刘福厚：**像白银和股指期货肯定都是主流**。白银的金融属性特别强，波动频繁，它超短线有资金做，尤其程序化这些机器，应用自如的，而程序要是用在麦子、玉米上，肯定要"死机"了，耐不住寂寞的。我们是慢功夫，是需要等的。

问题31：只做少数几个老品种(比如只做铜、白糖、大豆之类的品种)的投资者有没有可能逐步被市场淘汰或越来越难赚钱？

刘福厚：你说的这几个品种，只要坚持做，做着做着也能做成专家，难赚钱和容易赚钱是对立的，为什么你难赚钱了，而那个人就好赚呢？说明那个人的本事比你大，你想办法超过他，你就好赚钱了，你现在做铜、大豆这些如果有十几年了，我说的交割规则也许没去看，很多东西有了瑕疵，不合理了，你还不知道、不懂这些，那你就吃亏了，你如果先知道了，那就把别人套住了。**哪个难赚钱，哪个容易赚钱是相对的，只不过是你能不能赚到这件商品的钱**。当然，有些老品种肯定是越来越不活跃，参与度低了。我从来不参与股指，1个多亿的资金1手股指也不做，股指上涨50点和下跌50点的概率我认为各占一半，而像玉米，它上涨100元的概率可能只有10%，下跌100元的概率可能有90%。其实，做期货除了我刚才讲的那些，还要**从概率上分析，这也是很重要的**。

问题32：继黄金白银的夜盘成功推出之后，上期所又推出了铜铝铅锌的夜盘，夜盘的大量推出，对您的交易有没有产生影响？

刘福厚：没有。晚上我不做盘也不看盘。

问题33：2014年期权也有可能会上市，您对期权是否有所研究？您是否期待期权的推出？

刘福厚：现在还没有研究。我计划一旦确定了期权哪天上市就会去了解它，据说期权对大资金的对冲、套利是很有用的，所以说正适合我这种人操作。毕竟做期货投机风险大，可以把一部分资金配比在期权上，将来可能要往这方面侧重。

问题 34： 期货市场已经进入资产管理时代，不少期货高手以投顾身份运作相关基金产品，您有没有运作基金产品？您对自己未来三五年的定位和规划是怎样的？

刘福厚： 资产管理和基金这块，我以前也做过一些。但是我自我感觉把别人的钱拿来赔了特别难受，自己的钱赔了不难受，所以现在还没打算为了盈利给别人理财，以盈利为目的的理财我不怎么做。**最近我和以前的中学同学办了个同学互助会，做慈善，成立了一个“爱圣基金”做期货，**互助会里面有一些人参与，我在这里面投了一部分钱，赚了钱我没有提成，亏钱了算我的。我们有个同学得了尿毒症，我们用赚了的钱给他换肾。做期货本身就是一个投机的事情，把慈善爱心和期货结合一下更有意义，将来我会多做这一类事情，公益方面包括去年我去包头办活动，我可以拿出钱来方便大家交流，无偿的服务，我暂时就考虑这些。当然，如果某些大基金运作需要我帮助，就像赵本山说的，只要春晚需要我，我不会推辞的。**我目前还是打算继续专心做我的交易，因为我觉得我的交易还很不成熟，有些人让我出去讲课，我说等我60岁的时候，再做上七八年，看收益如何再做这个打算。**

问题 35： 最后请您补充谈一谈您所理解的商品内在逻辑？

刘福厚： 刚才我讲的那些交割规则、时间、质量、升、贴水内在的逻辑关系，我去年就讲过，比如某些关联品种的逻辑关系是你高我低，菜籽油和菜籽粕，油菜籽榨油以后，分成菜籽油和菜籽粕，油菜籽的价格不动，是5000，如果菜油要涨，那菜籽粕不就要跌了？它一定程度上有跷跷板的作用。这是商品本身的内在关联性，逻辑关系。再一个就是豆粕和玉米，都是饲料，它们也有跷跷板关系。这个就是商品之间和商品内部之间内在的逻辑关系，要想研究就要特别懂这些商品，其实要懂商品也好懂，你每天盯住它，再去看它的相关资料。

杜云宏：大刀阔斧交易，如履薄冰风控

（2014年4月28日　沈良整理）

杜云宏

网络昵称“如履薄冰”。安徽阜阳人，现居苏州。采用基本面与技术面相结合的主观波段手工交易，追求风险较低而利润较大的投资机会。买入基本面最强多头同时卖出基本面最弱空头对冲风险。

认为做期货“暴赚暴亏易，稳赚不易”，冒不可避免的风险赚些稳妥的钱。

第三到第五届蓝海密剑期货实盘大赛三年业绩第2名，收益率1204.178%。

访谈精彩语录：

敬畏市场，大刀阔斧交易，如履薄冰风控。

股票市场的本质是庞氏骗局，期货市场的本质是风险转移。

（大部分人亏钱的原因）不了解游戏的规则，不能从风险的角度看问题，在暴利的诱惑下高买低卖。

2004年空铜暴仓后忽然醒悟：想太多，就输了。

暴仓之后，痛定思痛，不再抄顶摸底。

趋势性风险是可以避免的，意外事件，系统性风险是不可避免的。

总有这种时候，风险较小，而利润较大，值得我们鼓足勇气，系好保险带，投下全部的赌注。

不发生大的损失，有行情就能赚到钱，叫“稳赚”。

从风险的角度处理交易，对基本面有深刻的了解，或对技术面有深刻认识的交易者，总会输小赢大。

基本面决定技术面。当基本面支持技术多头格局时，我买入；基本面支持技术空头格局时，我卖空。

我使用最简单的均线和K线，别无他。

升贴水是衡量交易风险的主要指标，现货升水就会增加空单风险，现货贴水则会增加多单风险。

期货价格是由现货最低价决定高低点的。

盘外做好分析，风控；交易的时候莫思莫虑，想多了，就输给自己了。

基本面支持，技术面刚刚形成趋势格局时就是低风险、高利润的机会。出现这种机会时我会重仓出击。

宁可错过，不可做错。滔滔江水，取瓢饮而已，不赔就好。

现货升水，价格上涨，技术多头，强势；现货贴水，价格下跌，技术空头，弱势。

品种越少越好，一个多头一个空头足矣，多空各半。

操作上要顺势逆价，做多逢低，做空逢高，有效降低止损风险。

与其说我们交易的是自己的理念，不如说我们交易的是自己的人性：希望、贪心和恐惧。

止损依托均线趋势设置，重仓紧止损，轻仓宽止损。

回撤不大的核心原因是我待风险如履薄冰。

做错事不仅是金钱的损失，更是灵魂的损伤。

做正确的事，至少是快乐的，赚多赚少，那是市场的事。

问题 1： 杜云宏先生您好，感谢您在百忙之中接受东航金融和七禾网期货中国的联合专访。您在蓝海密剑大赛中的参赛昵称为“如履薄冰”，这是否意味着您做期货交易始终保持着战战兢兢、如履薄冰的状态？您觉得“如履薄冰”的状态是一种“自我保护”，还是一种“缩手缩脚”？

杜云宏：“如履薄冰”不是一味的“战战兢兢”和“缩手缩脚”，而是——**敬畏市场，大刀阔斧交易，如履薄冰风控。**

问题 2： 您接触股票 18 年，接触期货 16 年，就您的切身感受而言，您觉得股票市场的本质是什么？期货市场的本质是什么？

杜云宏：股票市场的本质是庞氏骗局，期货市场的本质是风险转移。

问题 3： 在股票和期货投资中，大部分人亏损的核心原因是什么？

杜云宏：不了解游戏的规则，不能从风险的角度看问题，在暴利的诱惑下高买低卖。

问题 4： 您自己做期货从亏损走向盈利大约用了多长时间？您觉得自己在哪些方面有了突破，才从亏损走到盈利？

杜云宏： 2004 年**空铜暴仓后忽然醒悟：想太多，就输了。暴仓之后，痛定思痛，不再抄顶摸底**，一切操作依托均线趋势顺势而为，严格控制损失，慢慢走向盈利之路。

问题 5： 您在期货市场中想赚的钱是“冒不可避免的风险赚些稳妥的钱”，认为“交易就是避险的过程，利润仅是风险回避的结果”。请问，在期货市场哪些风险是可以避免的？哪些风险是不可避免的？

杜云宏： 首先**趋势性风险是可以避免的，你不是产业资金，最好不要逆势交易；** 其次从基本面的角度看，最好不要买入现货贴水多头，卖出现货升水空头。意外事件，系统性风险是不可避免的。

问题6：面对那些不可避免的风险，您会如何处置、如何控制？

杜云宏：只要你的单子不足以大到影响价格过度波动，风险就比较好控制；另外，最好把止损条件单下到市场，让电脑处置风险。

问题7：您如何看待期货投资中风险和收益的关系？

杜云宏：总有这种时候，风险较小，而利润较大，值得我们鼓足勇气，系好保险带，投下全部的赌注。

问题8：某些投资者主动承担高风险，进而期待着博取高收益，这样的投资理念和方式您是否认同？为什么？

杜云宏：富贵险中求。从辩证的视角来看，这似乎也没什么不妥；但最好不要经常这么干，常在河边走，哪能不湿鞋？

问题9：您认为做期货“暴赚暴亏易，稳赚不易”，在您的概念中，何为“稳赚”？投资者具备了哪些素质或能力，才有可能“稳赚”？

杜云宏：不发生大的损失，有行情就能赚到钱，叫“稳赚”。从风险的角度处理交易，对基本面有深刻的了解，或对技术面有深刻认识的交易者，总会输小赢大。

问题10：您采用基本面与技术面相结合的主观波段手工交易。请问，您在分析过程中，以基本面为主还是技术面为主？两者如何结合？在交易的过程中，以基本面为主还是技术面为主？两者如何结合？

杜云宏：基本面决定技术面。当基本面支持技术多头格局时，我买入；基本面支持技术空头格局时，我卖空。

问题11：请您谈谈您的技术分析手段的最大特征。

杜云宏：我使用最简单的均线和K线，别无他。

问题12：您认为“少盯盘，多熟悉基本供求、库存、升贴水、投行研究报告及交割因素，就能避开许多不必要的风险。”请问，升贴水的研究在投资中有哪些作用？

杜云宏：升贴水是衡量交易风险的主要指标，现货升水就会增加空单风险，现货贴水则会增加多单风险。

问题 13：另外，交易制度、交割因素等对价格和行情会不会有影响？会有哪些影响？

杜云宏：这两年上市了玻璃、甲醇、两板、焦煤、焦炭、动力煤、沥青、鸡蛋等。这些品种不仅存在不同地区交割的升贴水，达标的交割品间还有品质差异；**期货价格是由现货最低价决定高低点的**，因此，这些品种的期货价格常常向扣除地区升贴水后的最低交割品质价格靠拢。这就是我们常常看到交割价总是低于主流现货价的根本原因。

问题 14：您还认为"做一个没有观点的投资者，易简，易从，易也"，但是做了基本面分析和技术分析后，您就会产生观点，这和"做一个没有观点的投资者"似乎矛盾了。我们应如何理解您的"做一个没有观点的投资者，易简，易从，易也"这句话呢？

杜云宏：**盘外做好分析，风控；交易的时候莫思莫虑，想多了，就输给自己了**。这也是我自己一直在盈利，却从未赚大钱的原因。

问题 15：您追求的是风险较低而利润较大的投资机会，但一般人认为风险低对应的利润也会低，风险大利润才会大，您所谓的"风险较低而利润较大的投资机会"具备哪些特征？您如何捕捉这类机会？

杜云宏：**基本面支持，技术面刚刚形成趋势格局时就是低风险、高利润的机会。出现这种机会时我会重仓出击。**

问题 16：如果市场中暂时没有您所能识别的"风险较低而利润较大的投资机会"，您会一直等待，还是做点儿其他尝试？

杜云宏：多半会等待，耐不住寂寞地尝试多以失败而告终，钱就是这样损失的。

问题 17：您会不会一味地追求低风险而错过一些较大的行情？对此您会不会有所遗憾？

杜云宏：宁可错过，不可做错。滔滔江水，取瓢饮而已，不赔就好。

问题 18：您会买入基本面最强多头同时卖出基本面最弱空头对冲风险，请问您如何判断一个品种或某几个品种为最强多头？如何判断一个品种或某几个品种为最弱空头？

杜云宏：现货升水，价格上涨，技术多头，强势；现货贴水，价格下跌，技术空头，弱势。

问题19：关于多头和空头的对冲，在具体的品种搭配、仓位配比、进出时间等方面，您如何进行多头和空头的布局？

杜云宏：品种越少越好，一个多头一个空头足矣，多空各半。操作上要顺势逆价，做多逢低，做空逢高，有效降低止损风险。

问题20：您的账户始终会保持多头和空头的对冲呢，还是会在某些时候只持有单边头寸？

杜云宏：视市场格局而定。目前我就单边持有鸡蛋，受禽流感影响，蛋鸡存栏大幅减少30%，供应不足即成事实，谁也不能让刚出壳的小鸡下蛋，那是130天以后的事。

问题21：您认为人性弱点是期货交易中的一种风险，请问哪些人性弱点对期货交易是有害的？这些人性弱点一般在交易中怎么表现？

杜云宏：市场是相同的，**与其说我们交易的是自己的理念，不如说我们交易的是自己的人性：希望、贪心和恐惧。**多数交易员总是赚钱时恐惧账面利润飞走，如坐针垫，亏钱时希望等一等，看一看，稳如泰山。

问题22：如果不规避人性弱点的风险，会带来哪些后果？

杜云宏：输大赢小。

问题23：您会通过止损条件单的设置克服主观风险及预防意外风险，请问您一般如何设置止损单？每一笔单子进场后都马上设置止损单吗？

杜云宏：止损依托均线趋势设置，重仓紧止损，轻仓宽止损。有单子就要设止损。

问题24：除了人性弱点的规避和止损单的设置，您的风控体系还包含哪些方面？

杜云宏：我在不同的期货公司开立账户，预防通信风险；我只用市价交易，如此等等。

问题25：您在东航期货的账户从2万元做到40多万元，并且回撤不大，您觉得核心原因是什么？您觉得这样的好业绩在未来几年里还能够持续吗？

为什么？

杜云宏：回撤不大的核心原因是我待风险如履薄冰。我其他账户也有类似收益，然所不喜。因为交易中我总是多想，以致并未彻底坚持那些曾经被证明为正确的东西，**做错事不仅是金钱的损失，更是灵魂的损伤。**希望在未来能做一个没有观点的操盘手，做正确的事，至少是快乐的，赚多赚少，那是市场的事。

问题 26：您以前是兼职做期货，从 2012 年开始专职做，当时为何决定专职做？您对自己在期货市场的定位是怎样的？

杜云宏：2009 年大病一场，开肠破肚，病好以后对许多事都看的很淡，慢慢辞去外企工作，转到实业投资，让人生轻松一些。因为一直在做期货，没有其他事就成了专职。至于自己在期货市场的定位则没想太多，滔滔江水，取一瓢饮而已。

问题 27：如今的期货市场，某些交易高手正以投顾身份参与基金产品的运作和管理，对此您是否也有所规划？

杜云宏：没有规划。随遇而安，开心就好。

林庆丰：看不准能忍，看得准就狠

（2014年5月7日　刘健伟整理）

林庆丰

固利资产管理(上海)有限公司期货策略部投资总监。浙江温州人，2007年开始做股票，2009年进入期货市场，曾任杭州某电梯配件公司副总经理，现专职做期货投资。曾获得第二届“国海良时”杯期货实盘交易大赛年度第3名；第三届“国海良时”杯期货实盘交易大赛年度第5名；第五届蓝海密剑实盘大赛海军组第1名(晋“上校”军衔)。

目前为期货中国实战排行榜(http://trader.7hcn.com/)**“固利资产趋势为王”**实盘账户交易者，该账户2013年11月18日注册，截至2014年10月27日，账户收益率1053.52%。

访谈精彩语录：

期货市场是一个较大的拓展平台，而且做期货时间上相对自由，在哪儿都可以操作，这样可以相对的腾出更多的时间陪陪家人。

趋势交易：周线级别的中期方向，在日线战机显现时，凌厉一击。

焦炭、焦煤、豆粕、菜粕这四个品种除了它们日内波动幅度相对较大外，还相对容易走出短期趋势。

顺势交易，万万不可猜底摸顶。

系统性风险，一年当中总有那么一两次，如果不巧让你碰上了，那就要拿出壮士断腕的决心。

在期货市场，想长久地生存下去，仓位控制是非常重要的一条交易纪律，一定要留给自己下一次交易的机会。

场内资金还是控制在自己能承受的范围以内，即使一次爆仓，我还可以从头再来。

看周K线判断短期价格走势图，然后按日内走势图趋于周K线方向一致时开仓进场，当天收盘前日K线和周K线方向一致，留仓隔夜，日K线和周K线方向背离，清仓。

技术分析除了对你所交易的品种(这里所指的品种是以工业品为主)的K线图进行分析外，还得结合相关联的其他商品品种、中金所股指、外汇(欧元、美元)及美国道琼斯指数等进行统筹分析。

技术分析的最大特征就是：做多最强的，做空最弱的。

到了止损位，坚决止损，决不逆势加仓，因为往往逆势加仓会很容易让你爆仓。

现在交易很少设条件止损单，在日内交易开平仓的时间点限制在接近以下几个时间：9:30；10:15；11:30；13:30；15:00。之所以限制这些时间点，是考虑尽量略去中间过程中由于急涨或者急跌行情带来的止损。

当一个人情绪和身体状态不是很好的时候就很容易头脑发热，冲动开仓或者平仓，这对交易的影响比较大。

程序化交易的优点是更能抓住大波段的趋势行情，缺点是程序化交易在震荡市场行情中很容易反复止损出局。

在期货市场要想长期生存，主要要有好的交易习惯和严格的纪律：①顺势而为!看不准能忍,看得准就狠；②到了止损位严格止损，不逆势加仓；③合理的资金管理。

制订每日交易计划，按计划交易；趋势为主，决不逆势开仓；控制风险，不能让万一发生的系统性风险让你一次爆仓后就再也爬不起来。

每一个游戏的参与者都必须严格遵守游戏规则：①保持良好的心态，不骄不躁，不畏不慌；②做好资金管理；③做到严格的止损；④顺势而为。

期货市场是一个有稳定盈利交易策略的投机者可以稳定获利的投资市场。

一个聪明的投机客至少会做到两点：第一，永远不在自己不熟悉的领域下大注(熟悉的领域可以让自己的胜率提高到50%以上，赢概率)。第二，永远不要孤注一掷，压上全部身家(把握再大，也永远不可能万无一失，因为人永远无法预测未来)。

空闲的时候我也会关注期货中国网上排名前几位的高手，查看和分析这些高手的一些持仓策略和交易手法。

问题1：林庆丰先生您好，感谢您在百忙之中接受期货中国网的专访。我们了解到您做期货之前是一家电梯配件公司的副经理，这与期货的契合度并不高，请问您是如何接触到期货的?

林庆丰：您好，首先感谢期货中国网的采访。由于我所在的单位身边有很多同事都从事股票投资，其中不乏股票做得很成功的。在身边同事的影响下，2007年下半年我开始进入了股票市场，但是由于新手刚入市，操作并不顺利，交了不少学费。2008年年底大学同学聚会的过程中，其中一位同学偶然谈及了期货投资和外汇交易投资，由于外汇交易的比例杠杆更大，吸引了我较大的兴趣。回去以后就在同学的介绍之下在一家外汇交易网站注册了交易账户开始外汇投资，结果可想而知，不到半年时间，投进外汇交易的资金全部化为乌有。最后在2009年年初放弃了外汇交易并转入期货交易。

问题2：您目前是专职从事期货投资，请问您是从什么时候开始专职做期货的？又是为什么选择专职做期货？

林庆丰：2013年6月份开始专职做期货。记得刚进入期货行业的前两年，由于对期货交易了解不多，投进期货的钱亏多赚少，大起大落。直到从2011年开始，对这个行业才有了自己的一点点了解和熟悉，也是从**2011年开始有了相对稳定的盈利收益。**

为什么专职做期货主要有以下两点原因：一是，在公司做职业经理人，收入相对固定，拓展空间相对有限。二是，**期货市场是一个较大的拓展平台，而且做期货时间上相对自由，在哪儿都可以操作，这样可以相对的腾出更多的时间陪陪家人。**

问题3：我们看到您在七禾网期货中国实战排行榜上的账户从今年3月6～13日短短6个交易日，净值成倍增长，是抓住了哪波行情？又是如何判断出这波行情的？

林庆丰：主要是在3月7日和10日两天时间抓住了铜的一波断崖式下跌。**趋势交易：周线级别的中期方向，在日线战机显现时，凌厉一击。**

问题4：该账户从3月份至今，收益成倍增长，主要原因是什么？是操作方法和风格发生了变化，还是行情使然？

林庆丰：主要原因是趋势交易+相对重仓交易（相对参赛账户场内资金的重仓，并不是把全部资金转入交易账户）。操作方法和风格没变，看周K线判断短期价格走势图，然后按日内走势图趋于周K线方向一致时开仓进场，当天收盘前日K线和周K线方向一致，留仓隔夜，日K线和周K线方向背离，清仓。

问题5：我们发现您的账户参与交易的品种相当丰富，多达23种，请问您的品种选择依据是什么？品种选择上是否有偏好？

林庆丰：选择依据是：交易品种的日内波动幅度较大的和交易相对活跃的，做多最强的，做空最弱的品种。

偏好：**焦炭、焦煤、豆粕、菜粕这四个品种除了它们日内波动幅度相对较大外，还相对容易走出短期趋势。**

问题6：哪些品种给您带来的收益最多？哪些品种您做得不顺利？

林庆丰：焦炭、豆粕、白银收益最多。聚乙烯、白糖、棕榈油做的不顺利。

问题7：您参与交易的品种虽多，但我们发现您对股指期货似乎不感冒，没有参与到占据市场半壁江山的股指期货交易当中，这是什么原因？

林庆丰：股指期货我有参与，但是交易比较少，因为我对股指期货的“盘感”没有比对商品期货的“盘感”来的强，既然我在商品上面有比较好的经验，也有比较好的盈利，所以我更喜欢商品期货。

记得在2013年6月25日的股指交易中，还给我深深地上了一课：当天一开盘我就重仓博股指反弹，结果到了下午盘的时候股指下挫近5%，然后仓皇割肉，当天日内账户由于这笔重仓交易让我账户资金损失近30%。割肉后意想不到是之后股指却一路反弹。这次的股指交易印象之所以深刻，是它让我铭记：**顺势交易，万万不可猜底摸顶。**

问题8：通过对您账户的分析，您多为单边交易，是否会考虑融入套利或对冲交易？

林庆丰：暂时没有考虑。

问题9：“安和投资”账户的仓位都比较重，是否考虑过隔夜持仓的风险？如果发生了系统性风险，那您将采取什么样的应对措施？

林庆丰：当然考虑过。如果发生了系统性风险，将在开盘的集合竞价时间以涨或跌停板价格止损，第一个板逃不出第二个板继续挂，直到逃出为止。**系统性风险，一年当中总有那么一两次，如果不巧让你碰上了，那就要拿出壮士断腕的决心。**所以，**在期货市场，想长久地生存下去，仓位控制是非常重要的一条交易纪律，一定要留给自己下一次交易的机会。**

问题10：您在七禾网期货中国实战排行榜上的账户虽然取得5倍多的收益，但最大回撤达51%，这在您的风险预期范围内吗？您是如何做风险控制的？

林庆丰：重仓交易就考虑到有较大风险，一笔或者两笔重仓交易止损，你的账户可能就已经回撤了30%，甚至更多。所以参赛账户里的**场内资金还是控制在自己能承受的范围以内，即使一次爆仓，我还可以从头再来。**

问题11：很多人说把握好进出场点就等于成功了一半，请问您是如何选择入场点和出场点的？

林庆丰：入场点和出场点根据日交易计划来执行。看周K线判断短期价格走势图，然后按日内走势图趋于周K线方向一致时开仓进场，当天收盘前日K线和周K线方向一致，留仓隔夜，日K线和周K线方向背离，清仓。

问题12：您表示您是以技术分析为主，那么您技术分析的主要依据和技术指标是什么？您觉得自己的技术分析方法的最大特征是什么？

林庆丰：主要依据日K线、周K线和月K线结合来看，大部分开单依据是日K线和周K线一致的时候依据趋势入场。技术分析，除了你交易的那个品种的K线图分析外，还要结合和交易的这个品种相关联的其他品种的走势结合起来一起分析。

我觉得技术分析除了对你所交易的品种（这里所指的品种是以工业品为主）的K线图进行分析外，还得结合相关联的其他商品品种、中金所股指、外汇（欧元、美元）及美国道琼斯指数等进行统筹分析。这样准确率会更大些。

技术分析的最大特征就是：做多最强的，做空最弱的。

问题13：很多趋势交易者通常会把基本面分析作为主要判断依据，您怎么看？在您的交易中技术分析和基本面分析的比重如何？

林庆丰：对于中长线投资来说，趋势交易还是更加注重基本面。

我的交易风格是日内交易+隔夜单，相对短线，更加注重技术分析，技术分析占9成，基本面分析占1成。

问题14：您在做短线波段交易的过程中，平均一笔单子持仓时间为多长？交易频率大约为多长时间做一次？

林庆丰：我一笔单子的持仓周期平均是1～2天，我看中线趋势入场，但是做单往往是短线，比如隔夜单，大部分的隔夜单在次日早盘11:30收盘前就会平仓，主要还是怕资金回撤，但是往往也会因为如此抓不到大的趋势行情。交易频率是一天交易2～3个来回，日内交易频繁了，准确率就会下降，所以我基本控制日内交易2～3个来回。

问题15：在持仓过程中，如果持仓头寸遇到了更好的机会或者是出现风险，您是否会考虑运用加减仓的策略？

林庆丰：如果是盈利单，会考虑加仓。如果是亏损单，**到了止损位，坚决止损，决不逆势加仓，因为往往逆势加仓会很容易让你爆仓。**

问题 16：您主要是趋势+隔夜为主的波段交易，为什么还要加入短线交易？您的短线交易策略与波段交易有区别吗？

林庆丰：如果是日内急涨或者急跌的行情，会止盈或止损。我对自己账户的盈亏做过一个统计，在这里我说说日内的止损单（或者日内亏损单）：相对我个人来说，日内交易亏损最多的就是开仓后，当价格走势出现急涨或者急跌的行情时，这时候很容易由于设置条件单的止损（或者主观止损）。往往当你止损后，价格又出现下跌或者反弹。反复多次之后，现在我给自己添加了一条交易纪律，就是**现在交易很少设条件止损单，在日内交易开平仓的时间点限制在接近以下几个时间：9:30；10:15；11:30；13:30；15:00。之所以限制这些时间点，是考虑尽量略去中间过程中由于急涨或者急跌行情带来的止损。**

短线交易策略主要也是顺从趋势交易原则，和波段交易差不多。

问题 17：您目前还是手工交易为主，您也表示正在测试程序化交易，为什么会考虑测试程序化交易？在您眼中程序化交易和主观交易各自的优劣在哪里？

林庆丰：我做主观交易时根据自己制订的日交易计划来执行，但是发现人为在执行的过程中还是带了很多主观色彩，**当一个人情绪和身体状态不是很好的时候就很容易头脑发热，冲动开仓或者平仓，这对交易的影响比较大。**程序化避免了人为的主观情绪色彩。个人觉得**程序化交易的优点是更能抓住大波段的趋势行情，缺点是程序化交易在震荡市场行情中很容易反复止损出局。**

问题 18：期货中国网专访过的很多高手都表示过交易系统的形成非常重要，请问您有建立成体系的严格的交易系统吗？请简单介绍一下。

林庆丰：在期货市场要想长期生存，主要**要有好的交易习惯和严格的纪律：①顺势而为！看不准能忍，看得准就狠；②到了止损位严格止损，不逆势加仓；③合理的资金管理。**

问题19：2013年的下半年行情很不连贯，很多趋势交易者做的都不尽如人意，您觉得是否如此？作为趋势交易者，如果碰到行情不连贯的时候，您会如何操作？

林庆丰：2013年下半年对趋势交易者来说相对都会感觉行情不好操作，因为行情总体震荡。碰到震荡行情，趋势不明朗的时候，主要还是轻仓交易，耐心地等待每一次交易机会的出现，机会一旦出现几乎都是单边满仓隔夜，竭尽全力一击。

问题20：我们发现您在各项大赛中都取得了不错的成绩，包括国海良时杯的年度第3名、蓝海密剑大赛海军组的第1名，您如何看待目前市场上的众多实盘大赛？

林庆丰：现在很多期货公司都举办过各种期货实盘大赛。不过，个人对东航金融举办的“蓝海密剑”期货实盘大赛还是比较欣赏的，因为它持续的时间长，能更加体现一个操盘手的交易风格和盈利能力。

另外，“蓝海密剑”这个平台给予了很多机构和投资者挖掘优秀人才的机会。

问题21：您参加比赛的账户风格与日常操作风格是否会有不同？

林庆丰：风格一样，只是日常账户的操作仓位控制不同。

问题22：您透露过您经历过最大的亏损是盲目抄底股指大亏30%，这次亏损给您带来的教训是什么？

林庆丰：**禁止逆势交易，抄底摸顶。**

问题23：我们从您的个人历程中发现您自从2011年开始步入了稳定盈利阶段，年回报率达到了2～4倍，您觉得您开始获得稳定盈利的关键是什么？

林庆丰：**制订每日交易计划，按计划交易；趋势为主，决不逆势开仓；控制风险，不能让万一发生的系统性风险让你一次爆仓后就再也爬不起来。**

问题24：您觉得您目前每年2～4倍的高收益能否持续或者是有突破？为什么？

林庆丰：只要养成良好的交易习惯，不断复制和升华自己的盈利模式的方式方法，我相信肯定还是可以持续或者有更大的突破的。

问题25：您认为“期货市场是一种金钱和金钱对抗的复合型游戏”，如何理解这句话？

林庆丰：在这个期货市场里，每一个游戏的参与者都必须严格遵守游戏规则：①保持良好的心态，不骄不躁，不畏不慌；②做好资金管理；③做到严格的止损；④顺势而为。

问题26：作为一个专职的期货交易者，在您眼中的期货市场是怎么样一个市场？

林庆丰：我认为期货市场是一个有稳定盈利交易策略的投机者可以稳定获利的投资市场。很多朋友把期货市场比作赌场，期货市场并非是赌博市场，在这个市场里，只要你管理好风险，完全可以实现低风险高收益的回报。投机与赌博的根本区别，赌博就是下注之后就把命运交给了上帝，而一个聪明的投机客至少会做到两点：第一，永远不在自己不熟悉的领域下大注（熟悉的领域可以让自己的胜率提高到50%以上，赢概率）。第二，永远不要孤注一掷，压上全部身家（把握再大，也永远不可能万无一失，因为人永远无法预测未来）。成功的方法和模式多种多样，但本质是一样的，那就是严格控制风险，顺势、合理的资金管理，耐心等待较佳的交易机会出现。

问题27：今年国内期货市场或许将迎来期权类品种，您对期权有否研究？是否有做过期权交易的准备工作？

林庆丰：之前没有了解和研究过。现在已经开始有所了解和参与了期权的模拟交易。

问题28：您进入期货市场的时间也不长，这个市场中积淀了许多顶尖的期货高手，您最欣赏哪几位？为什么？

林庆丰：国内的很多高手我都有耳闻，有过接触的有：佛意投资吴洪涛、老白干、恶狼、Innova、风中雨桐、安品投资，等等。空闲的时候我也会关注期货中国网上排名前几位的高手，查看和分析这些高手的一些持仓策略和交易手法。从交易结果来看，我还是比较佩服他们，能持续稳定盈利且回撤较小的一些高手，更让我很钦佩。

问题29：随着资管业务的开展，国内期货市场迎来了产品化的时代，您专职做期货有没有产品方面的规划？或者说您对未来的期货生涯是如何规划的？

林庆丰：我对未来的期货生涯规划简单的来说就是以下两个目标：第一，在未来3年时间内，把自己打造成国内一流的职业操盘手；第二，未来5年时间内成立一家属于自己的投资公司，然后用自己多年的操盘经验精心打造的交易方法及策略服务于更多投资人。

陆朝荣：我的逻辑都很简单，趋势而已

（2014年5月11日　沈良整理）

陆朝荣

网络昵称“戈灯岁月”。云南曲靖市会泽县人，现居云南昆明。2005年(大学三年时)涉足股市，2006年毕业后涉足期货交易和现货交易(湖南大宗、吉林玉米)。现任职于某铜现货企业的期货部。认为期货是“套保人的护城河；投机得道者的天堂，失道者的地狱”。

奉行“大道至简，力争把复杂简化、对简单加以重复”的思想理念。热衷于趋势方向上的波段和中长线行情，结合基本面的感知和技术层面的把握而参与市场。

第五届(2012~2013年)蓝海密剑期货实盘大赛二季度先锋勋章，年度收益率第4名(792%)。

访谈精彩语录：

“戈灯岁月”之意在于借用金戈铁马和挑灯夜战这两个成语来进行自我激励。

那些真正取得伟大成就的投资者应该是止戈为武、善战却更善于懂得止战，以无为而无不为的心气潜沉于大势当中，从不穷兵黩武一般杀进杀出、操之过急、求胜心切的人。

期货交易的大道至简之“道”是集市场之道与个人之道的一对组合。

最近几年，我的逻辑都很简单，趋势而已。

趋势——它在自身的每一段运行周期以内都相对稳定。

趋势一旦形成更容易被延续而不是扭转。

在期货交易中犯了错误要立即改正，心怀侥幸你可能会越陷越深。

在任何一笔交易中都要应用严格执行的止损习惯来保护自己的本金，并在一定的空间范围内，以移动止盈的方式来“得寸进尺”地保护头寸所产生的浮盈成果。

趋势是某种事物在其基本的、客观的条件和主导背景下，使其初始的发展状态和倾向，在相当的历程以内得以持续推演的过程。

上涨趋势行情与下跌趋势行情在“形态上”的差别就是直立行走与打了个手倒立的关系。

趋势的推延过程以及形态演变的轨迹总会一次又一次默默地展露给你较多惊人的相似之处。

庞大的市场千丝万缕、盘根错节，相比之下个人的渺小则不言而喻。

着重关注一些现货、库存、升贴水、新闻、政策、研报、基本经济数据等。

目前自己的技术分析方法最大的特征和倾向就是尽量走简化路线。

在通过对价格趋势的主导因素进行感知和验证之后，到了交易环节，我主要是采取技术分析参与市场。

谚语所言：“甲之蜜糖，乙之砒霜。”对你来说是很美好、很适宜的方法，在我这里可能就意味着会有噩梦。

即便是波段操作，持仓时间也会在一两个月以上。

一波反趋势方向上的次级运动虽然行情着实不小，令人羡慕，但来得突然去得快，感觉无力适应。

在交易中进行情绪管理就十分重要而且必要，也可以比喻为一项自我修炼。

我会关注那些基本面和技术面都朝着走坏或走好方向发展了较长时期的品种，特别是在此前提下它们的价格走势越来越陡，运行速度越来越快，近乎不太理智的时候。

更为现成的做法莫过于选择那些既有趋势正在发酵和推进早期或中期的品种，当它们出现反方向的次级回撤或是进入盘整状态时。

一般情况下会同时操作 1～3 个品种。

做多的时候我就挑总体趋势最强的，做空就选总体趋势最弱的。

只把一部分风险资金用来进行期货投资的情况下，一旦目标品种满足了我的胜算条件，随时都会重仓出击。

一次期货交易的风险控制可能涉及到构成这次交易的前端、中端和后台三个层面。

与“进场”相比，对“出场”的控制更能体现投资者的综合素质。

问题 1：陆朝荣先生您好，感谢您在百忙之中接受东航金融和七禾网期货中国的联合专访。您的参赛昵称为“戈灯岁月”，请问您为什么取这个昵称？有何含义或渊源？

陆朝荣：“戈灯岁月”是我的 QQ 昵称，也是我参加蓝海密剑的昵称。其中，“戈”为金戈铁马之戈，“灯”是挑灯夜战之灯。

对我来说，**“戈灯岁月”之意在于借用金戈铁马和挑灯夜战这两个成语来进行自我激励**。即面对机遇要善有金戈铁马整装待发，当机立断挥戈向前的奋战之气；面对自我要善有谦虚好学、勤于钻研、挑灯夜战、认真总结的进取之心；面对亏损要善有理智思考、冷静决策、客观面对、勇于认错的沉稳之态。

不过，自与期货为伍的这些年头以来，反反复复地经历着不同时期的酸甜苦辣，我对“戈”字的认知也开始有所转变，少去了许多猛冲猛打的轻狂气息，纠正了一些自以为是、自寻烦恼、一厢情愿的激进行为，意识到**那些真正取得伟大成就的投资者应该是止戈为武、善战却更善于懂得止战，以无为而无不为的心气潜沉于大势当中，从不穷兵黩武一般杀进杀出、操之过急、求胜心切的人。**

问题 2：您现在任职于现货企业的期货部，请问该企业做期货主要做套保还是投机？现货企业的信息、贸易、物流、人脉等对您在期货市场的机会捕捉是否有所帮助？

陆朝荣：我认为，对于现货企业而言，之所以要选择参与期货交易，其根本的出发点一定是套期保值寻求避险，辅助经营稳定利润，应该立身于期货工具的基本经济功能范畴以内，安安分分地经营，实实在在地套保。如不安守本分，初衷被跑偏，其结果不但使得交易师出无名，还有可能越走越远，得不偿失，甚至酿成严重的后果或付出惨痛的代价。

个人所涉及的交易多处于农产品系列以内，而我所在的有色行业当中的信息、贸易、物流、人脉等因素，自然是很少对我的交易和决策起到实质性的帮助和参考作用。

问题 3：您奉行“大道至简，力争把复杂简化、对简单加以重复”的思想理念。请问，您所理解的期货交易中的“大道”是什么？

陆朝荣：“大道至简”出自于老子的《道德经》。**所谓“道”，即为原理、规律和方法，或者说是市场的运行规律和交易者的运作模式。**

在老子的“万物之始，大道至简，衍化至繁”这一思想的指导之下，我也深信在很多常见事物和现象的背后，都会蕴藏着某种最初俱成的一般性规律、客观真理和驱动模式，即所谓的“道”。但往往难点却被逐级地营造在这个“衍化至繁”的过程当中，像走得复杂了，我们对其“道”的认知过程也会自然而然地变得吃力起来。

以本人不太成熟的认知层次来看，**期货交易的大道至简之“道”是集市**

场之道与个人之道的一对组合，我得在努力学习和认知个人无力改变的市场之“道(规律、原理)”的同时，去努力认知、总结和完善自身可以学习和调节的行为之“道(方法、模式)”，而两道得以切合、共鸣、均衡，足以见效，简洁明快、顺其自然之时，才不失其为具备自身特色的至简大道。

问题4：“大道至简”，期货投资的“大道”体现在哪些简单的理念、策略、图形或信息中？

陆朝荣：对于期货投资，每个人为了实现自己的目标和梦想，而采取的行为理念和体现形式可能不尽相同，但我以为，归其大略而言，反映和指导其投资个性、特征和价值观的行为理念，大致包含于如下几种行为倾向和操作策略当中。比如趋势(中长线，价值型)、波段、短线、日内、套利、套保等，或多种兼顾，这些所对应的行为模式即为自己的投资之“道”，它建立于市场的客观之“道”上，而殊途同归地朝着利润目标进发。

问题5：您自己在期货市场的盈利逻辑是什么？在纷杂变幻的市场行情中，您凭借哪些东西建立自己的胜算体系？

陆朝荣：最近几年，我的逻辑都很简单，趋势而已。而之前，因为短线思维太重，出现了频率相对于现在更高的情形，后来开始进行自我否定，自我审视与自我分析。大概是从2009年开始，我终于决心要慢慢地“戒掉”或者“远离”短线，开始学习和认识关于趋势的思路与逻辑。**趋势——它在自身的每一段运行周期以内都相对稳定，**趋势生长的根基源自于基本面的悄然转变和日积月累的量变累加过程，它的步步推进体现着多数参与者正在被市场潜移默化。且**趋势一旦形成更容易被延续而不是扭转。**这与其他趋势爱好者相似，我尝试并应用趋势的思路和逻辑来指导盈利。

在这一思路和逻辑的指导下，即可从某些角度去根据自己的认识层次和特征模式梳理趋势推动中的高概率现象、一般性规律和客观性要素，同时从过往历史中分析并罗列出自己擅长于从哪一个或者是哪一些高概率现象、规律和决定要素中的高概率获利，攥紧它，重视它，重复应用并把它发展成为自己手中独具特色的那张名牌，或者是几张名牌，以此放大每一次把事情做对的可能性。

问题6：您在2006年10月至2007年1月之间的玉米现货的多头行情中重仓、逆势、心怀侥幸、未果断止损而导致本金所剩无几。您从这次大亏中吸取了哪些经验教训？这次大亏后，您的交易理念和交易方式有了哪些方面的改变？

陆朝荣：从这次经历当中我才真正而直观地体会到什么叫“留得青山在不怕没柴烧”的道理。其实，在生活和成长过程当中，人人都曾听到和学到过很多耳熟能详且意义深刻的谚语，只是事到自身总会出现一些知易行难的偏离。事后明白，心怀侥幸是我不愿认错和改错的扭曲心态在作祟，如不加以改变，事情的结果就会不厌其烦地向你证明一个道理，即一条道走到黑的执拗做法和一厢情愿的想法非但不能正面体现你的什么执着与自信，恰好相反，它会淋漓尽致地展现出你在市场面前的愚蠢、渺小与不化。而更为讽刺的情况是：一波推动型走势扛将上去，你的资金爆了，行情也基本上宣告结束，除去收获一番刺痛与无趣之外，它基本上没能带来些许的美感。人言，君子不立危墙之下。这次暴仓经历让我懂得了**在期货交易中犯了错误要立即改正，心怀侥幸你可能会越陷越深**，同时也让我学会了**在任何一笔交易中都要应用严格执行的止损习惯来保护自己的本金，并在一定的空间范围内，以移动止盈的方式来“得寸进尺”地保护头寸所产生的浮盈成果。**

问题7：您热衷于“趋势方向上的波段和中长线行情”。请问，您如何定义“趋势”？

陆朝荣：谈到“定义”二字，似乎有一种向理论层面跃台升阶的感觉，而交易却是一种实践性极强的行当，涵盖着丰富复杂的主客观元素，千人千言，难以一锤子敲正。也或许在无数次经历之后，每每令人觉得可以讲出很多大道小理但又常常无言以对，不知从何说起。当你真想把某些东西上升和规范到理论、定义层面的话，难免就带着轻重不一的个人色彩，顾此失彼，以偏概全。

有句话的大概意思好像是说，**在这个市场上，当你把自己所谓的“经验”或“发现”上升为理论和规律的时候，似乎就意味着危险已经离你不远了！**不过，这样的说法并不是告诉我们在实践和摸索的过程当中对某些基本元素就可以完全没有自己的界定和概念。

从我个人的认识来讲，**趋势是某种事物在其基本的、客观的条件和主导背景下，使其初始的发展状态和倾向，在相当的历程以内得以持续推演的过程。**犹如江河之势，在地理条件和客观引力的共同作用下曲折前行。如此，期货或股票的价格运动趋势我就简单地理解或者说自我界定为——价格运动在其基本背景主导下，使其初始发展状态和运行倾向在相当的时间周期和价格历程以内持续推演的过程。

问题 8：您如何判断一个品种会有趋势上涨的行情？如何判断一个品种会有趋势下跌行情？

陆朝荣：从趋势的自我理解和定义出发，**价格趋势包含着几个基本元素：主导背景、时间、价格、运行状态和方向。**在个人之能无法像机构、团队那样通过大量的人力、物力、财力去吃透基本面并掌握一手资料的情况下，我首先会选择浏览并关注，一旦市场上大量的基本信息(如现货、库存、政策、新闻、研报等)在由少到多地朝原来的反方向倾斜且日趋明显，则随同关注期货价格是否正在或者是已经对这种倾向给予配合和验证，进而关注此种价格验证在右侧酝酿过程中的空间跨度和周期跨度情况。若结果是强烈、稳定，则初步判断定它可能将会向趋势性上涨或趋势性下跌的方向推延。

问题 9：就您看来，上涨趋势行情和下跌趋势行情在形态上、幅度上、速度上、延续时间上有何差别？

陆朝荣：价格运动一般都游走于上涨趋势、下跌趋势和区间震荡三种情形之间转换，在上涨与下跌当中都会夹杂一些大大小小的震荡。关于**上涨趋势行情与下跌趋势行情在“形态上”的差别**而言，我以为，抽筋剥皮、撇开形态以外的因素之后，很多情况下它们的差别**就是直立行走与打了个手倒立的关系。**

从对**趋势的推延过程以及形态演变的轨迹**观察当中不难发现，它们**总会一次又一次默默地展露给你较多惊人的相似之处。**即便是在不同品种的涨跌趋势之间；即便是在同一品种但不同周期级别的大趋势与小趋势之间；或是反之，在不同品种不同周期级别的大趋势与小趋势之间等等情形下，你见与不见，它就在那里，是历史重演？人性往复？大可不必弃简就繁，剪不断理还乱，反正它就有这么个事儿。

说说幅度、速度、延续时间几个方面在上涨与下跌趋势行情中我的一点认识。在幅度和延续时间方面，一轮主要趋势不论是上涨还是下跌，它受制于其基本面与主要推动因素的变化层次、时间长短和市场情绪；而在速度方面，可能更多地与这些诱发因素的爆发力有关。另外，大家可能都有一种相似的经历和感受，在下跌行情的初期或者是尾声或者是二者皆同，做空赚钱的速度往往会更胜一筹，表现出速度偏快的现象。或因如此，才称之某些下跌为 “跳水”、“崩盘”。

问题10：在市场行情的持续震荡期(没有像样趋势性行情)，您会等待还是试单？如果遇到时间较长的震荡期，您怎么办？

陆朝荣：如果市场震荡而没有像样的趋势行情，在前期有单的情况下，我的习惯性做法是继续持仓并跟随时间的推移进行移动止损或止盈控制；如果此前没有单子而又想参与这个趋势，我会关注那些自己“擅用”且“惯用”的浪形结构、周期因素、指标信号、回撤空间等参与机会进行顺趋势方向开仓尝试；如果参与意愿不强，或者没有我的交易信号，或者其他品种存在更为适合和确信的机会，则转移目标，另辟新土。

问题11：您认为期货是“套保人的护城河；投机得道者的天堂，失道者的地狱”。请问，何为“投机得道者”？何为“投机失道者”？为什么得道和失道之差竟是“天堂”和“地狱”之别？

陆朝荣：对于企业套保而言，期货工具应发挥的是它最为基本的经济功能，也是它最初存在的价值和意义。众所周知，经济有周期，行业有起落，各种产业链条也有其自身的兴衰往复，在身处于不利的周期的情况下，企业难以一如兴旺时期那样顺理成章地稳定盈利并获取超额回报。应用期货甚至外汇(锁定贸易环节的汇率风险)等工具可以锁住前端购价，稳住源头，确保生产经营正常进行；而在销售环节，价格形势不利的时候可以及时锁定目标价差，保证长单供给，稳定加工空间和贸易利润，一定程度上抵抗和隔断了系统风险，保证企业的生存能力和竞争优势，所以视其为套保人的“护城河”。

投机得道者，在他已对市场之“道(规律、原理)”进行了认知与探索的前提之下，努力总结、完善并实现了与自身之“道(方法、模式、系统)”的优化切合，寻得了自己的圣杯，摸着了来路也掌握了去路，良性往复，进退自如，自然得道。相反之下，抓不着道，摸不透理，取不好法，眼见市场生机涌动，山花烂漫，却采哪一朵都被刺，处处泥潭却老是走不正那一道渡身彼岸的田埂，似乎总有一道铜墙铁壁在或远或近的某个地方等着自己额头和鼻子，收获极少而失去苦多，愁长喜短而摸不着门道，皆所谓失道。

问题12：您结合基本面的感知和技术层面的把握而参与市场，请问，您一般通过哪些渠道、哪些方式去感知基本面？您会着重了解和分析哪些基本面信息？

陆朝荣：对于基本面，之所以只能说“感知”而不敢轻言“掌握”二字，原因很简单，**庞大的市场千丝万缕、盘根错节，相比之下个人的渺小则不言而喻**。我的解决办法在前面的交流当中曾提到过，一般就是在可能的范围以内，通过网络，熟悉的朋友等资源渠道来浏览、了解和思考市场上大量的基本数据和二手信息，然后结合期货价格的反应来加以感知和甄别。比如，**着重关注一些现货、库存、升贴水、新闻、政策、研报、基本经济数据等。**

问题13：在技术层面，您主要看哪些指标、哪些图形、哪些量变？您觉得自己的技术分析方法的最大特征是什么？

陆朝荣：大概是在大三左右，开始学习做股票、现货一直到2009年开始“戒掉”短线这期间也算是一个对交易热情与憧憬俱增的时期，不论是见到什么教你如何炒股、跟庄、看图形、用指标、测周期、量空间、做短线、记K线组合、逃顶、捞底、追涨停等的所谓的“大全”、“宝典”、“秘籍”、“精解”类书籍都爱不释手，但凡图书馆有的就去借，没有的就泡书店，完了回去稍一有空即打开电脑上的走势图不断地对比、捣鼓，包括去研究那些五花八门的指标、K线等，一副省吃俭用勤奋好学的样子。其结果可想而知，上帝未曾怜惜我所付出的汗水，可能只看到一只无头的苍蝇四处乱撞罢了。钱没舍得花去买书，却东一榔头西一棒子，大都实实在在地交给了市场，看来勤劳与致富在某些领域和时期还真就是背道而驰的。有一种自我安慰的说法应该叫作“亏钱买教训，向市场交学费”。当然，仅仅如此自嘲而已。我并非否认那些畅销书籍的引导价值和意义，或因为自己智术浅短，观之大略而不领书中真谛吧？

自从“戒短”之后，关于指标我只在需要的时候调出BOLL，还有就是自调参数之后的SAR，前者参考验证一下回撤加仓的心理目标和技术价位，后者参考止损止盈的离场区间，其余时候屏幕上只显示最为原始、真实和客观的市场足迹——走势图和成交量。眼不见心不烦嘛，或许也算是遵循大道至简的初级表象。

图形方面无非也就是对一些经典和传统的顶部形态、底部形态、持续形态和反转形态的习惯性应用。再进一步就是应用波浪理论对走势进行仔细辨认和层次划分。**我觉得目前自己的技术分析方法最大的特征和倾向就是尽量走简化路线**，而不再愿意左弯右拐地把原始而直观的走势捣鼓得故作深奥、故弄玄虚的样子。

问题14：在具体交易时，您以基本面分析为主，还是技术分析为主？两种如何结合？

陆朝荣：这个问题从前述的交流内容里面已初具形象，**在通过对价格趋势的主导因素进行感知和验证之后，到了交易环节，我主要是采取技术分析参与市场**。因为此时应用基本面分析无法告诉你该在哪个价位进场、哪个价位止损、什么地方止盈等一系列较为现实的解决方案。此时只有技术走势、成交量情况才能更为直观地让你去感受市场氛围如何，认可度高不高，价格推演过程中的步伐稳不稳以及做多或做空的热情是否还能有所扩散。

问题15：一笔单子您一般持有多长时间？您选择做波段和中长线的主要原因是什么？

陆朝荣：之所以选择做波段和中长线，其原因直指自身，属于向内的内在特质使然。市场就在那里，你该用什么样的思路去运筹？以什么样的招式去应对？在做了连自己都快记不清次数的交易而无济于事之后，总有痛定思痛的时候。**谚语所言：“甲之蜜糖，乙之砒霜。”对你来说是很美好、很适宜的方法，在我这里可能就意味着会有噩梦。**所以，性格使然吧，慢反应型，我不擅长的应该敬畏它，离远它。但也不影响我对各路短线高手们一如既往的敬佩之心。

一般情况下，我的波段目标和中长线取向基本上就决定了持仓时间会被大大拉长，具体根据目标浪的延伸情况而定，如果算上往下一主力合约正常移仓跟随的话，**即便是波段操作，持仓时间也会在一两个月以上**，但按照交易规则止损、止盈除外。

问题 16：某个品种上，在中长线看多的情况下，您在波段操作中会不会进行做空的交易(反之，在中长线看空时，波段操作会不会做多)？为什么？

陆朝荣：以前会，现在基本不会，正如前面介绍，我属于慢反应型的那一类参与者。而往往在很多情况下，**一波反趋势方向上的次级运动虽然行情着实不小，令人羡慕，但来得突然去得快，感觉无力适应。**以前常做，成功赚钱的时候固然美好，但我的多数结局是坐了电梯，煮熟的鸭子放飞不说，可能我还没来得及琢磨清楚的时候就已蚀了把米。思路打乱，同时还容易失去这样一次次级运动眷顾于你的顺势入场机遇。因此，从管理自身胜算的角度出发，**我更愿意站在一边观赏各路高手演绎这场激烈、壮观的竞技。**

问题 17：您如何看待期货交易中的情绪管理？您自己在交易中有没有出现过情绪失控的情况？交易者应该制定哪些纪律或规则减少不良情绪的干扰？

陆朝荣：一如喜怒哀乐忧思伤，不论佛家、儒家还是《黄帝内经》各自如何去说道和界定什么叫“七情”，什么叫“六欲”，反正理论与学术的问题并不是大多数人必须去探讨的内容。而人的丰富情感总会在遇上这样那样的反射条件时有所流露，因此在某些地方，人的七情六欲常被加以应用(比如，做营销、打广告)，在某些地方却需要恰当地给予控制(比如，日常生活当中、社交往来、做期货等)。

在社会道德的框框以内，有时候情绪的自然流露叫真诚、朴素，而有时却会犯错甚至犯罪。不过还好，在期货交易中，只要自己遵纪守法地干活儿的话，最多也就是犯了个错误而已。但是，为了尽量恰当地参与期货这种由千千万万个不知底细的个体构成的情绪集合体而且少犯错误，那么，**在交易中进行情绪管理就十分重要而且必要，也可以比喻为一项自我修炼。**

情绪失控可能会导致与市场怄气、较劲、恼怒、不服输甚至控制不了自己的错误举动，管不住自己的手脚，杀红了眼。失控了嘛，情绪就通过行为自然流露！结果把原本对的做成错的，好的搞成坏的。

上述情形可以完全代表我过往常犯的毛病，如今也犯类似的错误，只是频率有所降低。可能是由于每一次痛定思痛、自我医治，理出了一些行之有效的交易规则。不顺手的时候就告诉自己“我这是在遵守自己的规则和模式，维护自己的进出场纪律，冷静冷静吧，不必着急，待机再战”。如此自我阿Q一番，重新振作一下信心。但可以预见和警惕的是，以后可能还会犯相似的情绪性错误，否则那就不是正常人了！

我觉得，**管理情绪如果总是以阿Q精神来激励和安慰自己，那似乎也不是个正事儿，解决不了根本性问题。**可能还是得下功夫去分析分析诱发盘中情绪不佳的那些根本性问题。比如，客观地评判一下交易方法、思路、技术、模式、规则、理念等环节，是不是某一个或几个地方还不够合理，是掐得太死，还是放得太宽，是条件疏漏还是执行不力。

问题18：您一般如何选品种？即当一个品种出现哪些特征时或情况时，您会重点关注、重点参与？

陆朝荣：**我会关注那些基本面和技术面都朝着走坏或走好方向发展了较长时期的品种，特别是在此前提下它们的价格走势越来越陡，运行速度越来越快，近乎不太理智的时候。**其主要意图在于考虑参与反转后的下一轮趋势行情。**但更为现成的做法莫过于选择那些既有趋势正在发酵和推进早期或中期的品种，当它们出现反方向的次级回撤或是进入盘整状态时，**我得重点关注，以求把握趋势方向上的入场机会。

问题19：您一般同时操作几个品种？为什么不考虑多做一些品种？

陆朝荣：**一般情况下会同时操作1～3个品种。**

一是因为我还没找到多品种操作的盈利模式或者套利模式。

二是认为国内期货归结起来也就是农产品、工业品、基本金属、贵金属再加上一个股指。所谓“触目横斜千万朵，赏心只有三两枝”，只需从某一个或两个类别当中优选代表性强、形势明朗的个别品种重点参与即可。**做多的**

时候我就挑总体趋势最强的，做空就选总体趋势最弱的。没必要面面俱到，什么都想抓住，结果可能什么都抓不住，做不好。

三是在多品种操作体系不够成熟的情况下，如果手上持有多空方向不同的多个品种，一旦其中某几个出现关联异动，则处理起来很容易发生短思维错乱而招致更大的失误。

问题 20：您一般仓位控制在多大范围？会不会在某些情况下重仓出击？遇到哪些情况会重仓出击？

陆朝荣：只把一部分风险资金用来进行期货投资的情况下，一旦目标品种满足了我的胜算条件，随时都会重仓出击(大概范围通常都在 60%以上)，同时划出严格的止损界线并跟随市场节奏朝着持仓有利的方向逐级移动出场位。

问题 21：您有没有加减仓的操作？还是习惯于一次性进场、一次性出场？

陆朝荣：在形势果然朝着对我有利发展的情况下，即便是一次性重仓入场，我也会“得寸进尺”地利用利润顺势加仓。

在未达到预期的出场目标以前一般不会减仓，节假日除外。

关于出场，我一般在下列四种情况下采取市价立即一次性执行的方式。

一是价格碰到了(或开盘直接跳过了)初次划定的止损界线；

二是价格碰到了(或开盘直接跳过了)最近一次移动后的移动止损线；

三是价格碰到了(或开盘直接跳过了)由移动止损逐步转换过来的移动止盈线；

四是价格到达了(或开盘直接跳过了)本轮交易的预期目标值。

问题 22：就您的理解而言，期货交易的风控体系包含哪些层面和要素？您自己一般是如何做风控的？您交易的账户一般会把最大回撤控制在多大范围内？

陆朝荣：不知我的思路是否正确，我以为，**一次期货交易的风险控制可能涉及到构成这次交易的前端、中端和后台三个层面。**前端风险来源主要体现在事前的分析研判的准确性、市场信息的可靠性、决策过程的科学性、交易模式的稳定性、交易方案和预期目标的合理性等方面；中端风险来源主要体现在事中的执行偏差、价格机会、错单行为、情绪波动、持仓比例、资金回撤和出场等方面；后台主要会出现因特殊原因导致交易通道下不进单等方面。我的风险控制主要是通过管理和稳定前端的几项内容来提高事前的可靠性，通过把握中端几项内容的操作水平来降低事中的执行风险，开设两个公司的交易账户来防范通道风险。

我交易的其中一个账户最大回撤往往容忍到30%的范围左右，这可能出于重仓交易的倾向和风险偏好提高，一旦出现连续失利止损或突发行情止损的情况下该账户的阶段性回撤力度甚至可能超过30%。而另外一个采取了降低仓位和风险偏好的思路，正常情况控制于20%以内。

问题23：您的初始止损、移动止损一般是如何设置的？您在交易中的止盈又是如何实现的？

陆朝荣：在次级回撤当中设计入场点位的时候，我习惯选择对面或临近区域以内，存在相对高低点或有成交密集区的价位进场，并以这样的高低点或者密集区域的上下沿作为初始止损的警戒线。移动止损则以初始止损为起点，按照某个时期以内该合约结算价平均推进空间的几分之一来进行正方向移动止损线。

若形势逐步向着有利方向发展，如此推延，则移动止损线逐步变为一定差值空间以内保护浮动利润的移动止盈线，持续向前则同理推移。

问题24：您如何看待一笔单子“进场”和“出场”各自的重要性？就您看来，投资者应该花更多时间研究“进场”还是研究“出场”？

陆朝荣：“进场”，对于交易来说大致就是要解决买开仓还是卖开仓，买谁卖谁，买多少卖多少，在什么价位或者是什么时间买的问题。在一开始做交易的头几年当中，很自然地觉得，买开仓的时候要花工夫去研究一个相对较好的低点，卖开仓的时候要花工夫去把握一个相对较好的高点，这样就能在占据了“地理”优势的前提下把损失降低而把收益提高。

话虽如此，道理上也确实不错，但做下来的真实效果如何呢？那还不一定！有些时候你使尽了能耐，固然也能抓到一个具备“地理”优势的顶部或底部进去，但接下来可能会因为出场的技巧实在是很不得劲，要么被行情远远地甩在后面，吃了个小小的头部而滑脱了膘肥的鱼身，好不可惜；要么就是来了个360度的大逆转而被死死地套上，好不尴尬！如此推论，似乎可以隐约地得到感觉到，即便是全都弄懂了该在哪里进去，或者说即便市场把每一轮重要的最高和最低点入场点都告诉了你，而你却不精于该在什么地适可而止地抽身闪人的话，那结果岂不也是同样的枉然吗，甚至还不如人家半路上车而多坐几站的人走得远。

所以，**“出场”**——它在交易当中从表面上看起来似乎只要有了良好的“进场”之后就是顺理成章的事情。其实不然，**它存在着与“进场”同样甚至是有过之而无不及的重要意义。**比如，当你亏损，甚至突然超越止损线的情况下该不该出场(止损)，如何出，立即还是侥幸一下，等得更坏怎么出，等对了呢？再比如，当你盈利但没达到预期甚至于行情有点异动的情况下该不该出，如何出？当你盈利且基本到达预期价位的情况下该不该出，如何出，一次还是分批，还是继续观察？当你盈利且突然超过了预期的情况下该不该出，如何出场，一次，分批，还是干脆改变预期？这些问题里面所包含的细节和处理模式，都是在进场之后必须去实实在在地思考和应对的事情。一笔单子进场后到底如何出场，或者说以什么样的理念和模式去应对，其结果将直接决定着交易结果的好坏、盈亏的多少和钱袋子的增减问题。我以为，**与“进场”相比，对“出场”的控制更能体现投资者的综合素质，**至少应该花同等甚至是更多的时间和精力，去研究和思考多种可能的情况发生时该如何去控制“出场”的问题。

问题25：您目前在云南昆明，请问云南做期货的人多不多？在云南，期货投资者之间交流的氛围如何？

陆朝荣：据我的感觉，在云南，五六年以前很多人对于“期货”这个东西的认识和了解似乎还不是很多，甚至很多炒过股票的投资者可能都不太接受它，特别是与“投机”这一说法相比之下，“投资”理念更强的人对期货有着较为直接的不接受理由，那就是——零和游戏，不会像股市背后的企业那样创造价值，产生红利。

不过，随着最近几年的经济发展和政策支持，期货市场在社会前进的过程当中其功能、角色、认可度、影响力和重要性都日渐显现。虽然与沿海城市相比依然逊色一筹，但云南这边的参与群体正在壮大，认可度在上升，很多企业加入的积极性明显提高，特别是这边的一些有色企业。还有一些我认识的人，他们从前一直做股票，但2008年金融危机以来似乎股市也没从前那么令人振奋，好多人都已经涉足了期货。相比外界来说，或者是相比本地的股民群体来看，一些有组织性的期货投资交流氛围有点显得跟不上步伐。

问题26：如今的期货市场，英雄辈出，请问您最欣赏市场中的哪一位或哪几位高手？为什么？

陆朝荣：在中国期货市场快速发展的这些年来，不断踊现出大批的期货高手和传奇人物，正如您所言，英雄辈出！虽然基本上都未得谋面，但看过关于他们的相关访谈或是学习了他们写过的书籍之后，我对这些前辈和同龄们全都十分的敬佩，对他们所取得的骄人成绩和展现的伟大才华深为仰慕，同时也对他们在这个特殊行业当中坚持不懈的实践和探索精神表示致敬。这些人中，**青泽先生**写过的书和文章我很喜欢阅读；**林广袤**那句精彩的比喻令人回味无穷——“如果一个人的心胸和目标只有杯子那么大，平时下点小雨总是能装一点水，如果遇到大暴雨，装满也就是那么多而已，如果是游泳池那么大，平时下点小雨什么也得不到，但遇到暴雨，装满就是暴利。”**傅海棠**那种独立、坚定和自信的风范十分值得我去好好学习——“我一般不受外界的影响，确实有自己独立的思想，一般我看准的事情，只要基础没有改变，任何人怎么说什么我都不会动摇。”还有**王向洋、郑加华**等，**每一位应用自己的思想和行为，在市场上碰撞出道道精彩火花的英雄人物，不论是他们的思想、理念、交易经历还是现有成就，都有很多值得为之喝彩和共勉学习的精彩之处。**

问题27：您看过不少金融投资方面的书，请问您最喜欢哪几本？您从这些书中分别学到了或感悟到了什么？

陆朝荣：阅读是一个获取知识和分享经验成果的良好渠道。关于期货的书籍很多，值得认真细读和领悟的也很多。有些经典的书籍我也很喜欢，有空还会进行反复阅读。比如，**《专业投机原理》《波浪理论》《通向财富自由之路》《股票作手回忆录》《交易冠军》《华尔街幽灵》《华尔街45年》《如何从商品期货中获利》《期货兵法》《十年一梦》《走出幻觉，走向成熟》**，等等。虽然不敢奢求也不可能做到对每一部大作都得以全面的理解和掌握，但我以为，只要经过思想上的不断碰撞而从书中获取一点点共鸣和启迪就足矣。

《专业投机原理》讲到，把自己的交易生涯视为一种事业经营；还讲到保障资本——一致性获利——追求卓业等精彩的论述，隔段时间重读书中的某些片段都有可能出现不同的理解和感触。

再者，从《股票作手回忆录》当中，我们随时随处都能读到很多精彩闪光富有感想的内容和教导，比如要控制交易、管理资金，不要错上加错，在多头市场中看多，空头市场中看空，耐心等待真正完美的趋势而不要做预测性介入，华尔街从来不会改变，因为人的本性是从来不会改变的……回味无穷，百读不厌。

最后谈谈《期货兵法》，对我来说，书中的一些视角、观点和方法直指于实战层面，体现的哲学理念深入浅出。随举一例：作为小我，我们没有能力影响市场，我们甚至要避免对市场产生任何影响。在市场面前我们要忘记自我的存在，以市场当前的发生为唯一事实，保持与市场的高度一致。再如：我们想要在尽可能短的时间内赚取尽可能多的收益，就无法简单从事传统意义上的“价值投资”。我们只能运用期货本身的性质和规则，在有限的资金和时间中，寻求不败的模式，寻求“无限”的可能。等等这些，读来可谓酣畅淋漓，共鸣多多。

当然，也包括上述列举以及未能列举的每一部闪耀智慧和光芒的经典名作，感谢作者们的无私和坦诚，感谢它们的伟大存在。

支达理：控制住风险，收益自然会来

（2014年5月12日　沈良整理）

支达理

比赛昵称“生煎馒头”。上海人，20世纪90年代做过一年股票，2007年开始到现在一直在做股票，但在股票上投入时间不多。

专职做期货之前从事IT类工作，认为“市场的本质就是价格，而价格通常以趋势的方式运行”，做中期趋势行情，只看日线以上周期，基本面分析判定市场格局，技术分析决定入场出场，总体上技术分析为主基本面分析为辅。

第五届（2012～2013年）蓝海密剑期货实盘大赛第5名，收益率650%，获中校晋衔奖。

访谈精彩语录：

做股票研究的是行业背景，财务业绩等，而期货是研究供需关系，货币政策。

在期货市场上你总是能不断地听到、看到各种草根变传奇的故事，我觉得这是期货市场最大的魅力。

趋势的力量胜于一切，有时甚至能颠覆常识。

我觉得价格以及价格的波动就是市场的本质。

在交易的过程中我觉得应该更多地关注价格本身。

我自己对趋势的理解比较简单，来自于道氏理论，高低点不断抬高就是上升趋势，反之则是下降趋势，如果一段时间内没有出现新的高低点那就是震荡。

日线级别的趋势更稳定一点，相对也更容易把握一点。

在趋势的形成初期尝试轻仓入场，在发展的过程中加减仓并一直持有，直到我判断趋势已经结束才全部平仓。

除了常见的头肩顶或头肩底之外，我比较关注价格已经在一个区间内震荡较长时间的品种。

做趋势行情，一定的耐心是必要的。

我比较关注两个方面，一个是货币政策，另一个是商品本身的基本面供求信息。

像我这样的个人投资者对于基本面的研究是很肤浅的。

只会把基本面信息作为一种参考，并不是决定何时开平仓的依据。

根据 K 线形态和均线形态来决定进场。

随着行情的运行会选择在价格突破一些关键位置后加仓。

我把止损和止盈统称为出场。

选择入场后初始止损比较小，可能的盈利空间比较大的品种来操作。

我不太会去追已经走了一大段行情的品种。

每个品种都是有机会的，只不过时机还没有到而已。

我最多同时操作 2 个品种，一般情况下我只操作 1 个品种，在没有盈利的前提下我首仓只会投入 20%资金。

我一般不太关心资金曲线的变化，我更关注行情的变化。

本金和利润的回撤我会区别对待。

控制住风险这头，那么收益自然就会来的。

我应该算是一个进取的交易者，因为在确保本金安全的情况下，我会用盈利来博取更大的收益。

每天面对不确定的市场进行交易或许就是我最大的乐趣。

我相信只要努力做好自己的本分，其他该来的就一定会来的。

问题 1：支达理先生您好，感谢您在百忙之中接受东航金融和七禾网期货中国的联合专访。你的真名叫“支达理”，昵称叫“生煎馒头”，两个名字都是比较有意思的。请问您的本名“支达理”会不会在生活中给您带来一些趣味性的插曲，会不会让您觉得自己是与众不同的人？而您的昵称取为“生煎馒头”，是不是因为您喜欢吃生煎馒头？

支达理：“支”姓在生活中确实比较少见，从小到大每次被问起自己名字时，总会被误认为是少数民族。其实支姓在老版的百家姓里是有的。一直以来我的姓名带给我的好处就是很容易让人记住我。但是我自己本身各方面都很普通，并没有觉得自己有什么与众不同的地方。

至于“生煎馒头”这个名字的由来，确实缘于我最喜欢吃的上海本地小吃，可谓百吃不厌。在注册昵称时，一时想不出比较好记的名字，就用了这个，可能比较特别一点。

问题 2：您在 20 世纪 90 年代做过一年股票，后来为什么较长一段时间没有做股票？从 2007 年以来您一直在做股票，但经常是买了只股票就不看了，为什么您在股票上没有花太多的时间和精力？

支达理：1999 年的时候股票非常火，周围的人都在做股票，我也随波逐流开了个股票账户，那时还没有 K 线图看，炒股票都是拿个股票机看实时价格，也不懂任何分析方法，懵懵懂懂就进入了股票市场，结果可想而知。买的第一只股票就被套牢，然后也不知道止损，就一直扔在那里。后来有个出国留学的机会，我就没有再继续做下去。**直到2007年回国后又重新开始了股票投资，同时在2007年我也开始了期货投资。**在操作一段时间后，我觉得股票和期货要想做得好都需要投入大量的精力和时间去研究，**但一个人的精力是有限的，所以在权衡后我决定把期货作为投资的重点，股票就相对看的比较少。**另外一方面在2008年股市进入熊市后，期货市场的投资机会就比股票市场多得多了，这也是我选择期货的一个重要原因。

问题3：您做期货已经7年多了，请问您觉得做期货和做股票相比，有哪些不同？

支达理：不同的地方太多了。**期货有杠杆而股票没有，期货可以双向操作股票也不行，做股票研究的是行业背景，财务业绩等，而期货是研究供需关系，货币政策。**虽然它们都是以K线的形式展现，技术指标也能通用，但是我觉得本质上这是两种不同的东西。

问题4：就您个人看来，期货的魅力更大，还是股票的魅力更大？期货的魅力主要有哪些？

支达理：我个人认为，期货的魅力更大一些，杠杆交易总是最吸引人的，而且期货是个双向操作的市场，在博弈上更公平一点，另外**在期货市场上你总是能不断地听到、看到各种草根变传奇的故事，我觉得这是期货市场最大的魅力，**它给了每一个像我这样的普通人有实现梦想的机会和希望。同时期货市场还是一个相对公平的地方，不看你的学历背景，没有复杂的人际关系，不管你来自哪里，只要你有能力，就能在这个市场中找到属于自己的一席之地，并能最大地体现自我价值。

问题5：您做期货7年多时间，有没有大亏过的经历，最大的一次亏损发生在什么时候？您从中吸取了哪些经验教训？

支达理：说到亏损，由于我一开始做期货就知道止损的概念，所以大亏的次数倒不是很多，**记忆中最大的一次亏损应该是2010年棉花期货，**一开始我本是看涨棉花的，后来由于各种原因，没有赶上开多仓，随着行情的发展棉花涨到了很高的位置，这时候摸顶的思想出现了，那时候感觉自己完全被贪婪和幻想所控制，不断臆想如果棉花跌到原来的地方能赚多少钱，直到资金亏损快 50%，才幡然醒悟。这次的亏损留下比较深刻的印象，不过得到的经验也是很有价值的，这让我坚信**趋势的力量胜于一切，有时甚至能颠覆常识。**

问题 6：另外，您做期货以来有没有大赚的经历，这些大赚经历对您而言，主要有哪些方面的意义？

支达理：有大亏肯定也有大赚的，**对我来说有意义的大赚应该是 2012 年的螺纹钢期货**，当时我记得在年初就有关于钢铁产业产能过剩的新闻，同时一些经济数据也说明需求可能正在下降，结合这些基本面信息我看螺纹钢正好在一个相对高点的地方，下方的空间比较大，技术上显示可以入场做空，于是从 4 月初开始做空螺纹钢一直拿到 9 月创新低后平仓，当中在合适的时候加过几次仓。这次的交易是对我的交易理念和交易系统一次很好的检验，同时也使自己的心态和耐心得到了一次很好的锻炼。自此我觉得自己才勉强能算是一个相对成熟的交易员。

问题 7：您认为"市场的本质就是价格"，请您诠释一下这句话的含义？

支达理：我们做期货的其实每天面对的不是看得见摸得到的实物，我们面对的是数字的变化，也就是价格本身的波动，那么我们交易的其实也就是价格。所以**我觉得价格以及价格的波动就是市场的本质**。同时根据技术分析的原则，我也认为价格包含并且反映了一切信息，所以**在交易的过程中我觉得应该更多地关注价格本身。**

问题 8：您还认为"价格通常以趋势的方式运行"，而在市场中不同的人对"趋势"的定义和理解会有所不同。请问您如何定义"趋势"？

支达理：每个人都可以有自己对趋势的理解和定义，这个并不是很重要，只要趋势的定义能帮助你理解看清这个市场并从中获利就可以了。**我自己对趋势的理解比较简单，来自于道氏理论，高低点不断抬高就是上升趋势，反之则是下降趋势，如果一段时间内没有出现新的高低点那就是震荡。**

问题 9：在交易中，您做中期趋势行情为主，只看日线以上的周期，请问您为何选择做这个级别的趋势？您没有想过或尝试过做短期的趋势行情？

支达理：因为我觉得**日线级别的趋势更稳定一点，相对也更容易把握一点**，如果再高一级别的周线的话，趋势转换反应比较慢，止损比较大，不太容易操作。低于日线级别的话，波动又过快，假突破比较多也不太适合我。曾经尝试过做日内交易，但是一直没有找到合适的交易方法，或许将来会再深入地研究一下。

问题10：*在您的理解中，一波趋势行情可以分为几个阶段？您主要抓取的是哪一段或哪几段？*

支达理：一波趋势行情一般可分为三个阶段：趋势形成、趋势的发展和趋势的结束。我一般会**在趋势的形成初期尝试轻仓入场，在发展的过程中加减仓并一直持有，直到我判断趋势已经结束才全部平仓。**

问题11：*您一般如何去识别趋势行情的发生？如何去捕捉趋势行情的盈利机会？*

支达理：我主要还是**根据K线形态来判断可能出现的趋势行情，在风险可控的情况下进行尝试。一旦行情启动，突破重要阻力或支撑，趋势明朗化了我就会加仓**，然后就只需要坐着等就行了，直到出场的信号出现。

问题12：*如何从K线形态来判断接下来可能会出现趋势行情？*

支达理：K线形态有很多种，**除了常见的头肩顶或头肩底之外，我比较关注价格已经在一个区间内震荡较长时间的品种**，这类品种出现趋势行情的概率比较大，一旦突破的话我就会立刻入场。

问题13：*就您看来，一个交易者需要具备哪些方面的能力或素质，才能抓到趋势行情？*

支达理：这个不太好说。每个人的性格和能力都不同，没有什么东西是必然的，如果**做趋势行情**的话，**一定的耐心是必要的**，因为趋势行情不是一两天就能走完的，可能需要1个礼拜，1个月甚至是几个月，所以**能坐得住是比较重要的。**

问题14：*中期趋势行情并不会经常发生，当没有您可识别、可捕捉的趋势行情时，您会怎么做？只是等待吗？还是会做一些尝试性的单子？*

支达理：我会适当做一些尝试，不过仓位可能很轻很轻，有时就做个1

手、2手看看，大多数时间我会选择等待。

问题15：在做交易时，您会先进行基本面分析判定市场格局。请问您一般关注和分析哪些基本面信息？就您看来，哪几个基本面信息是最重要的？

支达理：我比较关注两个方面，一个是货币政策，比如美国的QE政策等，另一个是商品本身的基本面供求信息，我觉得这两个方面把握好了基本就能确定操作思路了。比如目前QE的退出，商品产能过剩太多，随着经济的下行需求也不断减弱，那么这基本上就是一个空头的格局。

问题16：针对不同的品种，在基本面信息方面，您会不会进行针对性的研究分析？

支达理：其实像我这样的个人投资者对于基本面的研究是很肤浅的，只能通过各种财经网站来了解一个基本情况，也是大家都知道的信息，我一般只会把基本面信息作为一种参考，并不是决定何时开平仓的依据，所以也不会太深入地研究，也没有这个能力。

问题17：对市场格局有了基本认识之后，您会以技术分析决定入场和出场时机。请问您一般用哪些技术分析手段决定进出场？

支达理：我一般会根据K线形态和均线形态来决定进场。

问题18：哪些类型的K线形态或均线形态出现时，您会进场？

支达理：在价格突破重要阻力位或支撑位，或者是突破一个震荡区间时，均线也同时呈现多头排列或者空头排列，我会选择入场。这样的形态我觉得趋势很明确，盈利的概率比较高。

均线设置我一般选择15和30日均线作为判断标准，这样我觉得干扰比较少，看上去更直观一点。

问题19：一个品种进场后，您会有加减仓的操作，请问如何加减仓？

支达理：会的。我一般随着行情的运行会选择在价格突破一些关键位置后加仓，比如重要的区间、重要的支撑或者阻力位。反之则减仓。

问题20：另外，一笔单子进场后，止损和止盈您分别是如何设置的？在不同的盈亏阶段，是否会分别对待？

支达理：我把止损和止盈统称为出场，一般进场后会做好三个出场的准备，**第一个是进场后就设置好的止损点**，离开仓价格一般不会太远，止损金额控制在总资金的5%左右，用来保护本金。**第二个是止盈点**，根据自己判断行情可能达到的点位，可能是一个中期的低点或高点。**第三个是趋势反转后出场**，这个没有明确的点位，是需要根据趋势的发展来不断调整。不管在盈利还是亏损的阶段，只要满足这三个出场条件我就会立刻出场。

问题21：您主要做哪些品种？在某个一个阶段如何选择重点操作某一个或某几个品种？

支达理：我主要做工业品居多，比如铜、螺纹钢、PTA、橡胶等。在选择主要操作品种时我一般会**选择入场后初始止损比较小，可能的盈利空间比较大的品种来操作**。

问题22：目前来看，您在哪个品种上赚钱最多？哪个品种做得最不顺利？

支达理：我在铜、螺纹钢上盈利比较多一点。但是在农产品上做的就不是太理想，**我经常会在豆油、豆粕上亏损**，所以一般大连的农产品我操作得比较少。

问题23：现在各家期货交易所上市交易的品种已有40个，一段时间以来，各个品种之间出现了涨跌互现的局面，和往年相比，似乎各个品种不同步程度越来越明显了。请问您如何看待这一现象？这一现象的出现，是否增加了盈利难度？

支达理：随着期货市场的不断发展，**今后品种可能会越来越多，品种间、板块间的走势分化是必然会发生的**，不同的商品肯定会有不同的供求关系，我觉得对于我们交易员来说只需关注所要操作的品种本身就可以了。

这种现象可能增加了挑选品种的复杂度，但是和盈利的难易没什么太大关系。

问题24：品种越来越多，是否意味着要多花一点儿时间和精力在各个品种的研究上？各个品种行情的分化是否意味着“选到优势品种”这一技能在整个交易环节中的作用越来越重要了？

支达理：这两年来上市的新品种很多，确实要比以前花更多时间来分析，而且行情分化也比较大，庆幸的是很多品种属于一个板块，比如煤炭类、化工类，一般在一个类别里只要挑一个品种关注就可以了，**基本走势还是相同的，这样就省力很多**。至于选择优势品种的能力当然也是很重要的，每个交易员都希望自己操作的品种走得比较好，比较流畅。

问题 25：当您主要操作的品种没有行情，而其他某个或某些品种行情较大时，您会不会受干扰？您会不会参与不熟悉的品种？

支达理：心理上肯定会受一定的影响，各种后悔、懊恼，但是操作上不会受影响，**我不太会去追已经走了一大段行情的品种**。我觉得**每个品种都是有机会的，只不过时机还没有到而已**。对于新品种我轻易不太会去操作，因为可参考的数据太少，等有一年以上的 K 线可分析后，我才会去研究一下。

问题 26：您一般一个品种配置多大的仓位？同时操作几个品种？整个账户的仓位一般控制在多大范围？

支达理：**我最多同时操作 2 个品种，一般情况下我只操作 1 个品种，在没有盈利的前提下我首仓只会投入 20%资金**，在行情明确的情况下，我会逐渐加仓，随着止损的移动，在确保如果止损后这笔交易还有不错的利润的前提下，我会加大投入到重仓甚至有时候是满仓。

问题 27：看了您在蓝海密剑大赛中的资金曲线，我们发现您有着超强的盈利能力，但与此同时也伴随着较大的回撤。请问您一般如何控制账户资金的回撤？对本金回撤和利润回撤会不会区别对待？

支达理：**我一般不太关心资金曲线的变化，我更关注行情的变化**，如果在趋势行情没有结束的情况下出现比较大级别的反弹或者回调，我通常会持仓不动，那么反映在资金曲线上可能就是比较大的回撤波动，这个完全是行情决定的。**本金和利润的回撤我会区别对待**，对待本金，我一般会把风险和回撤控制在比较小的范围，如果一旦有盈利的话，我会用盈利去博取更大的收益，这部分盈利的风险我会放得比较宽一点。

问题 28：您如何看待期货交易中收益和风险的关系？

支达理：期货市场中要想获得收益就必须冒一定的风险，理论上冒的风险越多，可能获得的收益也越高，但这只是一种可能。实践操作中我觉得**风险时刻存在，但是可以掌控的，而收益多少是自己无法掌控的，是由市场来**

决定的。所以我们可以做的就是控制住风险这头，那么收益自然就会来的。

问题29： 您觉得自己是一个保守的交易者、稳健的交易者、进取的交易者，还是激进的交易者？为什么？

支达理： 我应该算是一个进取的交易者，因为在确保本金安全的情况下，我会用盈利来博取更大的收益。

问题30： 如今的期货市场已经进入资产管理时代，您对自己未来几年的期货事业如何规划？

支达理： 我是个随遇而安的人，自己也没有什么特别的规划，每天面对不确定的市场进行交易或许就是我最大的乐趣，我相信，只要努力做好自己的本分，其他该来的就一定会来的。

Innova：盘感好比手中的雪，容易融化

（2014 年 6 月 20 日　翁建平整理）

Innova

上海人，专职做期货 3 年，曾做过股票、权证、外盘。主观交易，中线投资，采用基本面和技术面相结合的方式。

第五届蓝海密剑(2012～2013 年)期货实盘大赛年度第 2 名，净值 10.73。在 2013 年 1～7 月份实现了 500 万元盈利的突破，获得“蓝海密剑”中将晋衔奖。

访谈精彩语录：

审计工作所要求的思维能力和逻辑判断能力，以及对于数字的敏感度体现得很明显，这三个要素在期货交易中也是非常重要的。

期货的魅力很大，机会比较多，因为是双向交易，然后杠杆很大，很刺激。

最关心的基本面信息是美国方面的宏观经济数据，比如说GDP、总体就业状况。

技术分析方面，形态我基本上不看，指标我主要看KDJ、RSI，其他的不看，技术方面主要研究大周期的K线。

日线、周线、月线、季线、年线都会看。

主观交易者首先要对自己性格和心理有一个认识，还有对自己研发能力的认识，在这些前提下，才可以开展主观交易。

主观交易的优势就是适应自己的个性。劣势，随意性非常突出，容易受情绪波动、周围环境的影响，自己做出不理性的判断。

盘感是非常重要的，好比手中的一团雪，它容易融化。

高频交易适合反应灵敏，有自己的团队，反应比较快，有缜密的交易计划。

基本上是一个月左右动一次单子。

最大的收获就是自己的执行力提升到新的阶段。

人的欲望本身就是最大的弱点，比如说贪婪和恐惧。

不要天天盯盘挑战自己的心理极限。

无论处于人生的哪个阶段，生存都是最重要的环节。

不管期货、股票、外汇，都是一个博弈过程。

财富不仅仅是金钱、时间、精力、周围的朋友对我来说都是一种财富。

问题1： Innova先生您好，感谢您在百忙之中接受东航金融和七禾网期货中国的联合专访。您做期货之前是做审计工作的，请问您觉得这对您的期货交易有没有帮助？

Innova： 表面上看似审计和期货没什么关系，事实上**审计工作所要求的思维能力和逻辑判断能力，以及对于数字的敏感度体现得很明显，这三个要素在期货交易中也是非常重要的**，这两者之间存在一定的共性。还有对人生的挫折失败的耐受能力，我觉得在失败或者在不顺利的时候，自身的耐受能力会帮助自己及时地调整心态，然后重新步入新的交易节奏当中。

问题 2：您是在什么机缘巧合下接触到期货的？期货给您最大的魅力是什么？

Innova：其实就是个人对于金融投资的热爱，在大学的时候就对金融投资很感兴趣，工作以后有了一定的资金就加入到这个行业当中。**期货的魅力很大，机会比较多，因为是双向交易，然后杠杆很大，很刺激**，当时我开始从事期货交易的时候还是 20 来岁，刚好**适合那个年龄段的自身需求。**

问题 3：您股票、权证、外盘都做过，请问您觉得期货跟这些投资种类相比有何优劣？

Innova：从本质上来说没有太多的区别，都是风险程度非常高的投资项目，其实就是博弈项目，有博弈就有多空双方，只不过杠杆不一样，像股票属于基础金融资产，它本身不带杠杆，在国内股票一天也就 4 个小时。期货不一样，特别像我这种专职做黄金的人，就是一天 24 小时的概念，还有在资金管理上对期货有更高的要求，必须时刻掌握资金的持仓状况。我现在专职做期货，还做一些固定收益投资，其他的风险投资都没在做了。

问题 4：您在分析行情时，用技术面和基本面相结合的方式，请问，基本面分析方面您主要分析哪些信息和数据？技术分析方面您主要看哪些形态、指标或量变？

Innova：对只做贵金属的人来说，**最关心的基本面信息是美国方面的宏观经济数据，比如说 GDP、总体就业状况**，这些我都非常关心，然后是**美联储的货币政策。技术分析方面，形态我基本上不看，指标我主要看 KDJ、RSI，其他的不看，技术方面主要研究大周期的 K 线。**

问题 5：您做交易以中长线为主，请问您主要看哪个级别的 K 线？更小级别的 K 线您会关注吗？在具体进场时，您会不会参考小周期的交易机会？

Innova：各个 K 线级别都会看，虽然我是以中长线、趋势交易为主，但我短线也会做。**日线、周线、月线、季线、年线都会看**，中长线不管是多长周期的持仓，都会有进场点和出场点，这就需要重视大周期的 K 线，弱化小周期的 K 线，在这个情况下，短线、中长线从切入点来说也是很相似，比如说我做中长线，我不会一次性全部进去，会逐步进入，从短线来测试入场点是否经得起考验，如果经得起考验再进一步入场。小周期的交易机会也会参考，比如小时线。

问题6：您做期货采用主观交易的方式，请问您觉得主观交易有哪些优势和劣势？

Innova：每个人都有不同的个性，主观交易者首先要对自己性格和心理有一个认识，还有对自己研发能力的认识，在这些前提下，才可以开展主观交易。主观交易的优势就是适应自己的个性，根据自己的个性特点来制定交易策略和方法。劣势，作为个人来说，比如说随意性非常突出，容易受情绪波动、周围环境的影响，自己做出不理性的判断，这些都会出现。

问题7：在主观交易中，您觉得盘感是否重要？您觉得自己的盘感好不好？

Innova：盘感是非常重要的，好比手中的一团雪，它容易融化。每个人的感觉都不一样，对我个人而言，在行情波动比较大的时候，盘感会好一点，反之，会比较差。像去年盘面波动比较大，感觉还会有一点，一旦波动变小，情绪变得沉闷，很容易对行情产生麻木感，这时候盘感就很差。

问题8：程序化交易已经受到越来越多的投资者的关注，请问您如何看待程序化交易？您觉得程序化交易是否能够持续盈利？

Innova：我本身对程序化交易不太熟悉，从个人对程序化比较模糊的了解上来说，程序化交易有其生存的土壤和需求，随着技术的发展，自动化交易出现的频率越来越高，类似套利、程序化条件单应用范围越来越广，市场规模越来越大。从期货基金发展的角度来说，程序化适应了大规模发展的客观需要。

问题9：最近几年高频交易也越来越流行了，而您却认为低频交易是王道，请问您为什么这样认为？您又是如何看待高频交易的？

Innova：高频交易一直都流行，经常听到的炒单就是高频交易。低频交易和高频交易还是需要根据个性特点和精力状况，对我而言低频交易比较适合自己，是自己的生存之道。高频交易不适合我，我的性格特点不适合，这是经过反复测试得出的结论。高频交易适合反应灵敏，有自己的团队，反应

比较快，有缜密的交易计划，在瞬息万变的行情当中能持续盈利，我个人比较佩服这样的人和团队。

问题 10：在您交易中，您一般多久动一次单子？平均每笔单子的持仓时间大概多长？

Innova：按照现在的情况，**基本上是一个月左右动一次单子**，毕竟是中长线，很忌讳频繁动单子，不管从气势上还是心理上都会受干扰。**平均每笔单子的持仓时间也是按月为单位**，除非是一些短线单。

问题 11：您在交易中，止损、止盈一般会如何设置？

Innova：我主要做趋势投资为主，止损和止盈点会拉得比较开，止盈也会盈得比较多，亏损有时候也会比较明显，主要看时间周期，止损用时间做一个标志，可能是做了一个月或者两个礼拜之后发现市场不符合当初设定的预期，那么就做止盈或者止损出局。

问题 12：您有没有加减仓的习惯？在什么情况下会加仓？在什么情况下会减仓？

Innova：趋势交易波动有本身的内在规律，分步建仓，逐步确立，在趋势确立之后，比如做多的时候在回调的时间点上会少量加一点，但是基础仓位是主要仓位，不会增加很多或者减少很多。我个人一般不太会减仓，如果对行情看法发生根本性逆转的话，我是直接全部清仓，减仓一般发生在止盈的时候，这时行情基本上已经接近尾段了。

问题 13：您会不会特别关注具体的进出场点位？您一般如何选择进出场点位？

Innova：趋势投资有个渐近过程，**我会先进 1/3，信心增强后，再进入。**虽然趋势不能一蹴而就，入场点也不会一蹴而就，对应的也就是分步建仓。有些点很难确定是短线的入场点还是中长线的入场点，要过两个礼拜以上再确认，一旦确认后，就可以进一步加仓，这样信心比较足，如果当时心里没底，进太多，风险反而比较大。不管是出场点还是入场点，有时候只能用短线研判方法去试探。

问题 14：您有一套手工交易系统，请问该交易系统有哪些组成部分？有

哪些特征？

Innova：这个系统本身不复杂，无非就是基本面和技术面，**基本面就是美国的一些重要数据做成我的数据库**，另外就是技术面，从时间周期、K线组合，通过动态监测看看它的有效性，如果出现质疑，就会进行变更修改，看看能不能适应新的行情发展。

问题15：您在2011年经历了一个月亏损70%的教训，当时您是如何重拾信心回到市场？您从中吸取了哪些经验教训？

Innova：当时欧债危机爆发，很多投资者都碰到了滑铁卢式的行情，当时行情波动非常剧烈，还有当时心态、技术都不成熟，至于如何重拾信心回到市场，当时从悲伤绝望到平静下来，再总结教训，然后调整自己的心态让自己回到冷静状态，再重新制订交易计划，这也是个渐近过程。**最大的收获就是自己的执行力提升到新的阶段。**

问题16：您在第五届蓝海密剑(2012年9月至2013年9月)期货实盘交易大赛年度净值第2名，并获得中将晋衔奖。请问您认为取得这么优异成绩的核心原因是什么？

Innova：刚才谈到2011年的惨痛教训，之后我在基本面上下了一些功夫，建立了自己的数据库，形成自己的研判体系，还有心态调整和执行力能力的提升。因为本身是做审计的，在资金管理上的敏感度比较好，还有一个对趋势的理解，以前做短线比较多，后来发现随着年龄的增长，自己的反应时间都不及以前，这样反而对趋势的理解更加深刻，在这种情况下，当时做了心态和策略上的调整，做了相对比较成功的波段，才会取得后来的成绩，但是这些成绩只是反映以前，并不代表现在。

问题17：您在2013年7月份实现了500万元盈利的突破，请问您当时是如何抓到那波行情的？

Innova：首先声明一下，这500万是累计盈利，而不是当月盈利。当时抓到了两波下跌行情，4月份的崩盘行情和6月份的下跌行情，主要是这两波行情下来获得了累计盈利，当时可能是盘感比较好，才能抓住这两波行情。

问题18：您认为期货犹如一把“双刃剑”，它的好坏各自体现在哪里？该如何利用好这把“双刃剑”？

Innova：“双刃剑”要利用好真的很难，“双刃剑”就像罂粟，很好看，但是也要知道怎么使用，可以用来做麻醉剂救人，也可以害人，所以要时刻警惕。

问题19：您认为期货是对人性极限的根本挑战，请问人的哪些弱点会暴露出来？您又是如何处理、如何应对的？

Innova：人的欲望本身就是最大的弱点，比如说贪婪和恐惧。其实大家都知道，但是要去解决和执行是个困难的事情，这个弱点会伴随着交易，除非去做程序化交易，这也是人性弱点的一个补充，是程序化交易的优点。对我而言，我还是在克制自己冲动的欲望，在不利行情的变动下对恐惧的控制，我会把自己的注意力转移，比如说出去逛一圈，参加一些文体活动，**不要天天盯盘挑战自己的心理极限**，这没有必要。让自己的执行力能够发挥出来，让自己的计划能够执行。

问题20：您在上次接受期货中国专访的时候谈到，您当时处在生存阶段，请问现在您处于什么阶段？

Innova：无论处于人生的哪个阶段，生存都是最重要的环节，时刻面临着挑战，不会因为盈利多少、取得多少成绩，这个问题就不存在了。对我而言，虽然取得了一些小成绩，但是生存对我还是第一位，现在是在生存的前提下逐步发展，不可能抛开生存谈发展，否则就是本末倒置。

问题21：您专职期货已经3年多了，根据您的理解和感悟而言，期货的本质是什么？

Innova：我对期货的理解和感悟，还是博弈的一个态度，以及对财富的一种理解。**不管期货、股票、外汇，都是一个博弈过程，**对人性心理的挑战也是近似的，用一种比较平常的心态，最好能够做到心如止水的状态，一般人要达到这种状态是比较难，最重要的是接近这种状态，然后面对博弈，相对来说可以看得更清楚一些。还有就是对财富的理解，**财富不仅仅是金钱、时间、精力、周围的朋友对我来说都是一种财富，**我现在做的就是要分配好时间，做到工作和生活的平衡，这是我努力的方向。除掉睡觉时间，期货和生活的时间基本上是一比一，会安排一些时间旅游，参加一些文体活动，然后再投入到期货当中，心态会更平和，用平常心去面对期货。

问题22：国内的期权可能今年就要上市了，您对期权有没有关注或研究？后续会不会参与？

Innova：我对新鲜事物不会一味去拒绝，但是我会谨慎地面对，要观察一段时间之后，然后进行研究后才会去实施，短期内不会参与期权。

问题23：中国期货市场已经进入资产管理时代，您对自己今后三五年的期货事业如何规划？

Innova：这取决于市场的环境和机遇以及市场的需求，还有自己的交易状态。我暂时先管理好自己的心态和投资策略，如果有机会，会向资产管理方向发展。

胡海：因势而谋，应势而动，顺势而为

（2014 年 7 月 11 日　李婷整理）

胡海

网络昵称“海海”。重庆人，现居住在上海。与汪洋(一舟)联合创立融景投资，目前是公司的基金经理人之一。有 12 年的期货从业经历，投资范围包括股票、外汇、内外盘期货。操作风格以趋势交易为主，结合基本面和技术面的分析，配有对冲套利交易。

2001 年开始做期货的时候爆过几次仓，2006 年后能稳定盈利，2008 年资金翻过二十几倍。

曾获第四届(2011～2012 年)蓝海密剑期货实盘大赛年度先锋勋章奖，第五届(2012～2013 年)蓝海密剑期货实盘大赛远征军第 1 名，年度先锋勋章奖。

访谈精彩语录：

管理小资金和大资金没有太大的区别，唯一有影响的可能是操作行情时候的心态发生了一些变化。

成功的短线交易需要长期的交易经验积累，而不是看书就能学会，它不是知识而是能力和综合素质。

做投资要以结果为导向，赚钱才是硬道理。

中长线趋势持仓一般为6～12个月不等，波段趋势操作3个星期到3个月。

大赛中获奖是顺其自然的一个结果。

对于通过参加比赛是否会对操盘手的水平有提升，我个人觉得水平的提高跟参加比赛并无直接关系。

比赛账户和日常交易账户比较来说风格相对激进一些。

在金融市场，偶尔赢和常常赢的区别在于，能否适应不断变化的市场环境。

没有哪种投资风格年复一年始终盈利。

因势而谋，应势而动，顺势而为。

完全按照计划执行一项投资策略，只有这样，在面对瞬息万变的投资环境，你便可以成功地采取行动和做出回应。

要想长期持续地在市场上稳定盈利除了需要有符合自己正确的交易理念外，还要有配套资金管理和风控措施。

只要我们的趋势跟踪系统信号和我们的基本面研究结论共振的时候就会做出相应的投资计划入市。

2008年开始年均收益大概是100%以上。

职业交易员的必备性格是：自信、自制、勇敢、果断和坚韧，缺一不可。

问题1：胡海先生您好，感谢您在百忙之中接受东航金融和七禾网期货中国的联合专访。您从事期货交易已经有12年，而从您目前的年龄来看，您在20出头就已经接触期货，请问您当时是在什么样的情况下接触到期货的？

胡海：当时还在读书，2002 年大三的时候开始接触股票投资，后来一次偶然机会发现期货投资可以（T＋0）杠杆交易，从此对其产生浓厚的兴趣，之后便逐渐接触并且开始研究期货投资。

问题 2：您曾加盟某著名浙系游资任期货投研总监，作为一名主力操盘手，管理资金超过了亿元，您觉得管理小资金和大资金的最大区别是什么？这一次工作经历为您的期货生涯带来了哪些影响？

胡海：对于我们当时的投资策略来说其实已经没有太大的区别，因为那时候我已经开始启用多元化的趋势跟踪策略，1 个亿左右的资金不影响行情运作。**管理小资金和大资金没有太大的区别，唯一有影响的可能是操作行情时候的心态发生了一些变化。**促使我们在进行投资的过程中，更加谨慎严谨。

这一次工作经历让我得到了提高：投资的机会发现与评估，严格评估趋势跟踪交易系统发现的投资机会，严格执行投资决策与投资流程，实时监控定量指标严格遵守防控目标，及时评估与优化持仓头寸，动态监控资金回撤风险。

问题 3：您觉得在期货市场要保障资本、遵守纪律，请问您制定了哪些纪律来保障账户的资本？

胡海：建立了一套严密的风险防控体系，如投资机会发现与评估，严格执行投资决策与投资流程，实时监控定量指标严格遵守防控目标，及时评估与优化持仓头寸，动态监控资金回撤风险，盘后进行收益率曲线回馈分析，及时客观总结定期检查风险状况模型系统定期整改。

问题 4：您在市场中最想赚的那部分是"趋势"的钱，与日内短线高频相比，为什么趋势能更加吸引您？

胡海：**成功的短线交易需要长期的交易经验积累，而不是看书就能学会，它不是知识而是能力和综合素质。**成功的短线交易者就如同顶尖的艺术家更加需要天赋，容易模仿但很难达到他们那种境界。经过长时间的实战检验总结自己做趋势投资的收益丰厚，短线波段赚钱但是收益一般，实践是检验真理的唯一标准。**做投资要以结果为导向，赚钱才是硬道理。**

问题 5：做中长线趋势最重要的是对方向的判断，请问您判断上涨或者下跌的依据是什么？

胡海：①两套融景趋势跟踪交易系统互相验证；②基本面研究和融景趋势跟踪交易系统共振；③当价格在顺着大趋势发展的时候，交易量也应该相应递增。

问题6：在趋势交易中的一笔单子，您一般会持仓多长时间？

胡海：主要根据具体趋势行情的发展情况而定。**中长线趋势持仓一般为6～12个月不等，波段趋势操作3个星期到3个月。**

问题7：现在举办了很多期货大赛，而您也参加了东航期货的蓝海密剑，并且在2012年获得年度先锋勋章奖，2013年获得远征军第1名、年度先锋勋章奖，请问您当初参加比赛的目的是什么？

胡海：我们融景投资作为东航期货的多年客户，并且是东航期货的重要合作伙伴，受邀参加比赛。

问题8：参赛期间，您是否想过自己能够获奖？您觉得自己能够获奖的关键因素是什么？

胡海：**大赛中获奖是顺其自然的一个结果。**获奖的关键因素还是坚持了融景投资趋势跟踪交易理念和交易方法。

问题9：通过这两期的比赛，您觉得自己的期货交易水平是否有提升？

胡海：在多年的交易过程中，我们融景投资一直在不断地总结和完善我们的投研体系和风险防控体系。**对于通过参加比赛是否会对操盘手的水平有提升，我个人觉得水平的提高跟参加比赛并无直接关系。**参加比赛只是展示团队或个人专业操盘手在期货市场获利能力的一个窗口。**比赛账户和日常交易账户比较来说风格相对激进一些。**

问题10：您平时也会玩玩德州扑克，德州扑克逐渐成为了期货行业中娱乐交流的一种方式，有人说自己从德州扑克中学到了资金管理、情绪控制，在期货交易上更加得心应手了。对此您是如何看待的？您觉得打德州扑克与做期货交易是否有相通点？

胡海：德州扑克高手和一般人的区别在于，前者更冷静，后者更情绪化，而且专业知识没有前者多。**在金融市场，偶尔赢和常常赢的区别在于，能否**

适应不断变化的市场环境。没有哪种投资风格年复一年始终盈利。所以我们要因势而谋，应势而动，顺势而为，许多投资者现在犯的最大错误就是，不论市场环境怎样，他们都在不断地把全部筹码统统押上。一位出色的投资者必须形成一种风险管理的思路。要实行成功的投资策略，还需要结合一套工具进行风险管理。做投资决策的时候，如果抛开情感倾向，成功的几率就会大大提高。**完全按照计划执行一项投资策略，只有这样，在面对瞬息万变的投资环境，你便可以成功地采取行动和做出回应。**

问题 11：有人觉得只要这个品种的成交量活跃，就会考虑参与交易，而有人觉得品种也是有品性的，要选择和自己的性格契合的品种，对此您是如何看待的？

胡海：幸福的家庭都是一样的，不幸的家庭都是千差万别的。交易也是一样，赢家的思路都相差无几，输家的原因是千差万别。个人觉得跟什么品种没有关系，**要想长期持续地在市场上稳定盈利除了需要有符合自己正确的交易理念外，还要有配套资金管理和风控措施。**不断提高交易理论和做经验的总结。

问题 12：当铜和黄金没有行情，而其他品种有较大的行情时，您会不会参与其他品种投资？为什么？

胡海：会参与。铜和黄金是我刚开始进入期货领域投资就接触的品种，所以一直都有在关注。在不同的经济周期中各板块品种都会有投资机会，现在自主研发了我们融景的趋势跟踪系统后，交投活跃的品种，**只要我们的趋势跟踪系统信号和我们的基本面研究结论共振的时候就会做出相应的投资计划入市。**

问题 13：您从 2001 年开始做期货时曾经有几次爆仓的经历，导致您在期货交易中出现几次爆仓经历的原因是什么？

胡海：当年的爆仓经历主要还是在于经验太少，没有形成一套符合自己的行之有效的投资理念、交易执行流程以及风控管理体系。

问题 14：您为这几次爆仓经历付出了比较大的代价，经过总结、反思之后，您从中得到的宝贵经验有哪些？

胡海：要想在期货市场获得风险可控长期稳定的收益，必须要建立一套符合自己的投资交易、投资理念相结合的交易风险防控体系以及研发体系。**严格执行投资决策与投资流程，实时监控定量指标严格遵守防控目标，及时评估与优化持仓头寸，动态监控资金回撤风险，及时客观总结。**定期做收益率曲线回馈分析，检查风险状况定期整改。

问题15：都说期货市场不缺明星缺寿星，要保持长期的稳定盈利是一件非常不易的事情，您从稳定盈利开始至今，每年的年收益大概是多少？您对自己的业绩满意吗？

胡海：**2008年开始年均收益大概是100%以上。**无所谓满意与否，只在于逐渐去总结，用比较平和的心态看待交易，用敬畏市场的心谨慎应对市场发生的各种情况。逐渐去完善自己的投资研究体系、交易执行系统以及风险防控体系。

问题16：2006年之后您便开始稳定盈利，那么从2001～2006年这五年的时间中，您是如何一步一步提升自己从而实现稳定盈利的？

胡海：比一般投资者幸运的是我从一开始进入期货领域学习投资期货时，就**碰到了我的恩师一舟老师**，在他的谆谆教诲下让我少走了很多弯路。还有就是长期浸润在期货市场中，我自己也在不断地学习总结，慢慢摸索出适合自己的交易系统。**职业交易员的必备性格是：自信、自制、勇敢、果断和坚韧，缺一不可。**

问题17：您也有过大赚的经历，在2008年的时候，资金翻了二十几倍，请问当时是从多少资金做到多少？您觉得自己在2008年能够翻二十几倍的原因有哪些？

胡海：从20多万元做到500万元左右，一是在于美国次贷危机所带来的行情机遇，二是因为多年的经验积累，又有趋势跟踪系统辅助，为捕捉行情做了充足的准备。

问题18：2014年4月您与某期货公司合作，以投顾的身份运行了一种期货资管专户产品，请问这一期产品是结构化的还是管理型的？它的特征和投资风格是怎样的？预期收益为多少？风险如何设置？

胡海：这是一种管理型的产品。多品种组合，趋势投资策略为主，对冲套利为辅，预期年化收益率在30%～40%，清盘线在0.8。

问题19：国内期货市场已经逐步走向资产管理时代，您与汪洋(一舟)老师联合创立的融景投资，目前公司的运营状况如何？融景投资的团队是如何分工的？您在整个团队中扮演着什么样的角色？

胡海：公司运营情况稳定，建立了一整套与融景趋势投资跟踪系统相适应的交易投研体系和严密的风险防控体系。公司内部设立了风控管理部、投资决策委员会、交易部，目前我是公司的基金经理之一。

问题20：现在很多投资机构正在从个人账户模式向基金模式发展，请问融景在资产管理项目上有何规划？

胡海：目前已经完成从个人账户模式到期货资管产品的第一步跨越，以后也将主要以资管账户或者基金专户的形式运营。

问题21：您作为投顾身份已经运行了一种产品，那么就您看来基金模式和个人账户模式在运作上的核心差别是什么？针对融景投资而言，在个人账户模式以及基金模式上，风险防控管理分别是如何设置的？

胡海：基金模式和个人账户模式在运作上的核心差别主要还是在于个人账户合作模式和条款设计更加灵活，可根据单一高净值客户的个人进行个性化的定制，可以根据客户的资金规模，风险承受能力和预期收益目标，对账户的投资组合策略进行相应的调整。风险管理模式的设置上，两者都是统一严格按照融景投资风险防控体系，对账户进行动态的跟踪实时监控定量指标严格遵守防控目标，及时评估与优化持仓头寸，动态监控资金回撤风险。

杨劲涛：有赚就有赔，有得就有失

（2014 年 7 月 15 日　李婷整理）

杨劲涛

网络昵称“大地”，在蓝海密剑的昵称为“猛虎蔷薇”。新疆人，现居住在新疆奇台县。1997 年在国营烟厂工作了一年 ，然后辞职做农资生意。之后进入期货市场，专职做期货 10 年。

操作风格以中长线波段为主，采用主观交易和系统交易相结合的方式。有一套自己的交易规则，按照规则制订交易计划并且严格执行。

第五届（2012～2013 年）蓝海密剑期货实盘大赛“空军组”冠军。

访谈精彩语录：

让我感触最深的就是9个期货新品种的上市，让投资者有更多的机会和选择。

我觉得交易的本质就是概率，如果你违背了这个思想，你就永远无法取得成功，会陷入无法自拔的境地。

作为一个职业者，必须放弃自己的任何信念，追随市场的信念；放弃自己的任何个人意志，追随市场的意志；放弃任何理论、概念和技巧根据市场现实的状况做出阶段性的交易战略、交易策略并据此交易。

在趋势没有确定之前，也会有很多次的试错时间。

（在震荡行情中）首先要根据自己的理解，对什么是震荡做一个定义，然后减少交易次数和降低资金投入量。

这套系统的最大特征就是跟随，能够盈利的关键因素也是跟随。

有赚就有赔，有得就有失。资金盘整时也是一种必然现象。

当出现自己认为很好的主观交易时机时，会选择主观交易，这并不影响系统交易。

在品种选择上，除了看品种的活跃程度，还会参考品种的资金容量。

比如把账户分为20份，在这20份中，如果前10次可以做到稳定不亏，就说明方法过关。

别把单独的一次交易看得太重要了。

努力做到无所谓，只要亏损在你承受的范围内，你都该高兴。

熊市是最好的学习时段，这个时期是一个认识自己更好的阶段。

问题1：杨劲涛先生您好，感谢您在百忙之中接受东航金融和七禾网期货中国的联合专访。您做期货之前在国营烟厂上过班，后来又辞职去做农资生意，请问您当时为什么会放弃原有的职业转而投入期货市场？

杨劲涛：有一次，无意中在电视中了解到期货，然后进行了基础的学习，**感到期货深深地打动了我，对我有一种强烈的吸引**，所以毅然放弃了原有的农资生意转而投入期货市场。

问题 2：您有 10 年的期货交易经历，但是却从未做过股票、权证、外盘等金融投资，为什么不考虑参与这些投资品种？

杨劲涛：没有其他原因，感觉一种商品期货就已经让我学无止境，也没有时间和精力去考虑其他的股票、权证、外盘等金融投资。

问题 3：期货市场每一年都有巨大的变化，而您经历了 10 年，从您的角度看，10 年之前的期货市场与现在相比较，最大的变化或者最大的发展是什么？

杨劲涛：现在的期货市场比起前几年，应该是更成熟，更稳定了，也被越来越多的人了解、关注。可以说从各方面都有了巨大的发展和进步。

问题 4：让您感触变化最大的是什么(比如，期货市场的品种越来越丰富、期货公司并购重组不断、资产管理业务的推进和发展等方面)？

杨劲涛：**让我感触最深的就是 9 个期货新品种的上市，让投资者有更多的机会和选择。**同时中国又是全球最大煤炭生产国和销售国，煤炭作为第二大能源，仅次于原油，中国煤炭期货有了动力煤、焦煤，煤炭期货在国际上也应该有重要的战略地位。

问题 5：您强调"正确认识期货的本质是成功的第一步"，就您看来，期货市场的本质是什么？

杨劲涛：**我觉得交易的本质就是概率，如果你违背了这个思想，你就永远无法取得成功，会陷入无法自拔的境地。**

很简单地说，比如你的成功率是 80%，那么当你错一次之后，你就会反复地思考这次错到底是错在哪里，我该用什么方法可以避免这个错误，突然间感觉到这个指标可以避免错误，然后下次又开始用这个指标，然后在某段时间，还可以。下次错了，你又会产生上面的思考，换用其他指标，发现上次哪个可以避免这次错误，然后你会想两个都用，可是后来还是错，这样，你会不断地陷入更换方法的困境中，无法自拔，何不真的把这个当作一个概率事件来做呢？

问题 6：您对期货市场的理解分为三步，第一步是正确认识期货的本质，第二步是掌握一技之长并拥有良好心态，第三步是不断重复自己的技术操作，您总结三步走的依据是什么？

杨劲涛：人们都是根据自己的信念在思考和行动着，喜欢和憎恶一样，投资者也都是根据各自的信念在进行交易。

作为一个职业者，必须放弃自己的任何信念，追随市场的信念；放弃自己的任何个人意志，追随市场的意志；放弃任何理论、概念和技巧根据市场现实的状况做出阶段性的交易战略、交易策略并据此交易。

就如我们开车，一切都是根据路况和即时交通状况而定，很少有主观的成见或先进的理论。而我们学开车时对车的掌握则是属于基本方面的，这些基本技巧学会了，我们就把它内化成了习惯，然后根据路况来行驶了。

问题7：您想跟随趋势，从而在市场中获取盈利，最终在确定趋势交易之前，您是否考虑过或者尝试过短线交易？

杨劲涛：当然，**在趋势没有确定之前，也会有很多次的试错时间**，我想这也应该算短线交易吧？

问题8：有人说震荡是趋势交易的天敌，因为在震荡行情中很容易把赚到的利润亏回去。您是否认同这个观点？

杨劲涛：基本同意吧。不过，我觉得那也是每个趋势交易者应该考虑到的问题，每个人都应该有自己不同的应对策略。

问题9：在震荡的行情中，作为一名趋势交易者，您觉得应该如何最大限度地减少利润的回撤或者本金的亏损？

杨劲涛：**首先要根据自己的理解，对什么是震荡做一个定义，然后减少交易次数和降低资金投入量。**

在具体交易操作中，我会按信号执行，有时会在仓位上做一些调整，再没有其他的。

问题10：您有一套自己的交易系统，您觉得这套系统最大的特征是什么？您觉得这套系统能够盈利的关键因素是什么？

杨劲涛：我觉得**这套系统的最大特征就是跟随，能够盈利的关键因素也是跟随。**

问题11：您指的"跟随"是跟随趋势吗？还是跟随交易系统的信号？

杨劲涛：首先是跟随信号，我的系统属于趋势系统，跟随信号自然也就跟随趋势了。

问题12：这套系统是否还有哪些不足的地方？若有不足的地方，这些不足是必然现象，还是仍有改进空间？

杨劲涛：不足的地方就是会有长时间的资金盘整期，我想这应该是必然现象。

问题13：处于资金盘整期时，您的心态是否会有变化？是否会对交易系统做相应的调整？

杨劲涛：**有赚就有赔，有得就有失。资金盘整时也是一种必然现象，**不会对自己的交易系统进行调整。

问题14：就您看来，一个交易系统在改进、优化的过程中，有哪些注意点？有哪些误区？

杨劲涛：我的理解就是期货交易系统就是通过高度的定量化、条理化和大量的数理分析，计算出交易和风险控制的有关参数，从而得出按照经验数值操作成功的概率。

期货交易系统就是由相互关联的交易规则构成的一套完整的交易规则体系。它一般是由行情判断子系统、资金管理子系统和风险管理子系统三部分构成。其中，比较重要的行情判断子系统应该包括两条以上的交易规则，这些规则应具有相互之间的有机联系，并且至少能完成一个完整的交易周期。

期货交易系统要经过实战阶段的检验。由于系统操作者本身也是交易系统的一部分，其能否克服自身的心理障碍是接近成功的重要条件之一。但总的来说，采用期货交易系统，由于是百分之百客观的决策模式，能够有效地排除人的主观意志和个体情绪对信号发生过程的干扰，使系统交易具有较高的操作稳定性及抗灾难性失误的能力。

问题15：您对期货市场理解的第三步是不断重复自己的技术操作，请问您觉得自己的执行力如何？不断重复的过程中，会不会觉得枯燥无味？

杨劲涛：自己的执行力还可以，会有枯燥无味的时期，不过现在也习惯了。

问题16：在交易的过程中，有些人会严格按照系统给出的信号进行操作，而您表示会将主观交易与系统交易相结合，如果系统给出的信号与您主观判断不符，最终您会如何选择？

杨劲涛：一般情况下，挽回继续执行系统的信号，但是会降低仓量。

问题17：您有自己的交易规则，然后按照规则制订交易计划并且严格执行，请问您的交易规则是由哪几个部分组成的？

杨劲涛：①方向预测；②时机抉择；③资金管理。

问题18：虽然您会按照交易规则严格执行，但您也表示有时候会主观交易，请问在什么情况下您会选择主观交易？

杨劲涛：我会把系统交易和主观交易分开。**当出现自己认为很好的主观交易时机时，会选择主观交易，这并不影响系统交易。**

问题19：每次选择主观交易之后，收获的是盈利还是以失败告终？您觉得主观干预对交易结果是正面提升还是负面影响？

杨劲涛：总体下来主观交易是盈利的，我觉得对系统交易应该是正面提升的。

问题20：这与您严格按照交易规则来执行的理念是否会有所冲突？

杨劲涛：不会有冲突，分开来看，各是各的，自然不会彼此影响。

问题21：您在交易中主要以中长线波段为主，那么一笔单子您一般会持仓多长时间？持仓最长的单子曾持有过多长时间？有没有这样的现象，持仓越长的单子盈利越多？能否解释一下这个现象？

杨劲涛：最长的持仓单子是7个月。是的，**持仓越长的单子盈利越多。**持有时间越长，说明趋势性就更优秀，应该就会有更大的利润(当然也是个别时候例外)，在我的印象中，亏损的单子一般都会很快出场。

问题22：橡胶、PTA是您主要交易的品种，请问您选择品种的依据是什么？除了橡胶和PTA之外，您的交易系统是否还搭配其他的品种进行交易？

杨劲涛：当时因为PTA、橡胶是比较活跃的品种，现在品种越来越多，当然会搭配其他的品种。**在品种选择上，除了看品种的活跃程度，还会参考品种的资金容量。**

问题 23： 您参加了东航金融举办的蓝海密剑期货实盘大赛，请问您当时参加比赛的目的是什么？

杨劲涛： 很简单，检验自己。

问题 24： 同时您获得了第五届（2012～2013 年）蓝海密剑期货实盘大赛“空军组”冠军，您觉得自己能够获奖的主要原因是什么？

杨劲涛： 我想是运气好吧。同时在比赛期间抓住了橡胶和焦炭的空头趋势，让账户有了一笔较大的盈利。

问题 25： 通过这次实盘大赛，您觉得对自己交易能力的提高是否有一定的帮助？

杨劲涛： 是的，让自己更专注。

问题 26： 除了专注之外，比如在交易心态、风险控制等方面是否有一定的提升？

杨劲涛： 当然有啊！在这次比赛中，通过对其他选手的了解，也认识到自己不足的地方，对交易心态、风险控制方面都有了很大的进步，也预祝东航的期货比赛越办越好。

问题 27： 蓝海密剑大赛，有众多高手参与，这些高手中，有没有您比较熟悉的？您最欣赏哪一位或哪几位？为什么？

杨劲涛： 周伟、王向阳、郑加华，我认为他们代表了期货中不同典型的风格，而且做得很好。

问题 28： 在期货市场有经历大赚大亏的人，也有走得相对平稳的人，您属于后者，但是您却对未经历大赚大亏而表示遗憾，为什么？

杨劲涛： 我想那是一种可以让人更成熟的经历，若没有经历过，当然遗憾。

问题 29： 您表示如果人性是完美的，从概率上而言，期货是无法长期盈利的，请您解释一下这句话的内涵？

杨劲涛： 比如把账户分为 20 份，在这 20 份中，如果前 10 次可以做到稳定不亏，就说明方法过关。如果出现小亏，先不能去修改方法，先去总结一下这 10 次是怎么做的，再次回忆，看看哪个环节出问题，找出根本原因，再来改进，所以切记每天的总结是很重要的。如果10次中连续错误6次，停止交易，改进方法。但一定要记得，无论方法再成功，都要分为20份，人都会犯低级错误，一次很大意的错误，就会把你打回原形。

身边放杯茶，或者比较清爽的饮料，下单后，喝口茶，轻松一下，**别把单独的一次交易看得太重要了。努力做到无所谓，只要亏损在你承受的范围内，你都该高兴。**

问题30：针对您自己的交易系统，您觉得自己能否保持持续长期的稳健盈利？为什么？

杨劲涛：可以，不然我就放弃了。原因应该是源于自己的信心。

问题31：随着资产管理时代的到来，机构投资者的数量越来越多，就您看来，对个人投资者而言，今后在内盘上赚钱的难度会不会有所提高？

杨劲涛：会的。

问题32：您觉得赚钱的难度主要体现在哪些方面？

杨劲涛：我觉得主要体现在不确定因素，也就是风险控制，往往行情会突然的变化而超出自己的预定止损，这时候能坦然面对就是一种进步。

问题33：同时作为个人投资者，您觉得应该做好哪些准备，在竞争愈加激烈的期货市场仍能占有一席之地？

杨劲涛：我们所面对的是一个不断变化的市场，如果不努力地抛去自己过去的观念，而只是不断地根据市场的变化来学习新的东西，那市场会淘汰你的，而**熊市是最好的学习时段，这个时期是一个认识自己更好的阶段。**所以，面对熊市，要仔细地分析一下自己的心理特征是什么，是否已经掉进抄底和猜测这种怪圈，从而更好的引导自己走到理性的方面。

问题34：不少交易高手跟随资产管理时代的步伐，纷纷转型成机构投资者或者加入一个比较优秀的团队，请问您在这方面是否有过考虑？

杨劲涛：暂时没有。

问题35：如果暂时没有考虑过转型，那您对自己今后的期货生涯有何具体的规划？

杨劲涛：计划不如变化，没有想的太多，走好每一步，做好每次交易就好。

李毓仑：风险控制最多只占成功中1%的比例

（2014年8月27日　李婷整理）

李毓仑

网络昵称蓝色昆仑。大学期间专修数学，研究生时期攻读经济学。从1994年开始做股票和期货，有20年的交易经验。他认为期货市场是一门值得一辈子研究的博大精深的学问，目标是追求长时期持续稳定的盈利。

2009年获《期货日报》第三届全国期货实盘交易大赛优胜奖。

2013年获《期货日报》第七届全国期货实盘交易大赛鼓励奖。

获得第五届（2012～2013年）蓝海密剑期货实盘大赛中校晋衔奖。

访谈精彩语录：

如果你真正懂得了市场，掌握了正确的方法，那么，时间将会是最好的朋友。

许多追求短期取得暴利的做法反而是长期持续稳定盈利的敌人。

风险控制只不过是成功交易的必要条件之一，但是它却只占到成功中最多1%的比例。

对于我来说，之前的20年是属于思考研究市场阶段，并不是赚钱的阶段，而从现在开始至今后的几十年才应该属于赚钱的阶段。

如果有正确的市场理论，或者建立起了真正科学合理的交易体系，就会实现长期持续稳定的盈利。

如果真正认识了什么是机会，就会做到长时期持续稳定的盈利。

要正确认识这个市场，也就是要真正认识市场商品价格变化的规律。

对于交易来讲，机会就是其中一些极为特殊的价格趋势。

交易必须同时满足两个条件，一是成功的概率要很大，二是要有利可图。

在机会没有到来之前你要做的就是等待。除此之外，什么也不做。

对于我来说，交易并没有长线、中线、短线之分，根据预先对价格变化做出的判断，该长则长，该短则短。

如果价格变化达到了你所判断的目标，就应该平仓，价格变化达到了止损位就止损了。

盈利的关键并不是情绪控制，而是对市场正确认识与否。

如果一种比赛是长时间的，例如5年或以上，我会有相当的热情参与。

如果想在这个市场真正有所作为，潜心花上很多年掌握市场规律才是正道。

问题1：李毓仑先生您好，感谢您在百忙之中接受东航金融和七禾网期货中国的联合专访。您在大学期间专修的学科是数学，研究生时期选择经济学，这些学科对您的投资之路是否有帮助？

李毓仑：能接受你们的采访，也是我的荣幸。我在东航金融蓝海密剑期货大赛中并未获得过冠军或亚军，只是在连续四年的比赛中基本实现了持续稳定的盈利，获得了10倍的增长。不过，这并不是我自己满意的结果。因为，在这期间我还没有建立起真正成熟科学合理的交易体系，尚处于攻坚阶段，这期间的很多交易都做得不好。

其实，实现长时期持续稳定的盈利几乎是所有有志于终身从事证券期货业的人的终极追求，也是对从事这一行所有人的最高要求，它是衡量他们是否真正成功的唯一标志。只有持续稳定的盈利你才能长时期最终积累起巨大的财富。99%的财富是在50岁之后取得的，98%的财富是60岁之后取得的。做这一行，**如果你真正懂得了市场，掌握了正确的方法，那么，时间将会是最好的朋友。**交易比赛与体育比赛不一样，短期的结果往往不能反映选手的真实能力。很多时候闪闪发光的东西并不都是黄金。短期诱人的结果，往往并不代表未来。**许多追求短期取得暴利的做法反而是长期持续稳定盈利的敌人，**不可能实现长期持续稳定的盈利。当然，并不是说持续长期稳定盈利的方法就不能取得短期的暴利。

我大学数学学习以及后来的数学研究让我逐步知道了什么是学问，什么是真理、逻辑、规律，知道了什么是追求真理，知道了对于智慧来讲逻辑就是一切的道理。同时逐渐培养起了一种锲而不舍、坚韧不拔、刨根问底的钻研精神，对一个问题，无论两年、三年还是五年或以上更长的时间，我会反反复复地思考，没有合理的答案决不罢休。敢于挑战传统，质疑常识，挑战权威。而后来学经济则是让我有机会选择了现在这个行当。

问题2：您从1994年开始做股票和期货，到目前为止已经有20年的从业经验，在这20年里，股市经历了熊市和牛市的更替周期，请问您抓住了几次牛市？

李毓仓：是的。我从事这个行业已经20年了，这是艰难漫长的20年。这20年的主基调是探索认识市场，而不是积累财富。因为，还没有真正懂得市场，怎么可能会理性地把握住市场机会从而稳定的积累财富？即使把握了几次机会，也是带有一定偶然性成分的。

问题3：在经历熊牛市的过程中，您的股票账户是否有大起大落的浮动？

李毓仓：毫无疑问，任何人在这个市场都一定会有大起大落的经历，有很多故事，何妨20年，在这里讲不完。记得1994～1995年之间，账户短时间从100万元跌到50多万元，后来很短时间又涨到130多万元，然后不长的时间又渐渐跌落到了9万多元。大概是1996年的时候，美国的克罗被邀请到深圳，我听了他所有的讲座，认真研读他的讲义，终于让我知道了两件事。一是严格的风险控制；二是价格趋势。从此以后一直到现在，我就没有任何一笔交易是没有严格风险控制的。因此，账户也再没有像开始时大起大落，这也是这么多年还活着的原因之一。不过，结果是账户并没有因此而累积很多财富。这也让我明白了一个道理，**风险控制只不过是成功交易的必要条件之一，但是它却只占到成功中最多1%的比例**。因为连续亏损的次数多了，也就亏完了。只有风险控制，没有其他的，绝不可能达到成功。

问题4：到目前为止，您在股票上的业绩如何？

李毓仑：2008年之前的大牛市表现算是大致及格，2008年之后就一直没有交易股票，直到最近才开始交易股票。

问题5：根据您多年的操作经验，您觉得投资者在选股上应该从哪几个方面着重考虑？

李毓仑：直到现在我才真正明白投资股票有两种方法应该是可行的，一种是巴菲特的那种方法，这种方法所遵循的原理是：如果一家公司很大可能能长时期(10年、20年、30年)每年都能盈利的话，那么，该公司的股票也就很大可能会长时期处于一个上涨的状态或上涨的趋势之中。因为上涨的过程一定是一个波波折折的过程，因此如果在相对低位买进，长时期持有，就很大可能会盈利。这里**核心有三点，一是所谓好公司，二是所谓相对低位，三是长期持有**。这里不好展开讲。第二种方法是完全不考虑公司，完全根据价格变化的规律来进行，这里要说明的是并不是传统意义上的所谓技术分析。

问题6：您在股票市场和期货市场都有20年的从业经验，从您的角度来看，您觉得这两个市场最大的区别是什么？哪个市场更适合您做交易？

李毓仑：价格变化的规律完全一样并没有什么不同。唯一不同的也许是你并不懂得价格变化的规律，如果在股票市场按照第一种做法可能会获得成功，但期货市场不行。对于我来说，这两个市场都适合。

问题7：股指期货是以沪深300指数作为标的物，它与股票市场息息相关（股指期货自2010年4月份推出之后，有些做股票的人转向了股指期货），您是否做股指期货？如果做，在股票市场总结出的经验和技术，对您操作股指期货是否有帮助？

李毓仑：我做股指期货。以沪深300指数作为标的物的股指期货，它跟其他期货品种并没有本质的区别，同样是价格的变化而已。因此，我交易股指期货与交易其他商品期货完全一样，不会考虑它与股票有关的东西。

问题8：有人认为股票市场的投资者尤其是散户不适合进入股指期货市场，因为股票投资者习惯了做多的思维，对此您是如何看待的？

李毓仑：我认为市场中绝大多数人无论做股票还是做期货，长期来看都不会有令人高兴的结果，这是市场规律。其实，任何一个行当，只有极少数人最终迈向成功。

问题9：您认为期货市场是一门值得一辈子研究的博大精深的学问，请问博大精深体现在哪些方面？为什么值得一辈子去研究？

李毓仑：任何一个行当，要把它弄精、弄透，其学问都是博大精深的。千千万万的都算得上是既聪明又有知识的人，在这个行当长年累月、没日没夜、绞尽脑汁、苦思冥想、奋力拼杀，谁不想成功？看看结果，最终却只有极少数人能成功。这里的成功并不是指短时间获得暴利的人。能说这个行业不是博大精深吗？并不是参与的人多，它就不博大精深了，参与的人多是因为它的门坎太低。否则，满大街都是巴菲特、索罗斯了。

我从1994～1998年一直努力研究技术分析，丁圣元翻译的《期货市场技术分析》我最先得到，后来发现太多的问题、太多的疑惑，根本进行不下去了。里面的很多东西只要问问为什么，你就会不得不抛弃它。连合理的解释都没有，还能用？还有信心用？于是在1998年我下定决心，另起炉灶，完全从白纸开始独立地思考和研究市场价格变化。我当时计划用五年时间完成这个研究，但结果远远超出我的预料，我觉得太难了，五年并没有什么像样的结果。但是，我知道我的方向是对的，只要坚持、再坚持会有好的结果。最终的结果是用了整整15年，直到2014年7月，就是现在，我才基本完成了对市场商品价格变化规律的思考，也才在这个基础上建立起了成熟合理的交易体系。我想，**对于我来说，之前的20年是属于思考研究市场阶段，并不是赚钱的阶段，而从现在开始至今后的几十年才应该属于赚钱的阶段。**我但愿是，十年磨一剑未敢试锋芒，再磨十年后泰山不可挡。

问题10：您在期货市场追求的是长时期持续稳定的盈利，请问您对“持续稳定的盈利”是如何定义的？

李毓仑：所谓“持续稳定的盈利”，我认为就是，盈利如果以年为单位，必须年复一年至少绝大多数年份都要处于盈利状态，直到你不进行交易为止。而不是半年、一年、两年、五年或十年等。

问题11：要保持长期持续稳定盈利并不是一件容易的事情，请问您到目前为止是否已经实现？为了达到这个目标，您是如何具体实施的？

李毓仑：是的。要实现长期持续稳定的盈利是一件非常困难的事，前面说过，它是交易者追求的终极目标。我认为**如果有正确的市场理论，或者建立起了真正科学合理的交易体系，就会实现长期持续稳定的盈利。**在我看来，市场中大多数人的交易体系都会至少存在着实现不了长期持续稳定盈利的重大缺陷。

所谓交易，就是对市场机会进行买卖，市场机会就是那些对于判断来讲，很大可能“马上”就要开始至少相当幅度的上涨或下跌的情况。常言道，看懂生意或机会是世界上最难的事情之一。没有对一件事情相当深刻的理解认识，一般来说，是不可能真正理性地认识机会的。**如果真正认识了什么是机会，就会做到长时期持续稳定的盈利。**因此，一切生意的核心表面上看就是对机会的认识。有一点是可以肯定的，由于人的认识能力的局限性，你所能真正认识的机会一定是稀少的，或者你永远都不可能把握所有的机会。

问题12：您已经建立起一套合理完整的交易体系，您把它叫作“价格规律分析法”，这套体系并不是依据传统意义的技术分析和基本分析而建立的。请问您的体系和传统的技术分析和基本分析有何不同？

李毓仑：这么些年来，我更加明白一个道理，世界上没有人能随随便便、轻轻松松地成功。在这个市场，只要时间稍微长一些的人都会体会到它的艰难性。如果想在这个市场取得成功，你不对这个市场本身有真正科学合理的认识，我想是绝对不可能的。这个成功并不是指短时期获取暴利、比赛获得了冠亚军，而是长时期持续稳定的盈利。在这个市场只要时间稍长的人都有过获取过暴利的经历，不足为奇。有一句话我们必须记住——科学乃胜利之本。

要正确认识这个市场，也就是要真正认识市场商品价格变化的规律。但是至少到现在要做到这一点却有着它特殊的艰难性。因为到现在为止，经济学或经济学的基石也是其基本原理“供需关系决定价格”，却不能够合理地解释许许多多无比常见的价格现象。经济学说到底就是价格学。顶尖的经济学家却弄不懂商品或股票价格的变化，这是经济学的尴尬与困惑。问题出在哪儿？相当多的人认为经济学并非真正的科学。这也许就是“供需关系决定价格变化”作为经济学的基石的合理性是否有问题。也许，所谓这个原理它也只不过是想当然，而且很容易想到的一个当然的结论而已，而实际上它并不是商品价格变化真正合理的解释。这有点儿类似当初太阳是绕地球转的一样。因此它也并没有或很少给人们的股票交易、期货交易提供决定性的依据。也正因为如此，**由于至今还没有给价格变化一个真正合理的解释，才会出现了既谈不上科学，也谈不上经验的所谓技术分析，等等。**

15 年前我对市场商品价格变化的思考就是从挑战这个人们已被为常识的公理开始的。思考的过程充满艰辛，很多问题无论你如何反反复复地琢磨都没有合理的结果，好多问题都是多少年后才有满意的答案。直到 2014 年，才给这个研究基本画上了句号。这个对市场商品价格变化的解释它是一个理论，是一个完整的体系，包括概念、结论、系统、结构，并不是三言两语。它至少能合理解释我所能罗列的各种价格现象。在此基础上，我也才在 2014 年刚刚建立起了比较成熟合理的交易体系。

在这里，简单地讲一下需要解决的价格变化一些重大问题。**价格变化的现实告诉我们，价格是以趋势方式变化的，为什么？这是价格变化确定性的一面。价格趋势变化的大小和过程是任意的，为什么？这是价格变化不确定性的一面。**价格趋势变化的过程是一个波波折折的过程，为什么？如何判断一个价格趋势实现的情况？相对大规模的趋势是如何形成的？如何判断？对于判断来讲，价格将要发生的变化我们只能得出可能性的结论，为什么？等一系列问题。**对于交易来讲，机会就是其中一些极为特殊的价格趋势。**

我的这个交易体系叫作价格规律分析法，它与传统意义上的技术分析或基本分析完全不同，没有任何关系。在这里我不对传统的技术分析发表言论，但是我想说的是，在用的时候，我们一定要问一问为什么，它的道理在哪儿？还可以统计一下长期坚持它的结果怎样？前些时候看到一篇《关于投资的50个真相》，其中有一条说：“如果有人和你提到图表、移动平均线、头肩顶、阻力位，赶紧躲开。”耐人寻味。至于**传统的基本分析，人们常常说因为什么理由，价格就会怎样怎样，其实通常是并没有这样的逻辑关系的。**很多时候，即使价格是这样变化的，实际上它与你列举的理由根本没有多少关系，甚至无关。通常这些结论都是些因果乱配的逻辑错误，并没有完全的因果关系。这也是为什么股评家比较多的原因之一。但是索罗斯他会由一些非常特殊的原因来判断出市场价格很大可能会发生的变化，然后交易。并且显然也只有极少数情况才可以得出这样的结论。这也又印证了机会是稀少的，人的能力总是有限的。

问题13：您的“价格规律分析法”的核心是寻找市场商品价格很大可能将会发生相对大幅度上涨或下跌的情况，然后进行交易。请问您怎么定义“相对大幅度上涨”和“相对大幅度下跌”？

李毓仑：交易必须同时满足两个条件，一是成功的概率要很大，二是要有利可图。成功的概率要很大就是对于判断来讲价格必须是很大可能将会上涨或下跌。有利可图就是很大可能这个将会“上涨”或“下跌”的幅度必须不能太小，至少有相当的幅度。例如至少比止损设定的幅度要大，当然越大越好。

问题14：商品价格大幅上涨或大幅下跌的机会是相对稀少的，在没有这类机会时，您会怎么处理？您会不会尝试其他交易机会？

李毓仑：是的，能够认识且能把握的商品价格相对大幅上涨下跌的机会是相对稀少的。常言道，投资就是等待，投资的高手就是等待的高手，投资常常是“千年等一回”。**在机会没有到来之前你要做的就是等待。除此之外，**

什么也不做。

问题15：根据自己的性格、操作手法，每个交易员都会形成自己的操作风格，请问您在交易中采用的是短线、波段还是中长线的方式？为什么？

李毓仑：**对于我来说，交易并没有长线、中线、短线之分，根据预先对价格变化做出的判断，该长则长，该短则短。**如果认为持续下跌3个月左右的，那就持有头寸3个月左右。如果只是两个星期左右，那就持有头寸两个星期左右。

问题16：仓位的大小是很多投资者比较关心的问题，那么在您的交易中，您的持仓会控制在多少范围？

李毓仑：仓位的大小就是风险设置的问题。如果认为是机会，那么先设定所能承担的风险，例如总账户资金的10%作为风险，然后根据合理设定的止损位的价格与所进行交易的价格之间的差价计算所需交易的量(多少手)。这个交易量所用资金是总资金的多少，当然可多可少。

问题17：在期货交易过程中，盈利和亏损会是常有的事情，请问在您的交易系统中如果出现盈利的时候是否会设置止盈？如果出现了亏损，您的止损又是如何设置的？

李毓仑：投资决策同时包括买和卖的一对决策，它不是单一的买或卖的决策。如果你不知道为何买入，你也将不知道为何卖出。也就是说，如果你都不能明确地判断价格将会很可能发生的变化那你为什么要买入，即使买入了你又能如何才能持有头寸。**如果价格变化达到了你所判断的目标，就应该平仓**，它的意义并不是止盈。当然，**价格变化达到了止损位就止损了。**许多人认为“买入是徒弟，卖出才是师傅”是值得商榷的。

问题18：每个人在大亏之后表现的状态会有所不同，这也是最终能否盈利的关键，请问在大亏之后您是如何控制自己的情绪的？

李毓仑：对于一个长期作为职业从事这一行的人来说，发生亏损是他交易的一部分，是必然会发生的事，是完全正常的状态。世界上永远没有人能做到判断都正确。因为我们永远都不可能完全把握导致价格变化之后的所有因素，我们得出的价格将要发生的变化，也就永远只不过是可能性的结论，也就是说有多种情况都可能发生。问题是**我们能否判断出比较大的可能或很大可能会是哪一种情况发生。如果很大可能会发生什么，我们就交易，这样成功的可能性就大了。**也就是说，如果长时期坚持这样交易，那么，成功会多些，亏损会少些。如果你真正明白了这些道理就无所谓情绪控制的问题了。**盈利的关键并不是情绪控制，而是对市场正确认识与否。**这就是理性的力量、真理的力量、科学的力量。

问题19：您参加过不少期货实盘大赛，请问您参赛的主要目的是什么？

李毓仑：对于我来说，参赛是件随意的事情，因为报个名很容易并没有限制，但我知道，我获得名次的可能性将会很小，原因一是在这期间我对市场的认识还有诸多不足，自己的交易系统都还没有得以完善；二是因为每一笔交易严格的风险管理，即使交易对了获取的利润也将不能与别人满仓进行的相比。同时，我也不会认为是参加什么比赛使我的能力会有什么提高。我也绝不会为比赛而比赛，完全是正常的交易而已。在我看来，为比赛而比赛是学不到东西的，很多时候还会起反作用。但是，**如果一种比赛是长时间的，例如5年或以上，我会有相当的热情参与。**东航的蓝海密剑比赛就是如此。这次我准备参加10年，看看10年后的结果如何。

问题20：在东航期货蓝海密剑的实盘大赛中，您的交易账户"蓝色昆仑"，从2013年2～8月期间，累积净值从3.1增长到12.3，短短半年时间，翻了3倍，请问这期间的盈利主要得益于哪些方面？

李毓仑：当时我的判断，豆油是机会，很大可能还会大幅度的下跌，于是比较重仓的沽出，大约8周之后平仓赚近千点。

问题21：这个账户在快速拉升之前，有过50%左右的最大回撤，这样的回撤在您的交易中属于正常现象吗？当账户出现较大的回撤时，您的交易手法会不会有所调整？

李毓仑：在这期间有回撤是正常的，由于对市场的认识当时还有相当的不足之处，有的交易在今天看来是不应做的，但是无论如何由于大的方向是对的，又有严格的风险控制，账户绝不会走到无法控制的地步。

如果一个交易员的方法在不断调整，一会儿技术分析，一会儿基本分析，一会儿程序化交易，等等，只能说明他对市场连自以为是的认识都还没有。

问题22：期货市场品种越来越丰富，目前国内总共有45个品种，请问在这么多的交易品种中，您参与交易的有哪些品种？同时您选择交易品种的依据是什么？

李毓仑：我关注市场所有的品种，只是绝大多数品种几乎一直难以出现我所需要的机会。

问题23：随着国内期货市场进入了机构化的时代，有些个人投资者逐步向机构投资者转变，对此您是否有打算？

李毓仑：对于今后业务如何发展是一个水到渠成的东西，不可强求，一定要做到"不能害己也不能害人"，没有把握不要出手。

问题24：同时在机构化的时代，有个人投资者认为在期货市场的盈利难度有所增加，您是否有所感觉？对此，作为个人投资者，您觉得应该如何去应对？

李毓仑：这是个有意思的问题。在我看来，投资特别是股票期货市场的投资是非常个性化的事情，它与物理学研究一样，是不能由一个委员会投票决定的。如果你真懂了市场，有了正确的投资方法，你还需要别人帮你做决定帮你投资吗？如果你本身没有好的投资方法，而别人有正确的投资方法，别人会一直愿意给你打工帮你投资吗？说市场容量有限并不是站得住脚的理由。**这个行当投资的特殊性之一是它的成功取决于一个正确的脑袋而不是两个。市场商品价格变化的特性从来就没有改变过，过去如此，现在如此，将来还是如此，市场正确的投资方法也永远就是如此，不会改变。**人们说"投资就像山岳一样古老，太阳底下一件新事都没有"也就是这个含义。我认为，**如果想在这个市场真正有所作为，潜心花上很多年掌握市场规律才是正道，**这样，一个人就能统帅"千军万马"，否则最终别人救不了你，也帮不了你。

恶狼：违反交易系统就狂扇耳光自我惩罚

（2014 年 8 月 28 日　刘健伟整理）

恶狼

1999 年进入股票市场，2006 年底进入期货市场，现专职做期货交易。趋势交易者，中长线为主，辅以波段交易，对交易付诸了极大的热情和精力，曾经平均每天研究统计训练 16 小时以上。2009 年进入盈利状态，除 2011 年，其余几年均实现盈利，2009 年至今年均盈利超过 70%。

以 ID“恶狼”参加东航金融“蓝海密剑”期货实盘大赛，获中校军衔。东航金融种子基金投顾之一。

访谈精彩语录：

就目前的市场来看，B 股指数月 K 线创历史新高，深综指月 K 线刚突破收敛三角形，上证指数月 K 线还处于收敛三角形内，沪深 300 指数月 K 线还处于收敛三角形内，即使突破了，最好回抽确认，才能走得更远。

我以前工作透过大量数字看到了趋势，反而不在意数字的变化，只在意趋势，因此我在期货交易中注重趋势胜于注重数字变动。

我在交易中，均线之上只做多，均线之下只做空，然后结合自创指标寻找时机。在抓取趋势上，我会先做好防守，耐心等待趋势自己出来，顺势加码攻击。

在我的眼里，没有震荡，只有趋势。

古人读书时竖着看，势竖着看是执力，其实就是执行力的简称。势代表了执行力的强大意志，一方执行力的坚决性，也是一根筋的意思。

（我）建立起规则，建立起正期望值的交易系统，放弃预测，严格执行交易系统，违反就狂扇耳光自我惩罚，坚持不懈，也不知道扇了自己几千次耳光。

我觉得交易基本功是进场、出场、持仓一气呵成。跟呼吸一样完美，自然而且轻松的。吸气似进场，吸进的空气似持仓，呼气似出场。

交易者需要通过魔鬼式训练，治好心病，让呼吸自然轻松起来，心就平静了，交易就行云流水了。

我持仓多品种呈分子运动，大多是各自运动，共振少，因此仓位虽然看起来偏重，但大多数时间风险可控。

我的均线和自创指标组合成了普通的立体攻防体系。该套交易系统简单客观，机会多，不用刻意寻找机会，只需耐心等待机会自己来。

我的盈利逻辑是顺势大盈小亏。取胜原理是练就扎实的基本功，用顽强的意志打好防守，顺势反击。

我的盈利模式主基调是2009年初启用的交易系统，好比是人体。后来的新盈利模式就是让人体更加健康、壮实、高大，起补充完善作用。

（蓝海密剑大赛）一是赛期长，有利于稳定盈利者的长远表现；二是分军种赛制适应面广，资金规模越大，稳定性要求越高；资金规模越小，盈利率要求越高，各取所需。

做能控制心灵、对自己狠一点、不断突破自我的恶狼。

无可匹敌的耐力，永不放弃目标的执着精神；临危不惧的大无畏精神和坚强意志，一旦做出决定就立即行动。

在战场做恶狼，也是对对手的尊重。

中国金融全面开放之时，漫山遍野涌进来的都是狼、虎、狮等野兽。我们只有比它们更恶，才能击败它们。狭路相逢，“恶”者胜！

现在在有大量浮盈的情况下，我有几套独立的盈利模式，将资金分拆，各有各的出场点，出现信号就出场。

我当时几乎是背水一战，全部精力投入期货研究统计训练中。那时候平均每日研究统计训练16小时，除了睡觉，其他时间都是在期货上面。

每逢周末到深圳书城看书，几乎看遍深圳各大书城的交易书籍，省去几十万元的书费。

一套交易系统像人的骨架，从小长到大，骨架越粗壮，血肉越健壮，攻击防守同步增强，需要长时间的耐心成长进化。

无论是否去散户化，我现在的主要精力用于不断进化交易系统，让资金曲线走的更稳、更高。

我当前最重要的事情就是专注当下，继续进化交易系统，提升自己的交易内功，耐心等待人生大机会的到来。

问题1：恶狼先生您好，感谢您在百忙之中接受东航金融与七禾网期货中国的联合专访。您1999年就进入股市，称得上是资深股民了，现在股票还继续操作吗？您觉得现在的股市是否具备投资价值？为什么？

恶狼：我现在很少操作A股了，资金主要集中在期货交易上。因为还持有外币，所以B股还在操作，这几年由于行情未指明阻力最小的方向，操作也少，休息时间长，B股入市几年来回报4.6倍，主要还是因为**B股股票少，选股轻松，只需要少量的精力，顺势持仓就可以了。**我是技术派，讲究的是跟随市场走。**就目前的市场来看，B股指数月K线创历史新高，深综指月K线刚突破收敛三角形，上证指数月K线还处于收敛三角形内，沪深300指数月K线还处于收敛三角形内。即使突破了，最好回抽确认，才能走得更远。**当然，我现在主要任务是观察市场，不做预测不做评论。

问题2：您是如何接触到期货交易的？在您眼中，期货交易与股票交易最大的区别在哪里？现在期货交易更吸引您还是股票交易更吸引您？为什么？

恶狼：我很早以前刚到深圳就接受过期货培训，但是没有入场操作，几年后看到一本《投资市场秘诀》，通过学习，最终有缘进入期货市场开始进行交易。

目前来看，股票和期货最大的区别：**股票严重的不对等交易，易受既得利益集团操纵；期货相对公平，双向交易，易受全球影响，客观。**我接触期货交易后，对股票交易的兴趣减弱了，于是开始专职期货了，主要还是因为觉得期货公开、公平一些，也能在最短时间内提升专业水平。

问题3：您2006年底进入期货市场，当时恰逢国内期货行业快速发展的时期，您搭上了这班快车。对这些年来期货市场的大发展，您有什么感悟？您觉得现在的期货市场和2006年的期货市场相比，最大的不同是什么？

恶狼：我庆幸自己踏上了节奏，交易系统也踏上节奏了。目前的市场与2006年相比有三个明显发生变化的地方：**一是品种数量多了，走向国际化了；二是听老前辈说如今的期货市场相比以前很规范了；三是国家真重视期货市场了，开始发展期货私募基金了。**当然，要讲最大的不同还是市场热闹了，参与的人多了。

问题4：我们了解到您最初是从事会计与审计工作的，经常与数字打交道的工作经历对您的期货交易是否有帮助？您是否会更加注重期货价格数字的变动？

恶狼：之前的会计与审计工作有利于期货统计，工作以稳为主，因此交易也以稳为主，有点儿了解基本面，或许以后能用上。因为**我以前工作透过大量数字看到了趋势，反而不在意数字的变化，只在意趋势，因此我在期货交易中注重趋势胜于注重数字变动。**

问题5：您表示您最想赚市场中趋势的钱，那么在您的交易中，您是用什么技术手段或分析方法识别趋势？怎么去抓趋势？

恶狼：我在交易中，均线之上只做多，均线之下只做空，然后结合自创指标寻找时机。在抓取趋势上，我会先做好防守，耐心等待趋势自己出来，顺势加码攻击。在我的眼里，没有震荡，只有趋势。

问题6：您表示您在2008年金融危机时顿悟了“势”，请问您在顿悟之前和顿悟之后，对市场的理解以及在具体的交易上有何差别？

恶狼：我在顿悟“势”之前，还是以预测为主，胜率至上，交易僵化，恐惧、贪婪满天飞，总是希望市场跟随自己。2008 年，那时候我的股票多头溃不成军，期货空头暴跌，市场空头气氛浓厚，突然顿悟了“势”。我往往听到顺势而为时，好像若有所思又好像没懂，不知道势是怎么顺的。**古人读书时竖着看，势竖着看是执力，其实就是执行力的简称。势代表了执行力的强大意志，一方执行力的坚决性，也是一根筋的意思。**2008 年金融危机空头氛围浓厚，就是做空势力非常坚决的时候。

顿悟势之后，我就以概率为主，跟随市场，顺势而为，大盈小亏。**掌中本无秘密，终于回归简单，用简单把握永恒。**从那时候开始真正**建立起规则，建立起正期望值的交易系统，放弃预测，严格执行交易系统，违反就狂扇耳光自我惩罚，坚持不懈，也不知道扇了自己几千次耳光**，终于 2009 年初开始做成了至今不断向上的资金曲线。2009 年的资金曲线宽幅震荡，但是那年我坚持了下来，执行力几乎 100%，盈利 74.3%。那年过了执行力关，初步练就了交易基本功。

问题 7：*您说要做好期货就要练好基本功，那么您觉得期货交易的基本功是什么？*

恶狼：我觉得交易基本功是进场、出场、持仓一气呵成。跟呼吸一样完美，自然而且轻松的。吸气似进场，吸进的空气似持仓，呼气似出场。

有的人进场的时候，吸入频率加快，好像得了鼻炎，吸不进去；有的人持仓时，呼吸频率整体加剧，起伏较大，类似心脏病人的心电图；有的人出场的时候，呼出频率加快，好像鼻塞口堵，呼不出去。

吸不进，怎么屏住呼吸？屏不住呼吸，怎么呼气？呼不了气，怎么吸气？任一环节有问题，都会导致所有环节运转不流畅。心乱如麻，呼吸也乱，非常影响交易。因此，**交易者需要通过魔鬼式训练，治好心病，让呼吸自然轻松起来。**人一出生就有了呼吸，但忘了呼吸，呼吸其实影响了一切。呼吸轻松自然了，心就平静了，交易就行云流水了。

以上是基本功，如何衡量交易基本功扎实的标准：因为**交易是反应式学科，考验的是我们不同行情不同反应，而且反应快速。**因此标准如下：

①交易跟呼吸一样完美，自然而且轻松的。吸气似进场，吸进的空气似持

仓，呼气似出场；

②自我心理调整能力强，在危机时以最短速度静心；

③执行力稳定度高。

问题8：您还认为在交易过程中要控制心灵。请问心灵失控会对交易产生哪些影响？交易者具体应该如何去控制心灵？

恶狼：这方面我还是说说个人经历吧。以前爆仓对心灵失控有所感受：毫无章法，乱做，头脑易发热，汗流浃背，夜不能寐，情绪波动起伏大，止损功力差，持仓功力弱，因亏损而浮躁，不能容忍亏损，终于爆仓。

控制心灵过程个人体会：我以前连续听了一年情绪平稳的音乐，突然有一天面对波涛汹涌的市场，心静了。多听多念般若波罗蜜多心经：心无挂碍。无挂碍故，无有恐怖，远离颠倒梦想，究竟涅槃。魔鬼式训练不断挑战自我极限，格局不断扩大，心大了，曾经的大波动就变小了，也能让心态日渐平稳。自我惩罚，自扇耳光，等等。最后**做到一只眼看着自己，一只眼看着市场**。

问题9：您认为在市场中“基本功扎实、能控制心灵，轻松静赏市场风起云涌”，目前您觉得您自己是否已经达到了这种境界？

恶狼：决定生命品质的不是“八九”，而是“一二”。**“常想一二，淡看八九，事事如意”**。常想一二，生命就很有意义了。况且我目前的交易系统胜率30%～40%，比10%～20%还高，很知足了。我经历过魔鬼式训练，有了扎实的基本功，能有效控制自己的心灵，交易的一切都是一气呵成。现在睡眠质量好，精力也旺盛，看盘也处于轻松自由状态。即使出现了大的回撤，也能保持乐观、耐心、执着的精神。因为我常想一二，淡看八九。

问题10：您目前以中长线交易为主，那一般一笔单子持仓多久？市场上有些投资高手会用波段和短线的方式配合中长线交易，这方面您是否也有涉及？

恶狼：一般一笔单子持仓1～150天。我也涉及波段和短线，只是资金配置不够大，需要耐心进化，在合适的时机扩大资金配置。

问题11：您交易中以技术分析为主，主要是研究哪些指标或图形？基本面分析在您的交易体系中占据什么样的地位？

恶狼：主要研究均线和自创指标。基本面分析由于精力不足，在我的交易体系中只能放在次要地位。

问题 12：我们从您的交易账户中发现您的仓位基本保持在 80%左右，这样的仓位设置是否偏重？您是否有配套的资金管理措施？

恶狼：其实，我的单品种仓位很轻，由于品种多，导致了仓位的高稳定度。我统计了多年的客观数据，表现稳定。我也了解交易系统的优缺点以及节奏，毕竟家底都在期货上。**我持仓多品种呈分子运动，大多是各自运动，共振少，因此仓位虽然看起来偏重，但大多数时间风险可控。**

以前我的资金管理很简单，固定手数而已。现在进化到定向微调：**根据趋势阶段强弱、品种强弱、基本面强弱等定向微调资金。**会更进一步控制风险。现在手中有好几套资金管理系统，针对不同阶段、不同风控要求。比如目前操作的种子基金，比较保守。

问题 13：您资金的最大回撤曾经达到过 39%，这样的回撤在您的预期中吗？您能够接受多大的回撤？

恶狼：39%的回撤跟以前比起来算小的，我在 2009 年三起三落，每次回撤都达到了 50%～60%。由于这几年的交易系统持续进化，如今的平均回撤更小了。

问题 14：您表示您是客观交易为主，在什么情况下，在哪些环节，会有主观的因素？另外，如何做到大部分情况下不被过多的主观因素干扰？

恶狼：基本都是按照客观信号交易的，只是我个人取代了电脑而已。交易中我不会进行主观干扰。

问题 15：您表示您有一套交易系统，能否简单介绍一下这套交易系统的特点？它的盈利逻辑和取胜原理是怎样的？

恶狼：简单来说，**我的均线和自创指标组合成了普通的立体攻防体系。该套交易系统简单客观，机会多，不用刻意寻找机会，只需耐心等待机会自己来。**均线之上只做多，均线之下只做空。其实很简单，**用简单把握永恒。**

我的盈利逻辑是顺势大盈小亏。取胜原理是练就扎实的基本功，用顽强的意志打好防守，顺势反击。

问题 16：您目前是手工下单，考虑到您是客观交易为主，未来是否会应用程序化交易？您是如何看待程序化交易？

恶狼：由于夜盘启动，加上账户数目有所增加，**单兵作战再强也只有两只手。所以我会在适合的时机启用程序化交易。**在我眼中程序化交易的优点是：①减少人工成本；②解决人体生理极限；③执行力100%；④下单速度快；⑤覆盖面广泛。但同时也存在缺点：①缺乏直觉交易；②电脑或软件也会犯错。

问题17：您是多品种组合交易，那么您选择品种的依据是什么？是否有偏好的交易品种？

恶狼：我选择品种的依据是该品种是否有足够的流动性。交易中我没有偏好交易品种，所有一视同仁。

问题18：随着铁合金期货的上市，今年已经上市4个新品种，加上去年上市的10个新品种，短短1年多时间，国内期市品种已经升至44个，您在交易中会加入新品种吗？新品种的频繁上市对您的品种交易组合有什么影响？

恶狼：我个人还是乐于接受新品种上市，只要该品种流动性足够，就会在交易策略中加入新品种。要说影响，也就是老品种的资金配置这几年无法扩大，盈利的资金都分给新品种了，然后新品种盈利的资金又分配给后来的新品种。**交易新品种越久，较其他人更早了解新品种，也了解新品种发展壮大和没落的原因。**

问题19：您还做品种对冲，请您简单介绍一下您主要是做哪些类型的品种对冲？

恶狼：因为我交易品种多达20～30个，依照交易系统的信号交易，自然有了品种对冲的这种副产品，并无刻意对冲某些类型。

问题20：您在2009年正式进入盈利后近几年的收益表现都很不错，唯独在2011年出现了-10%的亏损回报，您表示当时是启用新的盈利模式导致的，您为什么决定要调整盈利模式？目前为您带来良好回报的盈利模式就是当时启用的吗？

恶狼：我的盈利模式主基调是2009年初启用的交易系统，好比是人体。后来的新盈利模式就是让人体更加健康、壮实、高大，起补充完善作用。

2011 年我在原有交易系统的基础上启用另一套新的盈利模式，原本是减少回撤增加盈利率，结果时机不合适导致所有账户累计小亏，东航参赛账户小赚 13%。2011 年所有账户累计小亏，但从此以后知道了如何选择时机启用以后所有的新盈利模式。新的盈利模式已于 2012 年、2013 年、2014 年陆续启用，均达到了减少回撤增加盈利率的目标。

问题 21：您目前参加的蓝海密剑实盘大赛已经获得了中校军衔，您觉得蓝海密剑大赛与国内其他实盘大赛相比有什么特点吸引您参加？在参赛过程中有没有发现值得关注的参赛选手？

恶狼：2011 年我最终敲定参加蓝海密剑大赛，**一是赛期长，有利于稳定盈利者的长远表现；二是分军种赛制适应面广，资金规模越大，稳定性要求越高；资金规模越小，盈利率要求越高，各取所需。**现在证明我选择不错，经过几年的稳定发挥，得到东航蓝海密剑大赛以及亲朋好友的认可。

去年参加东航领奖有幸认识并交流过的高手：全国第三、道合投资、孤舟蓑笠翁、老白干、哼哩、如履薄冰、固利资产、费天王、吴洪涛、顾伟浩等高手，挺多。有多品种、有专注一品种、有强弱对冲、有波段、有中长线趋势、有短线、有基本面，等等，受益匪浅。资金曲线各具风格，走的漂亮，而且他们不因此满足，还在不断学习，都是值得我学习的。

问题 22：您东航蓝海密剑的参赛账户 ID 是"恶狼"，叫这个名字是因为操作风格吗？

恶狼：一入期市就起名恶狼，当时并无风格，还在摸索。当时起名有五点原因以及愿望目标：

①恶本义是内心无法接受的，不代表就是坏，也代表自我即将突破(比如魔鬼式训练)；横下一颗心，控制心灵；对自己狠一点就是狼。**做能控制心灵、对自己狠一点、不断突破自我的恶狼；**

②恶狼精神：**无可匹敌的耐力，永不放弃目标的执着精神；临危不惧的大无畏精神和坚强意志，一旦做出决定就立即行动。**面对困境时表现出的冷静、达观、从容、坚韧的心态。不仅单兵作战能力强，而且能组成凝聚力强、稳定、善于交流、精诚合作、配合默契、彼此关爱的团队，很值得学习；

③狼生存亿万年，是地球上少有的能活上亿年的动物，能长久生存；

④在战场做恶狼，也是对对手的尊重；

⑤中国金融全面开放之时，漫山遍野涌进来的都是狼、虎、狮等野兽。我们只有比它们更恶，才能击败它们。狭路相逢，“恶”者胜！

最近在网上看到一句精彩的描述，很有意义，我也做个补充：狼，它没有狮子老虎强壮，也没有大象庞大的身躯，但至少，我从来没在马戏团看到过它们的身影。

问题 23：我们从您的参赛账户中发现，2014 年 3 月期间账户的起伏较大，净值从 1.4 左右升至 1.8 左右又降回到 1.4 左右，是什么原因导致这样过山车的账户表现？

恶狼：浮盈回撤跟行情有关。我的交易系统主抓鱼身，放弃鱼头、鱼尾，导致了这种正常合理的回撤。

问题 24：您提到在 2008 年 2 月有过爆仓的经历，能简单介绍一下当时的情况吗？这样的爆仓经历给您带来了什么教训？

恶狼：总结来说当时我是毫无章法，啥模式都做，乱做，头脑易发热，汗流浃背，夜不能寐，情绪波动起伏大，止损功力差，持仓功力弱，对交易系统半信半疑，因亏损而浮躁，便一股脑儿买白糖多头，当个满仓死多头，从此不再看了，结果白糖先涨一路单边下跌。几月后我才去看期货，才知道被强平，还剩一点点钱，于是就做最便宜的品种，依旧是乱做，终于真正爆掉了，真是应了现在的网络热门语 NO ZUO NO DIE。现在看来资金曲线走势图是非常漂亮的单边下跌行情。我这有一张当年的资金曲线图，背景是蓝色的，真有点儿蓝海密剑的味道，只不过我把剑拿反了。如何将资金曲线倒过来呢？就是将以上行为一一修正。

问题 25：在 2010 年交易期间，您曾浮盈 6 倍后回吐，您是如何去总结这样的交易经历的？现在在有大量浮盈的情况下，您会如何去把握出场点？

恶狼：2010 年我满仓多品种，持仓能力增强，能坐的住，好多品种涨停，印象最深的是 PTA 连续三个涨停停牌，那时候不懂得减码，导致利润回吐巨大。那次让我反省很久，此后开始提升了资金管理，也开始提升全面的交易

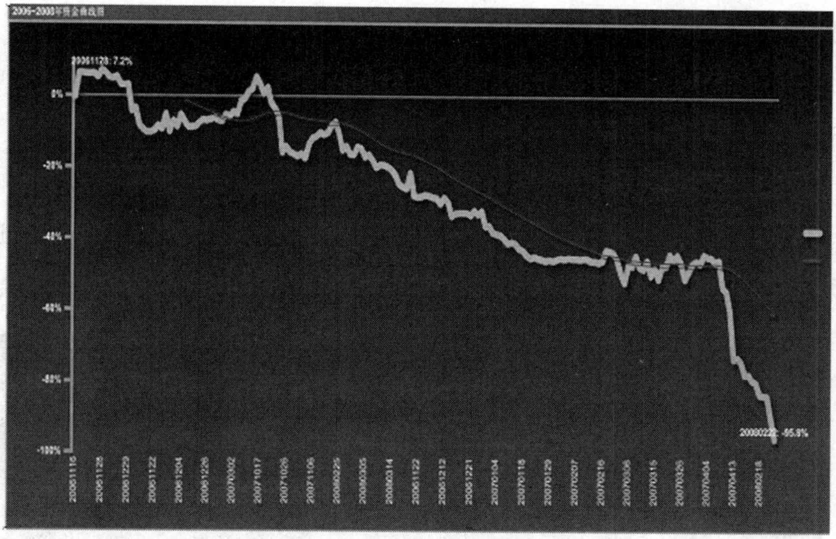

素质，继续苦练交易基本功。**现在在有大量浮盈的情况下，我有几套独立的盈利模式，将资金分拆，各有各的出场点，出现信号就出场。**

问题 26： 您说您曾经平均每天研究统计训练达到 16 个小时，是每天都如此吗？这样的精力消耗是不是负荷太大了？您主要是做哪些方面的研究？

恶狼：我当时几乎是背水一战，全部精力投入期货研究统计训练中。那时候平均每日研究统计训练 16 小时，除了睡觉，其他时间都是在期货上面，吃饭都在电脑前吃。那时候是经历了魔鬼式训练。我的家底都在期货上面了，压力很大。这样的状态持续了 2 年多，然后每日研究统计训练的时间逐步减少，除了开盘时间，至今形成高效率的复盘流程，压缩到 1.5～2 小时。

在研究过程中，我研究过上千个指标公式源代码，后来放弃了；各周期实战交易累计过万次， 每日光模拟交易至少花 2～3 小时，还未包括其他工作。2010 年本人**手工统计，每写一行就是模拟交易一个循环，1.6 公分厚，正反面都写，每页 94 行，都是有照片为证，累计模拟交易 10000 多次。每逢周末到深圳书城看书，几乎看遍深圳各大书城的交易书籍，省去几十万元的书费，**导致书城保安盯了我很久，还书时工作人员幽幽地说：“你这样看下去，我们书城就关门了。”在投入全部精力之前，我在健身房锻炼了一年，有好的身体基础吧。从 2008 年站着交易至今，也许能撑得住那时候的魔鬼式训练吧。

问题27：随着国内期市机构化时代的到来，去散户化的趋势越来越明显，这个过程当中您感觉到自己的交易技术和交易方法是否需要有所变化？

恶狼：**一套交易系统像人的骨架，从小长到大，骨架越粗壮，血肉越健壮，攻击防守同步增强，需要长时间的耐心成长进化。**交易系统不断进化，同样会遭受挫折，但也会因此成长。当交易系统具有恶狼灵魂时，就会像变

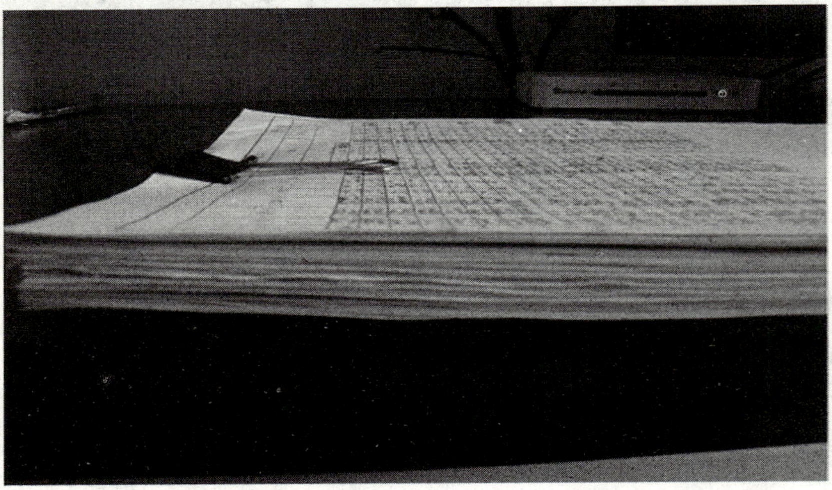

形金刚一样强大。然后用灵魂复制其他交易系统，就会真正的一通百通。到那个时候，就能在机构林立的市场中存活下来。因此，**无论是否去散户化，我现在的主要精力用于不断进化交易系统，让资金曲线走的更稳、更高。**

问题28：在上述的市场环境下，您会不会考虑顺应市场变化，通过成立团队或者是加入机构来适应新的时代？

恶狼：耐心等待合适的时间、合适的地点、合适的人吧。

问题29：现在许多盘手作为投顾与期货公司联合推出期货资管类产品通过基金公司运作，在市场上取得了很好的效果，您有这方面的打算吗？

恶狼：**我当前最重要的事情就是专注当下，继续进化交易系统，提升自己的交易内功，耐心等待人生大机会的到来。**非常感谢期货中国和东航金控有限公司给我们大家分享交易思想的机会。感恩亲人对我长期无私的支持，让我有足够的时间走出了交易困境。我爱他(她)们！

李飞：程序化交易最好的办法就是以不变应万变

（2014 年 8 月 31 日　叶晓丹整理）

李飞

网络昵称“小李飞刀”、“eprc”。曾在证券公司工作过一年，在大学教过三年书。1997 年开始做股票，2003 年开始做期货，期间做过权证、外盘。现在主要做股指期货。主要捕捉大趋势中的波段行情，做系统化客观交易。

第三届蓝海密剑(2010～2011 年)年度预备役收益率第 1 名，收益率 326%。

访谈精彩语录：

市场的参与者比较多并且市场信息比较透明，在交易过程中，价格能较好地反映当时市场供需的情况。

期货交易是杠杆交易，1块钱的资金可以做10块钱的交易。

市场一旦出现趋势后，不管个人对这个趋势(上涨或者下跌)是否肯定，都必须跟随它。

要么是完全的基本面分析，从基本面的角度去买卖，要么就根据你的技术判断，或者程序化的买卖信号来做。

我个人青睐技术面的原因，是因为任何市场信息，都能在价格和市场的走势中反映出来。

根据技术指标的买卖信号进场交易，运用资金管理决定基本持仓仓位，运用概率学理论加仓。

如果一两个策略在某个时间段失灵，收益会出现亏损，但同时其他策略的资金是上升的，多策略组合的方式可以把整个资金量控制在比较小的回撤甚至是缓慢上升的。

我是根据程序化系统发出的买入和卖出的信号进出场。

基本上任何时候我的仓位都保持一致。

没有止损这个概念，只有不停地买入和卖出。

做期货的肯定都是风险偏好型，因为规避了风险就等于规避了利润。

在交易的过程中你需要有自己的交易方法或者策略。

在连续亏损或者交易策略本身是失效的情况下加仓，会把你的亏损变得更大，资金回撤变得更厉害。

在交易策略本身是失效的情况下再增加一个其他策略，就算是前面的交易策略失效，后面的策略也能够让你的资金曲线有所回升，让你总的资金量能够维稳。

(程序化交易)最好的办法就是以不变应万变。

解决程序失灵的状况可以在取得盈利的基础上先取一部分资金出来，利用多策略组合，尽量控制自己交易的仓位。

国债期货的利率没有完全市场化，导致参与者少，成交量不活跃，走势不活跃，因此容易出现人为控制。

期权交易比较灵活，可以起到把杠杆进一步放大的效果。

（保持高收益）一是坚持程序化交易，二是有一个严格的资金管理策略，三是在资金回撤的过程中有一个良好的心态。

我们会把剩余的资金作为储备金，选择一些比较稳健的、有固定收益率的产品或者比较稳健的股票持有。

一般我们发现持仓的比例和资金的回撤是 1:1。

最好的资金管理，仓位最好不要超过 30%，这样能够保证你资金的安全性。

我并不担心盘整，而是担心资金的回撤比例过高。

问题 1：李飞先生您好，感谢您在百忙之中接受东航金融与七禾网期货中国的联合专访。您曾说“这是一个接近完全自由竞争的市场”。为什么说期货市场是一个接近自由竞争的市场？这个市场对个人投资者会不会比较残酷？

李飞：以商品市场为例。因为**市场的参与者比较多并且市场信息比较透明**，因而**在交易过程中，价格能较好地反映当时市场供需的情况**，所以说**期货市场是一个接近完全自由竞争的市场**。对个人投资者而言，这个市场肯定是比较残酷的。这个市场对个人投资者的残酷性主要体现在**期货交易是杠杆交易，一块钱的资金可以做 10 块钱的交易**，这样如果上涨或者下跌 10%左右，那个人投资者的钱就可能全部损失掉，特别是中小投资者，因为资金量小，很多人以股票交易的心态去做交易（喜欢满仓交易），市场稍微有点儿波动，就有可能对个人投资者带来大的亏损，所以说对个人投资者而言这个市场是比较残酷的。

问题 2：您曾说过“市场对的要跟随，市场错了更要跟随”。为什么您会这样认为？在市场对的情况下，我们应该怎样跟随？错的情况下又应该怎样跟随？

李飞：我们参与这个市场的根本目的是为了从中获取利润，我是**做趋势性交易，市场一旦出现趋势后，不管个人对这个趋势（上涨或者下跌）是否肯定，都必须跟随它**，只有这样才能从中获取利润，所以不管市场对还是错都要跟随这种趋势进行交易。第二，**市场的走势（上涨或者下跌）是客观的，你**

所认为的这个市场的对与错是你个人的主观判断，很多时候受基本面、个人情绪等的影响，往往你的判断并不完全准确。所以从这两个角度，我认为不管你认为这个市场是正确的还是错误的，反映了基本面的情况也好，与基本面相反也好，既然市场已经走出了这种趋势(上涨或者下跌)，我们就必须跟随。一旦趋势成立，像我做程序化交易，程序指标发出了买入信号，跟随买入信号进入以后，一旦与趋势一致，信号可能就会一直保持多头状态，只要没有发出卖出信号，我们就一直持有多头仓位，就像火车启动后，我们就应该跟着火车一起走而不要急着下车，就是这个道理。

问题3：您曾表示您做系统交易不考虑基本面，但是越来越多的人觉得基本面分析非常重要，单纯的技术分析在这个市场中很难盈利。对此，您怎么看？

李飞：基本面与技术面有时候是统一的，有时候又是矛盾的。对于交易者而言，**要么是完全的基本面分析，从基本面的角度去买卖，要么就根据你的技术判断，或者程序化的买卖信号来做**。我觉得如果想两者结合有一定难度，比如说程序化发出的是买入信号，而基本面是看跌的，在这种情况下你就会非常矛盾，就会很难做出正确的抉择。**我个人青睐技术面的原因是因为任何市场信息都能在价格和市场的走势中反映出来**，可能你对基本面的判断是正确的，但因为市场中商品交易量小、参与者少，而如果有大的资金在其中参与交易，市场走势就有可能与你的基本面分析是完全相反的。这种情况下如果你按基本面分析去做的话，这些大的资金在某些情况下就有可能把你吃掉，所以最好还是根据技术面去做。

问题4：您的程序化交易策略是基于什么开发出来的(比如，基于技术指标、图形分析、统计规律)？

李飞：主要是三方面相结合，一是技术指标，**根据技术指标的买卖信号进场交易**，二是**运用资金管理决定基本持仓仓位**。三是**运用概率学理论加仓**。我设计一个交易系统，在这个交易系统的运行过程中，利用概率学的原理，对交易仓位用概率学的理论进行调节。举例来说，根据以往的统计结果，我的程序化交易，如果交易出现5次连续的亏损后，这种统计概率下，我就会在第6次或者第7次把持仓的仓位再加一些进去。

问题5：您现在的交易策略是只有一个策略还是多策略组合？如果是多策略组合，多个策略是相似的还是互补的？不同的策略之间您是怎样搭配的？

李飞：现在主要是**多策略组合**，2～3个策略组合在一起交易。这2～3个策略是相似的，因为我做的是趋势性交易，这2**个或者**3**个策略都是趋势性的交易，但周期不一样**，有长线趋势，以日线或者周线为单位进行交易，同时补充中短线的交易策略，以小时或者分钟为单位进行交易。这**2～3个策略主要是根据资金管理进行搭配的，不同的策略分配不同比例的资金。**

问题6：就您看来，您觉得是一套简单的策略更有生命力，还是策略组合更有生命力？为什么？

李飞：我觉得多个策略组合更有生命力，因为简单的程序化策略有可能在某个时间段或者长时间内失灵，那对于交易者而言，就有可能出现比较大的资金回撤，在这种情况下他就有可能坚持不下去。要是**多策略组合的话，如果一两个策略在某个时间段失灵，收益会出现亏损，但同时其他策略的资金是上升的，这样就可以把整个资金量控制在比较小的回撤甚至是缓慢上升的，**这样对投资者的心态是非常有帮助的。

问题7：您的策略的进场模式是顺大势突破进入，还是顺大势逆小势阶段回调进入，抑或是其他？您的策略的出场模式又是怎样的？

李飞：**我是根据程序化系统发出的买入和卖出的信号进出场，**一旦趋势形成以后，这个策略可能会发出一个向上的买入信号，你买入后，只要不出现大的回调，一般这个信号会保持买入的状态，就一直持有，如果启动后出现大的回调，策略就有可能会发出卖出信号，在这种情况下把仓位的多头改为空头。过段时间后，卖出信号可能又变成买入信号，那我就再把仓位的空头平掉，继续买入，转为多头。这样一直不停地循环下去。

问题8：期货市场有这样一句话“方向决定成功率，点位决定盈亏比”。请问您的系统是如何确定交易方向的？您的系统对进出场的点位要求高不高（即您的系统是需要去抢价格的，还是进出场快一点或慢一点是无所谓的）？

李飞：主要还是**根据信号，我们的系统会自动产生买入和卖出的信号。从统计的角度，成功率并不是很高，30%～40%，交易3～4次，大概会有1次**

是盈利的，剩下的2～3次是亏损的。如果交易4次，有3次亏损1次盈利，那么我们这1次的盈利一定会把那几次的亏损全部抹掉，而且总体还有多余的利润，在这种情况下，这个信号就是有效的。我的系统对进出场的点位要求不高，主要还是根据系统的信号进出场。可能会2000点买入，进去的时候已经是2001点，这个点差对系统本身的影响不是很大。

问题9：您的整个交易化体系在不同的时间、行情下，仓位是怎样设置的？

李飞：仓位的设置是根据资金管理，因为我是程序化交易，本身不用判断市场是怎么走的，所以我采取的是不管在什么时间、什么行情下，市场怎么走，都还是固定的仓位。我不会判断市场，全部交给程序，所以**基本上任何时候我的仓位都保持一致。**也有特殊的情况，如果出现连续的亏损，可能我就会在原有的仓位上做改变，比如说，在原有30%的仓位上再加10%，达到40%。

问题10：一般的程序化策略包含初始止损和移动止损，您的每笔单子的止损是怎样设置的？

李飞：止损有很多种方式，有些人是按照固定比例，有些人是按照点位。我是根据信号止损，比如说买入后，市场可能马上就反转，那很快这个信号就会变成卖出，这个时候我们就会把多头变成空头，就会自动止损。其实就**是没有止损这个概念，只有不停地买入和卖出。**

问题11：请问您觉得自己是属于风险偏好型的还是中等接受风险的，还是风险反感型的？您又是如何理解风险和收益的？

李飞：做期货的肯定都是风险偏好型的，因为规避了风险就等于规避了利润，这不符合做期货的理念。风险和收益应该是正比例的关系，风险越高，相应的获取的利润也越高。我所说的风险主要是持仓比例，任何时候如果你持仓比例很高，相应的你的收益也会高，但由于你的持仓比例高，你的资金回撤就会比较高，相应的你的风险也会高。

问题12：您曾表示最想赚市场中大趋势的波段行情，您所说的“大趋势”是多大级别的趋势？您又是如何识别大趋势的？您所说的波段行情又是指多长时间的波段？

李飞：日线级别的，上涨比例达到10%左右，如果是股指期货的话就会更高一些，比如说百分之十几，在这个大的趋势当中，把交易策略放到分时图当中，从中获取波段的利润。程序化交易不用个人判断大趋势，如果是个人判断那就是基本面分析或者技术分析了。程序化交易是属于第三种模式：在技术指标等帮助下的完全客观化、电脑化交易。就是**自动的信号买入后，如果是大趋势，肯定就是一直向上的，在做的过程中就以多头为主。**因为我们是用小时图或者分时图来做的，那么信号持续时间越短，亏损概率就越高，一般就是几十分钟或者一两个小时。如果趋势是大幅上涨的，那么买入信号就会一直持续下去，可能会一直持有2～3天，盈利概率也会上升。

问题13：您认为“短期赚得多不重要，在市场中长期生存最重要”。就您看来，投资者需要做到哪几点才能做到在市场中长期生存？

李飞：首先需要有一笔闲置的、不影响生活的资金，这笔资金的量不能太小，如果资金量太小你就会在这个市场中冒险。个人起码有40～50万的闲置资金，能够拿这笔资金去做交易，即使全部亏损掉也不影响个人生活；**第二，在交易的过程中你需要有自己的交易方法或者策略**，无论这个策略是基本面分析还是程序化交易，必须有一个你能够完全执行，而且在历史数据检验下，能够保证盈利的策略；**第三，要有好的资金管理**，这个资金管理就保证你能够在交易的过程中，完全执行你的策略后，总的资金量的回撤能够控制在合理的范围内，如果由于你的仓位过重，一旦出现大比例的资金回撤，很有可能把你吓得退出这个市场；**第四，心态**，不管是用什么方式做交易，盈利也好，亏损也好，特别是在长期的资金盘整，或者回撤的过程中，一定要保持平和自信的心态。

问题14：对程序化交易领域的一个观点：“加仓不如加策略”，您如何看待？

李飞：我比较赞同这个观点。**在连续亏损或者你的交易策略本身是失效的情况下加仓，会把你的亏损变得更大，资金回撤变得更厉害。如果在交易策略本身是失效的情况下再增加一个其他策略，就算是前面的交易策略失效，后面的策略也能够让你的资金曲线有所回升，让你总的资金量能够维稳。**

问题15：您的策略会不会随着市场的变化而进行一定的调整？您如何看

待程序化策略的优化和新陈代谢？

李飞：到现在为止还没有进行调整过，因为程序化交易完全是交给设计好的策略去做，个人无法去判断这个市场处于什么样的状态，所以**最好的办法就是以不变应万变**，无论在什么条件、什么时间段都让程序化自动地去运行。对于程序化策略可以适度做一些小的优化，但我个人不是很赞同大的优化，如果市场处于盘整期，对于一些参数优化后，可能会走出盘整，但一旦市场走出上升趋势，可能你刚设立的参数又会失效。所以你根据历史数据检测你的参数，而你的参数不管在盘整时期还是上升下跌的过程中，长期来看是有效的，在这种情况下，那就最好是保持这个参数不变。策略的新陈代谢就是有效性的问题，有可能程序运行一段时间后，会出现失灵的状况，这是无法避免的。**解决程序化失灵的状况**有三点，第一，**可以在取得盈利的基础上，先取一部分资金出来**，这样就算程序以后失效，也不影响你的期货交易事业；第二，**利用多策略组合**，如果某一个策略失效，其他策略还能够有效，这样在交易的过程中资金能够保持向上的状态；第三，**尽量控制自己交易的仓位**，因为前面我也说了，仓位越重，风险越大，如果你能控制比较合理的仓位，在程序化交易的过程中，就算是有一段时间你的策略失效，也能保证你的自己回撤不是很高，就能有机会等待这个策略重新有效，在这种情况下，你的资金管理就起到非常重要的作用。

问题16：您有没有再开发新的策略？若有再开发，请问新的策略和原来的策略有何不同？您开发新策略的主要灵感来源于哪些方面？

李飞：现在也在研究一些策略，但是这些策略跟原来的策略总的效果差不多，有些可能还差一点儿，而且新的策略还没有经过历史数据的检测，我个人觉得只要原来的策略没有失效，可能就会继续保持原来的策略。这些策略的灵感来源各个方面都有，比如对技术指标的分析、检测，对品种的本质的理解，对盘感的分析，阅读各种国外程序化交易书籍，还有佛学书籍，等等。

问题17：您主要交易股指期货，那作为同属金融期货的国债期货您是否有参与？在您看来，国债期货和股指期货有什么差别？

李飞：没有参与。主要是因为**国债期货的利率没有完全市场化，导致参与者少，成交量不活跃，走势不活跃，因此容易出现人为控制**，可能会出现较大滑点，或者跳空太多，这种情况下用程序化交易做国债期货效果不是很好。国债期货和股指期货同属金融产品，差别就是股指期货成交量大，而且股指期货对应的沪深 300 一般很难被人操纵，而国债期货的利率没有市场化，有时候可能会被人为操纵。

问题 18：这一两年来做股指期货程序化的越来越难赚钱，您觉得主要原因是什么？而您在蓝海密剑的账户还依然在创新高，您觉得您的策略和市场主流的策略有什么不同之处？

李飞：主要是因为股指期货出来后使得现货产品、沪深 300 等的波动性下降，现货原来可能会出现 3%～4%的上涨或者下跌，但是股指期货出来后，有些机构利用股指期货套利，使得整个市场现货的价格波动趋于缩小的趋势，波段趋势下降，对于我们做程序化交易、趋势交易的，相应的盈利也会下降。第二个，大家都在用程序化交易做股指期货，都用这种方式来做的情况下，造成整个股指期货的盈利水平下降，因为大家都用差不多相同的策略来做，买的时候都在买，卖的时候都在卖。我的策略跟主流的策略可能都差不多，**但我会在资金管理方面做一些调节，我也会在使用策略的时候同时使用 2～3 种不同的策略，这样资金的回撤的幅度会减小。**

问题 19：现在市场中做股指期货程序化的人越来越多，根据您的判断，股指程序化赚钱难的情况会不会维持下去？

李飞：我觉得这个现象不会长期地维持下去，**如果这种现象长期地维持下去，我相信肯定会有部分人，甚至大部分人会放弃股指期货程序化交易，这样对股指期货程序化可能是一个好的消息**。第二是我们国家的股指连续走了 7 年的熊市，我感觉前段时间股指才从熊市当中慢慢走出来了，是不是牛市还有待观察，但是从长远角度来看，**股指在逐渐向牛市过渡**，在这种向上的过程中，程序化交易策略在股指期货当中应该能发挥很好的效用。

问题 20：您曾说“期权更适合机构交易者使用”。为什么这样说？您觉得个人投资者如果想做好期权应该做哪些方面的准备或学习？

李飞：因为期权交易比较灵活，另外期权可以起到把杠杆进一步放大的效果，1块钱可以做100块的交易。对于期货交易者，利用很少的资金量，就可以在市场中快速地建立一个很大的仓位，机构就很欣赏这种方式，机构可以利用期权快速建仓的方式来实现大规模、大资金套利的目的。首先需要把期权的交易方式吃透，期权本身就是一个复杂的金融产品，对于一般的投资者不建议单纯地做期权，普通投资者可以把现货交易和期权交易相结合。因为期权杠杆大，投入少，收益高，个人投资者如果对期权有兴趣，想完全参与期权交易，就需要花一定时间去了解、学习期权交易中的各种策略，以及不同期权之间的产品组合。

问题21：国内的期权品种可能会在近一两年内上市，作为国外的主流交易品种，您对期权有过研究和准备吗？您觉得期权的上市会对程序化交易市场造成什么影响？

李飞：现在已经在做国内的个股期权的模拟交易，感觉它的交易比较活跃。期权交易一旦在国内上市，很有可能会是一个比较大的交易品种，到时候会参与。对程序化交易市场具体的影响还不是很清楚，比较直接的影响就是会吸引更多的人来参与期权的交易，参与的人多了，资金量大了，这个市场就会发育的更好，波动性也会相应的增加，对程序化交易者就是一个利好，因为参与人多了，波动性大了，程序化交易者就能从中获取更多的利润。

问题22：未来将会推出外汇期货、利率期货、股指期权等金融期货品种，您是否会关注并参与？

李飞：与股指期货相关的产品，比如股指期权，这些会参与，因为外汇期货、利率期货交易对程序化不是很适用，所以找不到很好的交易策略就不会参与。

问题23：您在蓝海密剑的账号4年的收益相对都不错，资金曲线总体也是稳步上升，请问您4年持续盈利的核心原因是什么？您在操作的过程中是完全地执行程序化，还是中间会有主观干预？您觉得自己以后还能否继续保持这么高收益率？

李飞：一是坚持程序化交易，二是有一个严格的资金管理策略，三是在

资金回撤的过程中有一个良好的心态，主要是这三点。在交易过程中我是完全地执行程序化，这是作为一个程序化交易者应该具备的非常重要的素质，不管是出现连续亏损，资金连续回撤，只要有信号出现，就必须严格执行。

以后能否保持高收益率需要看市场本身的波动性如何。以股指为例，股票市场如果能走出熊市，基于一个牛市的状态，在上涨的过程中，程序化肯定是能够获取更高的收益。第二看资金量，因为小的资金在运行的过程中受其他因素影响小，盈利会大一些，资金量大，就需要保证资金的安全性，这种情况下持仓比例会更低，交易方式会更保守，这样总资金的收益率会下降。

问题 24：有很多高手在大赛账户和日常账户的做法上相差较大，您大赛账户的做法和普通账户的做法是否相同？若有不同之处，主要是哪些层面的不同？

李飞：基本上是一致的。我不想为了获取高的收益而采取激进的方式，因为这样有可能会出现大的亏损，如果出现大的亏损，对个人的心态和交易会造成不好的影响。所以我个人的账户和理财的账户交易方式都是一样的，当然也会有不同。比如东航的种子基金，因为资金是封闭式运行，我们的持仓比例会维持在 30%～40%，剩下 60%的资金没法使用，会变成现金放在那边，也是比较可惜的。个人账户资金的仓位基本是一致的(30%～40%)，但是**我们会把剩余的资金作为储备金，选择一些比较稳健的、有固定收益率的产品或者比较稳健的股票持有**，虽然点数不多，一年 6%～7%，或者百分之十几，但是对减少资金的总体回撤水平还是有帮助的，可以让我总资金回撤更小一些，资金曲线走的更漂亮。

问题 25：我们发现您在蓝海密剑的账户在 2011 年 10 月底到达一个高点后出现了比较大的回调，在您看来，账户出现回调的主要原因是什么？您又是怎样调整自己的？

李飞：回调的说法也不是非常准确，刚才说到我们并不是把所有的资金放到账户中，而是把 60%剩余的资金放到外面，这样把备用资金的量放上去之后，总的资金回撤比例就会下降。第二是在程序化交易过程中，有比较大的回调，这是任何人都控制不了的，唯一能够控制的是仓位的管理，资金回撤的比例，控制在能够承受的范围内。**一般我们发现持仓的比例和资金的回撤是1∶1**，就是说程序化交易，30%的持仓，带来的结果就是总的资金回撤在30%左右，相应的如果是40%的资金持仓，回撤就是在40%左右，如果50%的持仓，可能回撤相对更高，在60%以上，资金回撤30%，总的资金只需要40%就能够回到原来的状态，但是如果你的资金回撤是50%，总的资金必须要达到上涨100%才能够回到原来的状态。所以我们总结，**最好的资金管理，仓位最好不要超过30%，这样能够保证你资金的安全性**，就算是回撤了30%，一旦策略有效以后，往上涨40%，就能够重新再创新高。

问题26： 我们发现您在蓝海密剑的账户从今年1月份开始到5月底有近5个月的盘整时期，在这段时间内您是怎样调整自己的心态的？这期间您会不会怀疑自己的策略？对后期创新高还会不会有信心？

李飞： 这样的盘整是不可避免的。**我并不担心盘整，而是担心资金的回撤比例过高**。前面讲到30%的持仓，我希望回撤最好不要超过30%，只要它没有超过30%，或者超过的不多，同时我们通过历史数据检测看到现在的资金回撤跟以往的资金回撤有相似之处，这种情况下我就认为策略依然是有效的，那我就有信心，就算是长时间的盘整，也不担心，因为我相信它迟早会重新恢复到一个正常的状况。

问题27： 以茶来修“德”，以书来修“心”，您爱好读书、品茶，您觉得这样的爱好对您的交易会不会有所帮助？

李飞： 应该是有所帮助的。因为禅茶合一，我个人觉得不管是修禅也好，喝茶也好，根本目的是静心。**一旦你的心静下来，心无杂念，能够专一地做一件事，那就是好的**。所以读书、品茶对做程序化交易，做人都是有帮助的。

荣晓东：绝不能逆市死扛，该反手时要干脆利落

（2014 年 9 月 14 日　翁建平整理）

荣晓东

河北邢台人，5 年股票经验，做过外盘，从 2010 年开始兼职做期货。做中长线，也做对冲，只看技术面，采用手工程序化交易。东航金融种子基金二号投顾之一。

期货中国实战排行榜(http://trader.7hcn.com/)“荣晓东”实盘账户交易者，该账户 2012 年 7 月 24 日注册，截至 2014 年 9 月 4 日，账户收益率 520.29%，最大回撤 32.65%。

访谈精彩语录：

期货行业对我最大的吸引力在于，它可以给我带来改变人生的可能。

期货一年相当于股票10年，盈利速度也是股票的10倍。

从我个人的经历、性格来说我更喜欢做期货交易，我追求简单、内心平和，而期货交易就是一个相对简单的事，无非就是多空、风控、执行。

股票可以共赢，期货永远是多空对垒，你赚多少，就有人亏多少。

期货市场存最大的价值就是为现货企业转移价格波动风险。

外盘部分产品通常来说日内交易不如国内的活跃，做短线可能不是很合适。

不看基本面的原因是基本面信息太多了，不太好量化，也不能全部掌握。

技术面主要使用K线形态、均线、MACD、KDJ等一些传统指标。

MACD指标的MACD值大于0，就可认为是上升趋势，MACD值小于0，就可认为是下降趋势。

我做趋势是做日K线级别的趋势。

当趋势指标显示市场刚刚穿越多空分界线，处于多头时，我会入场做多，这时我只是跟踪指标，持续观察K线趋势是不是反转，当反转时把仓位平掉，反手做空就是了。

手工下单让我对于多空的方向感觉更清楚些，对于坚持实践自己的交易也是一种正向强化。

自动化程序交易是一个发展趋势。

当你没有按计划来交易、按规则进出的时候，盈利也是错误的。反之即便亏损也是正确的。

回撤和趋势跟踪所产生的小亏损其实是一样的，它们都是你交易的一部分。

一笔单子下去，如果有盈利、趋势没有改变，就会一直拿下去，最长的能拿几个月，如果没有盈利、趋势反转的话，最短的可能第二天就平掉了。

只要是波动大，一年有个30%以上，持仓量大的品种都是我的备选品种。

做到多赚小亏有三个方面，一是要具备一个正期望值的交易系统；二是严格的资金管理和风险控制；三就是严格执行你的计划。

问题1：荣晓东先生您好，感谢您在百忙之中接受东航金融和七禾网期货中国的联合专访。您是在通信企业工作的，请问您是怎么样接触上期货的？期货行业有哪些地方吸引了您？

荣晓东：我接触期货的原因非常简单，当时的想法就是做多黄金来对冲通胀风险，如果纸币贬值那么黄金的价格就会上涨。这有一点儿像企业来到期货市场做套期保值，当时就想自己有多少现金就买多少黄金。

若投资黄金的话可以选择金条、金币、纸黄金、黄金T+D、黄金期货、黄金期权等多种投资方式。不过每种方式都有其优缺点，在比较了各种方式之后，我选择了期货，优势在于保证金交易、有做空机制、涨跌停限制。有意思的是当我详细了解期货并开户后，到现在也没有交易黄金期货。因为一手保证金太大，而我的账户权益不大，不符合我的资金管理原则，同时黄金的波动我也不太喜欢，隔夜跳空太大。

期货行业对我最大的吸引力在于，它可以给我带来改变人生的可能，如果没有期货，我的人生可能相对平凡，有了期货，我可以通过期货来更快实现人生理想和价值。

原因一：**期货有杠杆，期货一年相当于股票10年，盈利速度也是股票的10倍。**我如果能做期货30年相当于做股票300年；原因二：**金融交易包括股票、期货、外汇这可能是一个个人英雄的行业，你操作10万 、100万、1000万的资金，对你的交易来说基本上差别不大。**只是多了一个零、两个零。如果管理企业，10万和100万的营收规模相对来说差别还是比较大的；原因三：**从我个人的经历、性格来说我更喜欢做期货交易，我追求简单、内心平和，而期货交易就是一个相对简单的事，无非就是多空、风控、执行。**期货对我来说更多的可能是一个人的修行，也就是很多人说的修心。

问题2：您股票、期货都做过，就您看来，股票行业和期货行业的本质分别是什么？

荣晓东：本质区别一就是**股票可以共赢，期货永远是多空对垒，你赚多少，就有人亏多少。**股票比如在大牛市，大部分人都有盈利。当然能否同时变现就是另一回事了。期货在大牛市，也是多空资金各一半，不能同时盈利。

本质区别二就是**期货有约十倍杠杆，所以风险管理和资金管理就显得非常得要。**任何风险都可能是致命的，比如重仓、断电、断网、各种政治突发事件等。要想在期货市场长期生存下去，一定要对风险有清醒认识并找到应对之法。

本质区别三就是**股票的本质是企业权利凭证，影响涨跌的因素很多，比如企业的业绩、资金炒做、国家政策等。期货相对股票而言影响涨跌的因素要少一些，**可能供需占的比重大些，分析起来简单些。

本质区别四就是**股票市场是融资市场。**股份企业通过发行股票、让渡股份来融资促进企业的发展，为股东创造价值。而期货市场是风险转场所不会直接创造价值，**期货市场存最大的价值就是为现货企业转移价格波动风险。**

问题3：据了解，您也做过外盘，您在外盘上主要做哪些品种？就您看来，外盘期货和内盘期货有什么区别？哪个市场更容易赚钱？

荣晓东：外盘做过恒指的期权，当时想法就是这个品种的杠杆比较大，盈利速度快。也做过A50指数期货，后来由于资金规模小，把交易重心放到了国内市场，外盘没有做下去。

外盘和内盘的区别在于外盘交易时间长、报价连续、杠杆高、品种丰富、农产品期货波幅大。

相对而言，如果掌握了方法**两个市场赚钱速度可能差不多。**内外盘的一些不同特性可能对于不同的交易者来说要注意的方面不同，比如**外盘部分产品通常来说日内交易不如国内的活跃，做短线可能不是很合适。**

问题4：您从2010年开始做期货，就您的切身参与和感受来看，现在的期货市场和2010年的期货市场相比最大的不同在哪里？

荣晓东：最大感受第一上市**期货品种丰富了，**可选择余地多了，可以组合的品种更多了，**有利于交易者打造平滑的资金曲线。**其次就是总体来看**期货品种的波动率降低了，**对于中长线交易者来说，收益率也低了。第三就是**从监管层到交易所再到期货公司对于期货市场的重视程度加强了。**一些制度比如监管模式、产品创新、推动资产管理等将长期对行业形成利好。

问题5：您做交易为什么只看技术面不看基本面？您主要看哪些技术指

标、K线、图形或者参数？

荣晓东：我交易期货**不看基本面的原因是基本面信息太多了，不太好量化，也不能全部掌握**，有时一个利多的基本面信息反而造成期货价格下跌，原因可能是有一个我们未掌握的利空的基本面信息。有时一个同样的基本面信息却会分别造成期货价格的上涨或下跌，而事后大家根据价格走势会找不到理由进行解释。

期货技术分析的三大假设之一就是：价格反映一切。以上面的话为例，掌握利多和利空的资金最终要在盘面上进行决战，来投票自己对价格的判断，我们无需知道他们投票的基本面理由，我们只需要知道他们的投票结果，也就是最后价格是上涨还是下跌就行了。**涨了就多，跌了就空**，就是这么简单。

我交易期货参考的**技术面主要使用K线形态、均线、MACD、KDJ等一些传统指标**。这些指标有很大的使用人群和很长的使用时间。基本来说，这些指标算法简单、易于掌握、市场逻辑清晰，能较好指导操作，是有它们存在的道理的。

问题6：您做的是中长线交易，那主要抓的什么类型的行情？交易周期一般为多久？

荣晓东：对我来说**中长线交易就是抓大趋势行情**，也就是价格波动较大的，一般来说**波幅超过5%的趋势行情**。我们知道趋势的形成需要时间。**越大的时间框架走出大级别的行情可能性越大**。另外趋势的走完也需要时间，趋势已经形成的话，如果我们要完整地吃下一整段中线趋势的话，没有一定的时间是不可能的。

交易周期这个是不固定的，完全是按趋势延续的时间做被动的持有，如果我判断出趋势延续了1天就结束了，比如V转等，我会立刻地反手，这笔交易趋势跟踪周期就是一个短线。如果一个趋势的方向不变，我会一直持有这个方向，那么这笔交易的趋势跟踪周期自然就是一个长线。所以说，长和短是按趋势来取合，该短就短、该长则长。我们都听说过“截断亏损，让利润奔跑”，不正是这个意思吗？

从我的实践来看，**最短的持有周期可能就一两天，长的可能有接近半年，**

中间要进行换月。

问题7：您也做一些对冲交易，请问您会在什么情况下做对冲？您对冲交易的利润贡献占整个账户的比例大约是多少？

荣晓东：我交易以趋势为主，有时也做一些强弱对冲，这个做法主要是在趋势行情有了一定的利润，按照资金管理原则没有出入场点，该品种趋势还在延续，不能进行新的趋势开仓交易时，为了提高资金利用率，同时进行的一个品种开多，一个品种开空的对冲交易。

我能做对冲交易的时间窗口不多，统计下来对冲交易对整个账户的利润贡献不大，更多是风险控制的考量。

问题8：您表示到市场中想赚趋势的钱，请问您如何理解“趋势”？您主要赚哪个级别趋势的钱？

荣晓东：趋势我的理解非常简单，就是趋势技术指标的数值不断向上或处于它所定义的趋势区间，比如MACD指标的MACD值大于0，就可认为是上升趋势，MACD值小于0，就可认为是下降趋势。主观上，我们直观去看K线图上面，如果是高点不断上升，低点也在不断上升，那就是上升趋势，反之就是下降趋势。当然，我更愿意使用指标来对趋势进行量化分析。

我们用均线来举例说吧。一根上升的10日均线就表示现在行情处在上升趋势，那么这个时候做多单才是对的，什么时候10日均线不涨了，甚至向下拐头了，就是趋势反转了，多单就要出场了，你就要考虑要不要反手做空了。

我做趋势是做日K线级别的趋势。

问题9：您如何判断一个品种会有趋势上涨或者下跌的行情？

荣晓东：判断一个品种的上涨或下跌完全是按照趋势指标来的，当趋势指标显示市场刚刚穿越多空分界线，处于多头时，我会入场做多，这时我只是跟踪指标，持续观察K线趋势是不是反转，当反转时把仓位平掉，反手做空就是了。

需要指出的是，我做多和做空并不对市场有任何主观的认识和判断，只是因为指标指示了趋势方向，该多就多，该空就空。很多时候，我的直觉的方向和趋势指标给出的方向并不一致。行情的发展也经常会让我目瞪口呆，但按趋势指标来操作，却不会使我的资金曲线也让我目瞪口呆。我的资金权益曲线走势只会大涨小回。

问题10：如果没有出现趋势行情，比如说长时间的震荡，您会如何处理？

荣晓东：我的持仓操作系统叫作马背上的系统，一个品种会一直持有，也就是非多即空，平仓反手，因此我的体系不存在震荡的概念。

当然，对于一个品种的走势来说，震荡是真实存在的，我能做的只能是**按计划持有单子，不断调整多空方向，仅此而已**。再长时间的震荡也会过去，趋势终将到来，我们能做的也只是慢慢熬，熬过了寒冬，你就等来了春天。

问题11：您目前交易是采用手工程序化的，请问您选择手工程序化交易的原因有哪些？

荣晓东：**我目前采用手工程序化的原因首先是中线交易信号不多**，平均下来一个品种一年也反手4～5次，就是手工操作完全能应付的过来；**其次手工程序化对网络、硬件、专注度要求不高，人相对轻松一些**；第三就是手工程序化不会使我距离市场太远，**手工下单让我对于多空的方向感觉更清楚些，对于坚持实践自己的交易也是一种正向强化**。

问题12：未来是否会考虑全自动程序化交易？

荣晓东：**自动化程序交易是一个发展趋势**，作为一个趋势交易者，也许我以后也会使用这个方法，毕竟自动程序化交易有很多的优势，比如没有下单人为操作失误、效率高、速度快、能进行更多交易频次等。

问题13：您的程序化系统只有一个策略，还是由多个策略组成的？

荣晓东：只有一个策略就是中线趋势跟踪。**一个投机者所获取的所有利润归根到底是趋势的利润，不管你的长线、中线，还是短线**。目前我认为只需要这一个策略就够了。

问题14：您的程序化系统的盈利逻辑或取胜原理是怎样的？您的程序化系统和其他人的系统相比，最大的特点是什么？

荣晓东：我的系统盈利逻辑就是我们所交易的合约价格必然会发生大幅度的波动，我们不必要知道大幅波动的开始和结束，也无需要知道它波动的原因，我们只需要跟着走，涨到了一定程度就多，如果不涨了开始下跌了，跌到了一定程度反手做空，这个一定程度就是我所认为的趋势开始或结束。多空转换后，如果波动足够大，这个价格差值就是你的利润或亏损。

我的交易系统的特点就是不会放过任何一个大级别的行情，当然也会在震荡中来回亏损，这可能是所有中线趋势跟踪系统的特点吧。我所用的系统和其他很多人所用的中线趋势交易系统我认为没有本质区别。因为我们的系统都是埋伏在大趋势的必经之路上，如果一个趋势跟踪系统会漏掉行情，那么就不能称之为趋势跟踪系统。

不同的趋势跟踪系统会可能在细节上，比如多大时间框架下，是在什么时间入市下单，要不要等待收盘确认，几天不涨就平仓等。但是它们的市场逻辑是一样的，就是趋势是你的朋友，有时市场会连续地上涨或下跌也就是以趋势方式运行，当趋势改变时它们就不再是你的朋友，你需要找新的朋友了。

问题15：您在期货中国网实战排行榜注册的“荣晓东”账户，从2012年7月24日到2014年9月4日，账户收益率520.29%，这样的收益率您是否满意？

荣晓东：这个我很满意，并不说收益率有多高。而是说，一是我取得了一定程度的正收益。二是通过几年的操作，强化我这么一种操作思路和方法、验证了整个交易系统对很多不同行情包括某些长期的横盘的、剧烈的、温和的上涨行情和下跌行情的适应程度。三是出入场下单操作对内心情绪的影响越来越小，对单次盈亏的感觉越来越觉得心态趋于平静。

现在我更多时候纠结于是不是坚定地按规则进出，而不是单次的盈亏。**当你没有按计划来交易、按规则进出的时候，盈利也是错误的。反之即便亏损也是正确的。**可以说你账户取得了一定的收益是因为你交易了你的思想，交易了你的计划，实现了你的风控，而同时呢？收益率的大小只是你对这一切控制的产物，它不是你盼来的，也不是侥幸获得的，获得的收益具有必然性。

从过去的资金曲线看，我使用的是一个相当稳健的，可以抵挡很多单品种黑天鹅风险的交易系统。从历史回测来分析，该交易系统也是能抵挡住系统风险的。这一种操作模式，相信以后还是会取得更好的收益。

问题16：账户最大回撤曾到过32.65%，这样的回撤在您的预期中吗？您能够接受多大的回撤？

荣晓东：这个回撤是在预期之中的，30%的回撤基本上每年都会有1～2次。如果你仔细观察就会发现，这种幅度的回撤都发生在资金权益大幅增长之后，也有很多人认为回撤太大，但单纯看回撤没有意义，如果我想把回撤控制在15%，直接把仓位减低一半就行了，可这样我的收益也少了一半。收益不降低，只控制回撤，从我的交易体系看是无法解决的。

从另一个角度看，**回撤和趋势跟踪所产生的小亏损其实是一样的，它们都是你交易的一部分**，就像做实业所产生的设备、房租、人工、原材料成本一样，无法避免。**我能接受的回撤最大是50%。**

问题17：如果账户的亏损接近了您能容忍的最大回撤时，您会怎么处理？

荣晓东：我会**减仓**，一方面分析市场逻辑、品种波动性有没有变化，另一方面也分析自己的操作有没有变形，交易体系是不是有需要调整的地方。把回撤产生的原因找到，有针对地解决这个问题。

问题18：我们从您的交易账户中发现您喜欢重仓交易，请问您为什么选择重仓交易？您又是如何看待重仓交易的风险和收益？

荣晓东：重仓交易的话，资金利用率高些，在风险可控的前提下实现了最大收益。

重仓交易原因之一是**根据自己的历史最大回撤30%，计算得到使用7成仓位**，也就说我基本是以7成仓位来交易的。以10万为例子如果这样的仓位，在开始交易时，7万持仓，3万备用，如果产生了30%回撤，权益变成了7万多，我的持仓仍可保持在7万，这样可以防止在亏损时是7万的持仓，而赚钱时持仓小于7万这个盈亏不对等的情况。我的账户显示基本是在9成仓，是因为我有一部分资金约总权益的20%，没在期货账户，购买了一些固定收益产品，可以随时使用。我重仓的原因之二就是**分散品种来交易，虽然是重仓，单一品种却是轻仓**，这样即控制了风险，也提高了资金利用率。重仓交易的话资金得到充分利用，在风险可控的前提下实现了最大收益。重仓的前提是收益最大化，如果预期收益变大了，但风险不可控，最大回撤太大、操作变形、心理压力太大的话，还是轻仓些好。轻到什么程度呢？轻到你能安然入睡，现在还好，我7成仓，我还能安然入睡。

问题19：我们都知道重仓交易存在很大的风险，请问您是怎样控制风险的？市场上是否存在风险较小的重仓交易机会？

荣晓东：控制风险一是分散风险，进行品种组合，这样的话一个品种的极端走势不会对账户造成大的伤害；二是严格执行自己的交易计划，绝不能逆市死扛，该反手时要干脆利落，要放眼长远，不在乎一城一池的得失；三是尽量针对各种风险进行预先的防备，比如多备一个电源、一个网络、保留紧急交易电话等；四是对市场上的重仓失败交易者进行自我反省，看看自己在交易中是否存在相同的问题，并找到解决之道。

市场上是存在风险较小的重仓交易机会的，但我的体系是抓不到的。任何时候我账户的风险都是差不多的，不存风险大小的情况。

问题20：您一笔单子持仓时间一般为多少天？持仓时间最短和最长的单子分别会持有多长时间？

荣晓东：基本上一笔单子下去，如果有盈利、趋势没有改变，就会一直拿下去，最长的能拿几个月，如果没有盈利、趋势反转的话，最短的可能第二天就平掉了，这也正是按趋势做法所讲的截断亏损，让利润奔跑。

也就是说，我们做交易时，这一笔单子下去，到底是做长还是做短，不是我们主观判断的，也不是预先计划的，要根据行情的发展，不断地进行一个重新判断，趋势还在吗？我跟上了这个趋势了吗？需要反手吗？这其实完全是一个被动的过程。

问题21：您的账户参与交易的品种超过30个，请问您一个阶段选择主要操作品种的依据是什么？

荣晓东：账户采取了多个品种组合的交易模式，组合过大多数交易活跃、持仓量大的品种，选择品种首先也是最重要的是要有一定的持仓量，方便进出；其次就是波动要大，按我的交易方法的话，农产品中的稻谷、玉米、小麦波动就很小，所以我的账户基本没做；第三，如果一个品种进入你的持仓组合中，不要轻易地剔除，有的品种最近几月波动偏小，但未来几个月可能迎接到大的波动。

问题22：就您看来，不同的品种是否有着不同的“品性”？您觉得哪些品种的波动特性比较适合您？

荣晓东：的确不同品种的波动特征是不一样的，有的品种比如稻谷、玉米、小麦受国家政策影响大，受自身的供需影响较小，它们的价格波动就小。有的品种比如鸡蛋供应、需求很容易逆转，这样一个品种多空的转换就很快，一年可能就会有一次甚至多次多空转换。有的品种比如白糖、棉花会有牛一两年熊一两年的波动特征，因为它们的产出是以年为单位的。有的品种比如橡胶它的供需会在6年的周期中波动，如果现在橡胶出现了供不应求，新种下的橡胶树可能要6年后才能割胶。股指期货的大多空周期就更长了，通常原因在于经济周期转换需要很长时间。

从我的操作实践来看，**只要是波动大，一年有个30%以上，持仓量大的品种都是我的备选品种。**

我对于期货品种的品性不是太在意，基本上我也不用去了解这么多，知不知道品性，也不会影响操作，原因在于，我是趋势跟踪，管你是一年两次牛熊，还是两年一次牛熊，我要做的只是跟上趋势。这样就把复杂的问题简单化了，而且一个品种的品性特征从它过去的K线图表中也能窥探出一二。

问题23：最近一两年，期货市场上了很多新品种，对这些新品种，您会不会关注和参与？

荣晓东：**会的。如果有一定的持仓量，我会少量持有一两手，感觉一下波动特性。**如果持仓量下降我短期内不会再做了，比如菜籽、沥青、卷板都做过，目前来看由于持仓太少，已不在我的持仓组合中了。

问题24：您参加蓝海密剑大赛的目的是什么？大赛对您的正面影响和负面影响分别有哪些？

荣晓东：这个有点儿像以前的武林高手参加武林大会，你开个擂台，我来打擂，就是**想认识高手、学习高手、锤炼自己，通过这个平台来扬名立万。**

蓝海密剑这个平台很好，这是一个长期的期货交易的第三方业绩记录平台，特点就是赛程时间长、军种多，也就是按资金大小分组竞技，有多个评价尺度，包括单位净值、收益额、平仓盈亏比、交易胜率、P/MD、年化收益率、动态风险率、夏普比率、验证VAR值等。

这个平台还是一个发现良好成绩投资顾问的平台，并给予成长通道。蓝海密剑基金经理养成计划通过系统组合、资金规模增压，促进比赛中表现出卓越潜能的选手成长，使选手通过本计划培养后顺利过渡为未来基金经理。而我也通过这个平台成为了东航金融种子二号的一名投顾。在这里我要表示一下对东航的感谢。

东航是我的福地，我在这里我乘风起航，开始了人生新的征程。正如我的QQ签名“十年磨一剑，从2014年1月1日顺势起航”一样，我希望在从2014年开始的十年蓝海密剑大赛中，用心操盘，控制风险，不断向高手学习，不断成长，取得令自己满意的成绩。也祝东航的蓝海密剑越办越精彩。

大赛对自己的正面影响就是通过参赛可以和很多高手同台竞技，观察他们的操作模式，吸取对自己有用的部分。另外就是为自己打开了一扇窗可以更多地了解这个行业，为以后的资产管理积累经验。

负面影响嘛，这个没有，我也不会为了比赛去刻意进行非计划的操作来试图增加收益率。一切都是自然而然的结果。

问题25：蓝海密剑大赛涌现了很多期货高手，在这些高手中，您有没有比较熟悉或者欣赏的高手？他们哪些地方值得学习？

荣晓东：蓝海密剑大赛涌现了很多期货高手，比如**周伟**。其实我一直以为我的思路和他很相似，周伟先生曾经获得年度综合总冠军称号，有一段时间我对比了我和他的资金曲线，发现相似度很高，有时阶段高点在同一天，这说明我们的策略可能有一定的相似度。

蓝海密剑的**郑加华**先生我也很欣赏，他的账户的重仓交易、手法凶悍给我的印象很深，敢于盈利，这个很难得，要克服心中深深的恐惧还要有对行情的深刻把握才好。这种操作模式是我一直不敢使用的。

蓝海密剑中我欣赏的选手还很多，比如**黄俊**，记忆中他好像没爆过仓，这点儿我们很像。比如**周汉平**他的操作很稳健，连续多年盈利，这点儿我们也很像。蓝海密剑还有很多高手都是不错的，比如专做黄金的Innova，20年坚持最终走向盈利的**李毓仑**，等等。

期货中国网上有很多高手访谈，其中就有蓝海密剑的选手访谈，透过这些访谈我们能学到很多东西。能长久盈利的选手肯定有他的长处，通过借鉴加以吸收为我所用，不断强化自己的交易，而一些失败的选手也有他们的反面教材的作用，通过分析他们的失败原因，如何在自己的账户操作加以避免，也是有一定积极意义的。

问题 26：您认为在期货市场上能做到多赚小亏就行了，就您的切身经验来看，投资者要具备哪些能力、素质或方法才能做到多赚小亏？

荣晓东：做到多赚小亏有三个方面，一是要具备一个正期望值的交易系统；二是严格的资金管理和风险控制；三就是严格执行你的计划。

三个方面缺一不可，交易系统是根本；资金管理和风控是你的账户避免死于小概率事件；严格执行就是说把书面上的交易思想变为真金白银，而不是你的一厢情愿。需要指出的是，找到一个系统不难，了解资金管理和风险控制方法也不难，最难的是第三个方面也就是执行你所了解的知识体系。市场中的大部人失败就在于这个地方。也就是说知行合一最难。如果你做不到知行合一也有很多处理方法，一是不去想这个问题，只管用“心”交易，的确有的人来市场不是为赚钱，他们寻求的是交易的刺激；二是你去找一个人帮你实现你想法，比如找一个下单员来下单；三是你把资金交给一个和你思路很像的人，借助高手来实现盈利；四就是自己来做，通过持续赔钱来不断锻炼自己的这部分能力，我认为有的人是能赔钱赔到痛彻心扉来克服这个问题的，当然这是最不明智的选择。

问题 27：您现在是个兼职交易者，请问您有没有考虑过以后全职做交易？您对自己的期货事业有一个怎样的规划？

荣晓东：全职还是兼职这是个问题，当工作不影响你交易的时候，我认为这其实就不是一个问题。

我对自己的事业规划就是能做和一个有规模的期货 CTA，为客户创造价值，实现自己的事业追求。

杨江：你怎样信仰，你就怎样交易

（2014 年 9 月 24 日　叶晓丹整理）

杨江

网络昵称“鲸鱼”、“长安财富期货基金”。曾担任财务经理，持有 CPA 证书。2000 年开始做股票，2006 年开始做期货。目前主要做中线交易，以技术分析为主。

第五届(2012～2013 年)蓝海密剑期货实盘大赛中，“长安财富 1 号期货基金”、“长安财富 2 号期货基金”、“长安财富 3 号期货基金”分别获得大校、上校、少校晋衔奖。

在蓝海密剑大赛中，2010 年收益率 28.09%，2011 年收益率 62.45%，2012 年收益率 51.48%，2013 年收益率 71.57%。

访谈精彩语录：

专职相对于兼职来说，交易时段更能排除其他干扰，能够集中注意力，在盘后能有大量的时间来对当天的交易进行分析，一般来说专职更容易成功。

期货交易主要是自己与市场之间的交流。

期货相对股票来说，人为或者主力操控的可能性比较小。

期货交易的实质是对商品供需预期的判断，而商品供需的基本面相对来说要稳定的多。

期货交易对所有的参与者来说，特别是对小规模的资金交易者来说更加公平，更容易取得成功。

你怎样信仰，你就怎样交易。

价格和价值的背离是市场的常态。

对于万事万物，我都相信趋势主宰一切。

顺应趋势，跟踪趋势。

对于和趋势市场相对立的震荡市场，我采取包容和规避的原则，减少损失。

我的交易哲学和交易方法的形成基于十余年的股票、期货交易和自己对世界的看法。

最主要的盈利点在于顺应了市场发展的一般规律。

期货市场如同一个国家的经济状况一样，有好的阶段，也有坏的阶段；如果你能控制住你每笔交易的亏损，也知道你交易的胜率和赔率，那么你就能控制你的最大资金回撤。

控制亏损的最重要一点是在交易开始时，制订自己的交易计划。

无论怎样彻底的客观交易，在交易的开始阶段都会涉及对下一年度交易市场、交易策略、风险度、交易品种等的确定。

对于大的交易机会，一定要突破自己已有的思维框架，不要理所当然的给自己的认识戴上枷锁，不要理所当然的认为某个品种的价格应该是怎样的。

成功源于自信、自律和坚持！

如果是自己性格缺陷造成的，或者是对市场规律不正确理解造成的亏损，那就需要进行改正。如果是市场规律的随机性带来的不可避免的亏损，并且对本金造成了一定的亏损，那么要尽快缩减交易规模。

问题1：杨江先生您好，感谢您在百忙之中接受东航金融与七禾网期货中国的联合专访。您曾经担任过财务经理，持有CPA证书，您觉得这样的工作经历对您日后做期货交易有什么样的启发？

杨江：财务工作要求严谨、细致、对数字敏感、对盈亏敏感，这些工作对期货交易来说也具有促进作用，特别是对期货交易的资金管理、风险控制来说，更容易深刻理解和执行到位。

问题2：您目前是专职做期货的，就您看来，相比于兼职做期货，专职做期货有哪些优缺点？

杨江：**专职相对于兼职来说，交易时段更能排除其他干扰，能够集中注意力，在盘后能有大量的时间来对当天的交易进行分析，一般来说专职更容易成功。**

但事物总是相对的，优缺点是共存的。相对于兼职来说，专职没有固定的现金流入，面对期货市场的不确定性，专职的交易压力更大。

问题3：您曾表示您是一个性格内向的人，是否正因为这样的性格您选择从事期货行业？您觉得什么样性格的人适合做期货？

杨江：性格比较内向可能更易于专注于自己内心、更容易自省。

期货交易主要是自己与市场之间的交流，如果交易亏损的话，你不能归因于外部原因，因为所有的单子都是自己所做出的决策，没有人强迫你做多或做空，因此更应该反省自己。

问题4：您之前是做股票交易的，后来是在什么机缘下接触到了期货？期货的哪些方面吸引了您？

杨江：记得从2000年开始做股票交易，一直到2005年都是连年亏损。直到2006年靠着股市的大牛市才将前些年的亏损弥补回来。

具体怎么接触的期货，记不太清了。期货能够吸引我的原因在于，**期货相对股票来说，人为或者主力操控的可能性比较小**，不像股票由于流通盘的限制，主力可以恣意妄为，随意拉升。**期货交易的实质是对商品供需预期的判断，而商品供需的基本面相对来说要稳定的多**，主力如果违反商品供需的基本规律强硬拉升或大幅打压，马上就会有套利者、现货商或者其他一些交易者进场，利用主力这些不正确行为来获利，甚至于猎杀“主力”，所以**期货交易对所有的参与者来说，特别是对小规模的资金交易者来说更加公平，更容易取得成功。**

问题5：您从2006年开始从事期货交易，那您是从哪一年开始盈利的？您觉得自己在哪些方面有所突破后，才从亏损转向盈利？

杨江：从2009年开始盈利，2010年来以来有了比较稳定的盈利。突破主要在对自己的操作理念进行全面梳理，对自己的操作风格进行确定(编者注：操作风格和操作理念在后续问题中有阐述)。

问题6：您曾说过“在市场中要做到长期、稳定的盈利，关键要建立自己的交易哲学和交易方法”。请问您的交易哲学是怎样的？您的交易方法最大的特征是什么？

杨江：交易哲学或者投资哲学是一个交易者如何看待市场的“世界观”！有一句名言“你怎样信仰，你就怎样生活”。**在交易领域也一样，你怎样信仰，你就怎样交易。**

正如刘军宁博士所说，人是观念的动物。投资哲学是关于投资的观念。一个人的投资哲学，决定一个人的投资成就。有什么样的投资哲学，就有什么样的投资收获。一个完整的投资哲学通常包括对价值的看法、对人性的看法、对市场的看法、对风险的看法和对投资自身的看法，等等。什么是价值？它是内在的，还是外在的？在价格与价值之间可以划等号吗？人是理性的，还是非理性的？贪婪吗？恐惧吗？人有能力预测并把握市场上的每一个变化吗？市场总是有效的吗？市场能保证价格与价值不背离吗？这些都是投资哲学的恒久主题。一切投资哲学的背后是对世界、对人性及人的行为的看法。投资哲学越系统、越完整、越合理，越凝结经过时间和实践检验过的投资洞见，越能带来更大的投资回报。

对于我来说，**在交易中人是非理性的，市场大部分时间是无效的**，我们没有能力预测市场上的每一个变化，风险总是在不经意间变得最大，黑天鹅是一定会出现的，**价格和价值的背离是市场的常态。**

对于交易，我相信趋势的力量。**对于万事万物，我都相信趋势主宰一切。**生物总是从低等到高等发展的；人类社会和历史也从蒙昧、专政走向光明、民主。这些都是不以个人意志为转移的，对我来说，这就是趋势。与此相对应的就是**顺应趋势，跟踪趋势。**

既然我认为趋势是主导的，那么我的交易以寻找、抓住趋势为主，**对于和趋势市场相对立的震荡市场，我采取包容和规避的原则，减少损失。**

问题 7：您的交易哲学和交易方法是基于哪些方面研究出来的？

杨江：每个人的交易哲学和方法都和自己的交易经历、人生认识相关。**我的交易哲学和交易方法的形成基于十余年的股票、期货交易和自己对世界的看法。**《穷查理宝典》《十年一梦——一个操盘手的自白》，对我的影响很大。

问题 8：别人的交易方法对您会不会有影响？当您听到别人提到有关交易或行情的信息，会不会干扰您原有的思路？您会不会在交易时有额外的动作？

杨江：其他人的交易方法对自己的交易不会造成干扰。但是了解不同的方法和更多的信息，可以拓宽自己的视野，使自己从更多的角度来看待自己的交易。

问题 9：您曾说过“要深刻理解自己的交易哲学和交易方法，知道它的优缺点，知道自己的盈利点，划定自己的能力圈”。您觉得您的交易哲学和交易方法有哪些优点？又有哪些缺点？

杨江：从辩证的角度来看，每个事物总有两面，优点和缺点是共生的，关键是你如何发挥优点，减少缺点带来的损害。对于一个相信趋势就是一切的交易者来说，市场无趋势的时刻，或者市场在踌躇漫步、犹豫不决的时刻，是我的不利时刻，那如何度过不利时刻呢，或者如何减少这些缺点带来的危害呢？除了更好的包容震荡市场外，减少震荡市场时的交易规模是一个好的选择。

问题 10：您觉得您的交易哲学和交易方法的盈利点在哪里？

杨江：我认为**最主要的盈利点在于顺应了市场发展的一般规律**（趋势主宰

一切）。

问题 11：您认为自己能保持年度平均盈利率在 30%～150%之间，为什么您划定的年度平均盈利率跨度这么大？

杨江：之所以这么划定，是由于**期货市场也如同一个国家的经济状况一样，有好的阶段，也有坏的阶段**，也如同农民种庄稼一样，有好收成的年份，也有遇到天灾不好的年份。

问题 12：您曾表示当资金从峰值向下时，您能保持最大回撤为 15%～35%，请问您是用什么方法控制最大回撤在这个范围内的？当最大回撤接近 30%的时候您会怎么处理？

杨江：如果你能控制住你每笔交易的亏损，也知道你交易的胜率和赔率，那么你就能控制你的最大资金回撤。从 2010 年以来权益的最大回撤小于 25%，本金的最大浮亏小于 12%，近 5 年尚未发生回撤大于 30%的情况。

问题 13：您曾表示每次交易您的最大亏损为总资金的 2%以内，对此您是如何控制的？您有没有出现过超过 2%的亏损？如果出现这种情况，该怎样应对？

杨江：控制亏损的最重要一点是在交易开始时，制订自己的交易计划，交易计划里面应该包含开仓数量、占用资金、具体止损价位、是否需要加仓，等等。到目前为止几乎没有出现超过 2%的亏损，如果出现，第一时间止损出局，然后分析和寻找原因，避免下一次不利的发生。

问题 14：您认为自己目前能够交易的资金规模是 1000 万元到 1 亿元，为什么您会觉得您能够交易最大的资金规模是 1 亿元？如果您管理的资金超过 1 亿元，您的交易体系是否就会失效？您有没有想过调整您目前的交易模式来管理更大的资金？

杨江：我所说的交易的资金规模 1000 万元到 1 亿元，是对单账户而言，当然可以同时管理 4～5 个账户。

不存在交易体系失效的问题，如果资金规模过大会对市场形成冲击，会对收益有一定影响。

目前暂没有调整交易模式的想法。

问题 15：您目前主要做中线操作，那您的交易频率一般是多长时间做一次？为什么您会选择中线操作？您有没有考虑短线或长线操作？

杨江：选择中线操作主要是基于自己的性格和对市场的认识。一般的交易周期在 1 周到 2 个月之间。暂没有考虑其他短线操作。

问题 16：您主要做客观交易，那您在什么情况下会采用主观交易？在您的交易体系中，主观交易和客观交易的成分比大概是多少？

杨江：基本 95%以上的情况为客观交易，主观交易一般在一些非常敏感和关键的时刻启动。

问题 17：您是否认同纯客观交易？您的交易体系能否完全放弃主观交易，实现彻底的客观交易？

杨江：我认同纯客观交易。以后有可能的话，我会实现彻底的客观交易。不过，**无论怎样彻底的客观交易，在交易的开始阶段都会涉及对下一年度交易市场、交易策略、风险度、交易品种等的确定。**从这个意义上说，纯客观的交易是不存在的。

问题 18：您交易时以技术分析为主，那您主要看哪些技术指标、图形或量变？

杨江：技术分析不外乎 K 线、形态、组合、均线和成交量等，我也不例外。

问题 19：您曾说"市场中大的交易机会往往是国内外经济运行状态的改变和个别品种基本面变化所带来的"。请问怎样的经济运行状态改变和基本面变化会带来大的交易机会？这种大的交易机会来临时，您会如何捕捉？

杨江：国内从 2013 年以来，经济增速的下降，房地产的减速，国家经济结构的调整，都造成了"黑金帝国"的衰落，如果能够很理性和深刻地看到这种巨大的变化，看到这种变化的长期性，那么无疑做空煤、焦、钢是最佳选择，事实上有好多非常优秀的交易者也抓住了这个巨大的机会。

也正如刘福厚对于棉花基本面过剩的深刻认识，使他个人在棉花单品种上大量做空，收获了巨大的利润。

对于大的交易机会，一定要突破自己已有的思维框架，不要理所当然的给自己的认识戴上枷锁，不要理所当然的认为某个品种的价格应该是怎样的。

远的如2006～2008年铜价格的巨变，近的如钢材和棉花价格的没落，都说明了这些。

问题20：您曾说“期货市场是一个人性的试验场和检验所，每个人都会得到他所需要的东西”。您觉得在期货市场中，交易者的哪些方面会被市场试验和检验？什么样的交易者才能承受住市场的试验和检验？

杨江：期货市场确实是一个人性的试验场和检验所。我们每个人在做期货时都会遇到各种负面情绪——贪婪、恐惧、犹豫、懦弱，这些情绪都会在你的交易过程中对你进行全方位的检验。

要承受住这些检验，深刻理解市场的本质，深刻理解你交易行为的本质，即个人的交易哲学，无疑是你最坚强的后盾！

问题21：您在期货市场这个人性的试验场和检验所收获了什么？不同的人收获的东西是否是不同的？

杨江：不同的人有不同的收获，对于我个人来说，通过多年的交易，越来越体会到世界的博大和自己的渺小，**成功源于自信、自律和坚持！**

问题22：很多投资者在这个市场中并没有收获到他们想要的东西(比如说没有在这个市场中赚钱)，对此您怎么看？

杨江：很多投资者没有在这个市场中赚钱，很多时候他们的潜意识是在这个市场来寻求刺激、寻求一种自我的快感。他们并没有严肃得把期货交易当作一个一生的事业来做。

问题23：您在2006～2008年初始期货交易阶段曾有一次爆仓的经历，请问是什么样的原因导致了您的爆仓？从中您总结了哪些经验？

杨江：记得应该是2008年10月13日，当时的资金量也比较小，觉得橡胶经过几轮下跌，应该到底部了，就满仓买入多头，结果后面又来了2个跌停，资金损失超过60%多。

这次交易犯了期货交易的大忌——重仓，逆势。在以后的交易中再也没有重仓、逆势抄底或者重仓、逆势摸顶了。当然，也再没有出现过爆仓了。呵呵。

总结的经验就是，**作为一个职业投资者，必须把风险限定在一个可控的**

范围之内，但是重仓呢？特别是在波动剧烈的时候重仓，无疑让自己处于一个非常不利的位置。

问题 24：如果您的账户出现连续多次的亏损，您会怎么处理？

杨江：如果出现连续的亏损，需要检查这些亏损是否是正常的亏损。看看这些亏损是市场规律的随机性带来的不可避免的亏损，还是自己性格缺陷造成的或者是对市场规律不正确理解造成的。**如果是自己性格缺陷造成的，或者是对市场规律不正确理解造成的亏损，那就需要进行改正。如果是市场规律的随机性带来的不可避免的亏损，并且对本金造成了一定的亏损，那么要尽快缩减交易规模，**以便度过不利的寒冬。

网络上有一段话，对亏损有很精辟的解说，与大家一起赏析：

“亏损可分为两种，一种是正常情况下的亏损，风险投资市场上不论任何时候都不存在绝对的把握，即使正确的判断仍有出现亏损的可能，因此有时的亏损是正常的，是无可指责的。另外一种情况，是因为自己的失误造成亏损。因此一旦错误出现，首先就应该认真分析其中的原因，属于正常情况下的亏损，我们不予理会，也没有必要为此痛苦不已。但是，当失误造成亏损时，我们就要认真地总结其中的原因，认真分析，必须找到错误的根源迅速改正。

“偶然的亏损并不意味着你很愚蠢。亏损是交易过程中必然会出现的，也是投机的一部分。就像学走路时难免会摔倒一样，是不应该羞耻的。所以它不应被遮掩、被掩藏。而应该认真分析错误的根源，然后逐步改善。你必须要有绝对自信，相信自己能够最终胜利。但不能有荒谬的自大，认为自己绝不会出错。你只需找到错误的根源，然后重新振作准备下一次投资。面对亏损，我们必须冷若冰霜、荣辱不惊。永远不要指望你可以百战百胜，想要成功，就要保持冷酷。如果你的投资失误，而又不能正确面对亏损快速纠正，你的信心会在时光飞逝中消耗殆尽，最终沦为失败者。”

问题 25：在蓝海密剑大赛中，2010 年您的收益率 28.09%，2011 年收益率 62.45%，2012 年收益率 51.48%，2013 年收益率 71.57%，收益率有逐步抬高的现象。请问您觉得这样的状态能够持续下去吗？为什么？

杨江：其实，年度收益率基本上一直保持在50%以上，2010年比赛收益率低主要是参赛的时间晚，2010年蓝海密剑比赛我是在2010年6月末才参加的，比赛在每年的9月中旬结束，因此收益率较低，如果是正常一个比赛年度，收益也可以。

以后随着市场的专业化程度更高、竞争更加激烈，收益率应该会有所下降，但保持在年收益30%以上应该不会有什么问题。

问题26：您喜欢旅游，您觉得旅行能给您带来哪些方面的益处？对您的期货交易有没有帮助？

杨江：通过旅行你可以了解各种不同的自然风光和不同人群的生活状态，除了能够放松心情外，这些多样性也会给交易带来启发。

郑洁波：跟随市场，让市场带我们去该去的地方

（2014 年 10 月 12 日　叶晓丹整理）

郑洁波

浙江宁波人，中长线趋势 + 日内短线交易。2004 年 9 月进入期货市场，先做了半年模拟盘，2005 年 2 月开始做实盘中长线趋势交易，2006 年 9 月爆仓后停下反思总结，又做了半年模拟盘。2007 年 2 月至 2008 年 8 月转战日内趋势，资金翻了 4 倍，2008 年 9 月又重新回到中长线趋势交易，2006 年后至今保持每年均盈利的业绩。

第四届蓝海密剑期货实盘大赛获得晋衔奖，夺得“少校军衔”。

访谈精彩语录：

每一个人的成功最终都需要靠自己的悟，并坚持己见，不为旁人的意见

左右。

投机市场变化万端，任凭它东南西北风，你只要立足根本，平心静气，在投机中做正确的事情，看住回撤率，守住盈利，那市场最终一定会给你回报。

现在股市已在牛市当中了，应该把大多数资金投到股票市场中去。

期货市场的趋势就像海浪一样，总是有波峰和波谷，一个波浪接着一个波浪，而我们是舵手，驾驶着船顺着波浪在大海中前行。

跟随市场，让市场带我们该去的地方，趋势就在我们前进的路上。

我认为最实用判断市场的趋势方法是一个高点比一个高点高，或者一个低点比一个低点低。

当判断一个趋势形成时，做涨逢低买进或加仓，做跌逢高卖出或减仓。

我用的是多策略组合，策略之间互补，大策略把握整体，小策略微调，互相补充。

市场是趋势运动，趋势能带来利润，抓住趋势，减少盘整期间亏损，这就是我交易系统的取胜原理和盈利逻辑。

我的交易80%以上是客观交易，主观成分在20%以下。

我大策略上是客观的，小策略上是主观的。

多品种分散投资，可以平滑资金曲线。

只要你活得足够长，市场有的是机会。

日内交易和中长线交易大同小异，K线结构一样，时间窗口不同，节奏快慢不同而已。

我的日内短线就是不持仓过夜，交易投资哲学是日内趋势。

市场日内单边行情出现，往往预示着行情强弱转化，市场节奏的变化。

止损是保命的不二法门，也是限制亏损、平滑资金曲线的重要手段。

止损主要是根据K线结构进行，位置放在新高新低或者重要支撑位置。

要在这个市场上生存，有一套适合自己的交易策略是必须的。

在市场中，我们能做的是控制市场风险，控制回撤率。资金量越大，回撤率要控制更加紧些。

问题 1：郑洁波女士您好，感谢您在百忙之中接受七禾网期货中国的专访。期货市场的女交易员相对较少，就您看来女性做期货交易相较于男性有哪些方面的优势，又有哪些方面的劣势？

郑洁波：感谢七禾网期货中国的专访青睐，相对于采访的其他交易员来说，我的成绩并非十分突出，他们动辄十几倍几十倍的，而我的交易一直波澜不惊。我想采访我大概是这两个原因吧。一是我来到这个市场上10年了，早期经历过爆仓现在仍然活着，近8年来每年均有盈利。二是因为我是女性，女交易员在这个残酷的市场上相对较少。说到期货投机，男女都差不多，如果一定要说什么优势，我想是专注吧，**女性更加专一，认准的事一定会把它做好**。劣势也是在这里，不太愿意改变，心思没有男性活跃，男性的思维总是跳跃式的，创新较多。

问题 2：期货市场中大部分的交易员为男性，您作为一名女交易员，在交易的圈子里面会不会觉得孤独？您和其他交易员交流多不多？

郑洁波：期货交易本来是一个孤独的工作，如果不能耐住这个寂寞，是很难取得成功的。交流对于一个交易员来说，不能说是好还是不好，与各人的性格有关。但我认为**每一个人成功最终都靠自己的悟，并坚持己见，不为旁人的意见左右**。我和业内的一些顶尖高手也有过接触，和他们交流，我学到很多东西，没有他们的帮助，我也不会这么顺畅走到今天，非常感谢他们。

问题 3：您曾经在事业单位工作，后来您选择了专职从事期货这个行业，请您谈谈您与期货的渊源？您觉得专职做期货会不会对您的生活或家庭产生一定的影响？

郑洁波：原来在事业单位应该也不错，工作稳定，但事情细碎，忙忙碌碌每一天，自由支配的时间少，自己觉得发展空间有限。**之所以后来走上期货这条路，是因为一位兄长的引领，做人、做期货他都非常出色**。于是怀着美好的憧憬来到这个市场（是不是每一个人都怀着梦想进来的？）。对生活和家庭的影响肯定有一些，期货和原来工作是风牛马不相及的，工作圈子完全不同，朋友圈也完全不一样。刚开始很不适应，交际面一下子窄了，经常做梦还是和同事们一起玩一起工作的情形，特别是在不顺时，现在这种情况少了。当然，一方面是因为收获了比在原来工作岗位上数倍的收益，更重要的是我在这个市场上找到了自己的位置。期货对于我来说就是一份工作，**投机市场变化万端，任凭它东南西北风，你只要立足根本，平心静气，在投机中做正确的事情，看住回撤率，守住盈利，市场最终一定会给你回报。**

问题4：您从事期货交易已经有10年，就您看来，这10年中期货市场发生了哪些变化？现在的期货市场相对于10年前赚钱是否更加困难了？为什么？

郑洁波：中国期货市场从大的方面来说，现在市场比20年前规范了，20世纪90年代常有连续停板、逼仓，犯一个错误就没有改正机会，近年来就是2008年金融危机，大形势一边倒情况下出现过连续停板，其他大多数走势平缓，**市场在越来越规范**。现在**市场比10年前品种多了，交易量大了，市场更加活跃，波幅加大**，这是我们交易者的福音，在一个死寂的市场里，谁也无法得到获益。这两个变化表明，现在市场比10年前赚钱更加容易。**对比欧美市场走势来看，今后一段时间应该是国内专业期货人赚钱的黄金时段。**

问题5：您同时也从事股票交易，您觉得期货相较于股票有哪些优点，又有哪些缺点？

郑洁波：股票和期货的不同点前面一些受访者已经讲了许多，我同意他们的观点。**期货交易好于股票交易的地方在于更加透明、公平。**对于中小资金来说没什么缺点，对于超大资金来说有一个容量和对手盘的问题。

问题6：有人说股市要进入新一轮的牛市了，对此您怎么看？股票与期货在您的资产配置中的比重是怎样的？

郑洁波：要看牛市的概念，纵观各国的股票历史，从开始到现在都是一个长牛市，中国的股票市场20来年，如同中国经济一样，一直在螺旋式上升当中。就中期而言，我认为**现在股市已在牛市当中了**，创新高的股票一只接一只，翻倍的股票一茬接一茬，之所以大盘指数还不高，因为权重指标股没怎么动的原因。股票期货资产配置中，我认可郑加华的观点，**牛市来了，应该把大多数资金投到股票市场中去。**

问题7：您认为期货市场是趋势运动，请问您如何理解“趋势运动”？为什么您认为期货市场是趋势运动？

郑洁波：期货市场是趋势运动，这也是我们跟随趋势交易者的生存基础。**期货市场的趋势就像海浪一样，总是有波峰和波谷，一个波浪接着一个波浪，而我们是舵手，驾驶着船顺着波浪在大海中前行。**我们眼前看见了大海，看到了波浪，我们在大海中行驶，跟着波浪前行，这就够了。当然，我们可能也了解了一些是风、气流或者地壳运动引起了波浪，但这是学者研究的领域，不是我们的重点，我们不用去抢他们的饭碗，不需要了解到底是10个因素还是8个因素引起了这个波浪。

问题8：您觉得作为趋势交易者是发现趋势并紧紧跟随它，那么您是通过什么方法判别一个趋势的形成？用什么方法抓住趋势、跟随趋势？

郑洁波：当我们驾驶着船顺着波浪在大海中前行时，并不知道前面会遇见什么？也不知道前面是上坡还是下坡甚至可能遇见旋涡。**我们重要的是跟随市场，让市场带我们该去的地方，趋势就在我们前进的路上。要判断市场的趋势**，教科书上有许多方法，我认为**最实用判断的方法是一个高点比一个高点高，或者一个低点比一个低点低。当判断一个趋势形成时，做涨逢低买进或加仓，做跌逢高卖出或减仓**，就可以了。

问题9：您有一套自己的交易系统，请问您的交易系统是只有一个策略还是多个策略组合？如果是多策略组合，多个策略是相似的还是互补的？不同的策略之间您是怎样搭配的？

郑洁波：我的交易系统这么些年印证下来是一个正期望值交易系统，经受住了市场不同品种的不同周期，令我欣慰，**我用的是多策略组合，策略之间互补，大策略把握整体，小策略微调，互相补充**，就像船在大海中，重心要稳，方向要少动，这是大策略的任务。但马力变化，这是小策略的任务，各司其职，才能让船平稳前行。

问题10：请问您的交易系统的取胜原理或盈利逻辑是怎样的？它的最大特征是什么？

郑洁波：**市场是趋势运动，趋势能带来利润，抓住趋势，减少盘整期间亏损，这就是我交易系统的取胜原理和盈利逻辑。**它最大的特征是当市场出现趋势时我总是和趋势在一起，盈利时的单量总是比亏损时单量要多。

问题11：您的交易系统主观的成分更多一些，还是客观的成分更多一些？您如何看待放弃任何主观想法，100%客观的交易方式？

郑洁波：我的交易是客观和主观交易相结合。差不多80%以上是客观交易，主观成分在20%以下。对于完全放弃主观想法，100%客观的程序化交易，能够避免主观操作影响，我觉得这也是交易发展的一个分支，应该有较好的发展前景。

问题12：您是主观交易和客观交易相结合，那么在什么情况下您会采用主观交易？在什么情况下您会采用客观交易？

郑洁波：80%以上是客观交易，主观成分在20%以下，我大策略上是客观的，小策略上是主观的。客观比主观成分更多。

问题13：您以技术分析为主，那您主要看哪些技术指标、图形或量变？

郑洁波：主要技术指标包括成交量和持仓量、K线结构、MACD四项、均线。成交量和持仓量定品种，K线结构和MACD定单量，均线定方向。

问题14：您的交易是多品种分散投资，交易的是市场成交量前十的品种，这前十个品种您会同步参与还是会择优参与？您一般同时持仓多少个品种？

郑洁波：有交易机会的话，尽可能多参与，多品种分散投资，可以平滑资金曲线。一般同时持有8～10个品种。

问题15：您觉得多品种分散投资相较于单品种交易有哪些好处？是否也有不足？

郑洁波：好处是显而易见的，最直观的体现是在资金曲线上可以更加平滑。要说不足，我想对于想要短时间内暴富的人来说，因为不能重仓在趋势品种上，赚钱速度会慢了许多。我讨厌大起大落，喜欢闲庭信步的感觉，所以多品种分散投资很适合我。

问题16：您做的是中长线趋势和日内趋势，您所指的中长线趋势是指多长时间的趋势？

郑洁波：我定义的中长线趋势是6个月至1年之间的趋势。

问题17：您是中长线+日内短线，而您的中长线趋势交易一般持仓在

30%～45%左右，而日内交易动用资金量基本在5%左右，不超过10%，为什么您这样分配您的持仓量？

郑洁波：日内交易最重要的作用是让我感受这个市场波浪的运行状态，交易的重点还是在中长线上，所以**日内交易动用资金量基本在5%左右，当多品种出现日内趋势时，会适当增加，但绝不超过10%，以免日内权益变化太大，影响中长线交易。**经过实践和有前辈们的经验，中长线的交易在这样一个仓比上资金回撤率和盈利率比较合适，也符合我平稳赚钱不大起大落的思路。以前我有过70%以上的持仓，资金曲线波动太大，赚得多，回得也快，万一碰上黑天鹅，回到起点，这样拼命没必要，**只要你活得足够长，市场有的是机会。**

问题18：您的日内短线交易是中长线交易的配合打法，还是独立的打法？若是配合的打法，请问您日内短线搭配中长线的关键思路是怎样的？

郑洁波：中长线交易系统自成一体，**日内交易是独立的打法，练练手，熟悉一下市场的节奏。**在入市前两年爆仓以后，我改做日内短线，不持仓过夜，每天沉在市场当中，一点点爬上来，过了两年，资金翻了4倍，终于把市场上亏损的钱赚了回来，也就是说，进入市场后4年，我重新回到了起点。花4年的时间熟悉了市场，检验了我的中长线系统，形成了自己的日内交易系统。

问题19：期货市场有这样一句话“中长线适合盈利加仓法，而短线则适合盈利减仓法”。对此您怎么看？您在交易中会如何进行加减仓的操作？

郑洁波：日内交易和中长线交易大同小异，K线结构一样，时间窗口不同，节奏快慢不同而已，操作方法可以一样，我短线操作方法上加仓和减仓没有固定，看市场走势而定，大多数单量不变，我不期望日内赚多少钱，只是想感受下市场运动，但无心插柳，最终市场还是给了我回报，短线交易系统今年一直在盈利。

问题20：中长线交易可能资金回撤会稍大一些，您是如何处理或控制资金回撤的？

郑洁波：关于资金曲线，我要重点说说，资金曲线一直是我关注的重点，刚入行做了半年模拟，发现赚钱很容易，信心满满进入市场。结果经过两年折腾，资金只有入市的1/4，亏了75%，等同于爆仓了，痛定思痛，我不断地在反思到底是什么出了问题？把信心打到了低点。2006～2008年短线操作资金翻了4倍，把市场上亏的钱赚回来了，资金最大回撤在20%。2008年以后，重新回到中长线，虽然每年都在赚钱，但开始时资金曲线走得也是跌宕起伏，就像一个拿着市场盈利钥匙的人急于从市场中拿到属于自己的那一部分。**资金曲线每次都是在我的谨慎时缓慢上爬**，随着不断地盈利加仓，在市场大涨后大幅回落，有时回撤超过30%(我的心理限度)，所幸的是回撤率大都发在大赚之后，没有伤及根本。这是一个问题。在经历数次反思和策略调整后，这些策略调整包括心态的稳定、仓量的控制以及加减仓的节奏等，就是**小策略这块内容更加精细化，更加注重防守**，我的内心也从浮躁回归平静，资金曲线终于像驯服的黄牛一样，不紧不慢地爬坡了，步履稳重，今年最大回撤在10%以内。这正是我理想中的状态和结果。当然，这和市场行情配合有关系，我设置的系统最大回撤在30%以内。

问题21：中长线交易往往需要对未来行情走势有一个整体的把握，而影响中长线走势主要有世界经济形势、各国金融政策、国际贸易收支、涉及全球经济链条的重要战争等宏观因素。您主要是通过哪些渠道了解到这些宏观因素？您又是怎样筛选这些宏观因素对行情的影响力的？

郑洁波：对于这些基本面和消息面的信息，我主要是通过电视及相关网站了解的，仅了解而已，说实在的，我对此关心可能会作为参考，但并不作为决策的主要依据。如2008年次贷危机出现，这个时候做多是要非常慎重的，但看空，是否做空还得跟着市场走，总之，**基本面对于技术交易员来说，有一些参考作用，但没有决定性作用，消息面可以印证一下市场的强弱。**

问题22：有人认为短线交易奉行的投资哲学是“薄利多销，积少成多”，对此您怎么看？您做日内短线交易奉行怎样的投资哲学？

郑洁波：短线交易我不知道别人怎么定义的，**我的日内短线就是不持仓过夜，交易投资哲学是日内趋势**，和抢帽子手法不一样，不是薄利多销，我只是中长线交易缩短交易时段而已，日内有单边行情，可以赚钱，日内震荡行情，少许亏损。**市场日内单边行情出现，往往预示着行情强弱转化，市场节奏的变化**，这些考量对于我中长线加仓起着较好的作用，表明加仓时机的来临。

问题 23：市场中有这样一种观点“做日内交易，没有止损，绝不进场”。对此您怎么看？您的止损又是怎样设置的？

郑洁波：任何一个交易老手，肯定都会把止损放在重要的位置，**止损是保命的不二法门，也是限制亏损、平滑资金曲线的重要手段。我没有止损不下单，特别是日内交易。我的止损主要是根据 K 线结构进行，位置放在新高新低或者重要支撑位置**，入场同时也把止损单发出。看我的交易单，常常是几笔小止损单后一笔大盈利单，交替出现，最终实现盈利。

问题 24：有人曾说，区别赢家和未能成为赢家的人的主要依据是看其是否一贯地、有约束地运用一流的和可行的交易策略。对此您怎么看？

郑洁波：要在这个市场上生存，有一套适合自己的交易策略是必须的，这是前提，没有结实的船到大海里去，多半活不过两年。这里强调的**交易策略是适合自己**，市场上正期望值系统很多，有的经历百年的考验，但不一定适合你。所以需要自己去寻找，然后坚持按照方法做，让交易策略自己发挥威力。

问题 25：您觉得“没有强的执行力，再好的投机策略也没用”。那么在您的交易过程中，执行力主要对您交易的哪一方面起到非常大的作用(例如进出场、止损，等等)？交易者如何才能提高执行力？

郑洁波：我同意这个观点。**执行力就是你不折不扣地执行你的交易策略**，我觉得没什么困难，我可以骄傲地说执行力是我的强项。为什么呢？因为不执行它我就不知道怎么做了，不驾驶你自己的船，光想着别人的游艇，或者看着泰坦尼克号也没用啊！在哪一个方面起到大作用，我想说都很重要，交易策略是一个系统工程，无论是入场和出场，它们是一个整体。怎样提高执行力？我没有什么经验，别人谈了许多经验，说奖励法、惩罚法，等等。我想说的是信心和坚持，**对自己的交易策略有信心能盈利，自然会认真执行，多盈利几次你就会坚持了。**

问题 26：您曾经有一次爆仓的经历，请问是什么原因导致了您的爆仓？在这次爆仓的经历中您总结了哪些经验？

郑洁波：进入市场后前两年投资爆仓，主要原因是对市场认识还有些不够，在投资策略上出了些问题，又因为执行力强，一根筋跟到底，对市场过于执着，在半死不活的品种上恋战，最后爆仓，亏损了3/4的资金。总结经验时觉得**我智商中等，但是我的纪律性较好，做投机有计划，执行力强**，这段时间的表现来说执行力可以打满分，执行力强在这两年经历了实战的检验。教训是**投资分散性做得不够，单一品种上布兵太重，影响了系统的效用**，经沙盘推演，如分散投资和策略改变可以做到盈利。在小策略的方案设置上有些想法，但因为刚入场两年，做的又是中长线，感觉离市场太远，所以后来就先做短线，在日内趋势上做完善自己的交易策略。

问题 27：您在蓝海密剑的账户资金曲线可以说是稳步上升的，年化收益率 126%，您觉得您保持这样的高收益率的原因是什么？对以后保持这样高的收益率您有没有信心？

郑洁波：**在市场中，我们能做的是控制市场风险，控制回撤率**，每年收益能到多少是市场给的，我预期目标是 30%～60%左右。126%的年化收益率的确在预期之外，我另一个指导的小户，从 7 万整到目前 22.5 万，翻了 3 倍多，开始时持仓比最大到 56%，10 万以后最大仓比在 46%，最大回撤率在 25%，之所以收益不同是因为今年的小品种行情多，而铜等大品种在整理之中。对于以后的收益也只能看市场的表现，不去奢望，希望的是控制好回撤率在 20%以内，不要超过 30%。

问题 28：您的目标是交易较大资金，您觉得您能交易多大的资金？

郑洁波：就 2005 年设计这套交易策略时，是按照能交易 10～5000 万资金成型的，对于我的心理状态来说，目前适合交易 100～2000 万资金，**资金量越大，回撤率要控制更加紧些**。

问题 29：期货市场而今已进入资产管理时代，越来越多有理财需求的投资者通过认购基金产品的形式参与市场，您有没有发行产品的意向？

郑洁波：目前在帮亲戚朋友做一些资金，对基金产品的运作还不熟悉，暂时没有发行产品的意向。在期货市场上，我按照自己的节奏在走着投机之路，将来有机会可以考虑。

问题 30： 您爱好绘画、烘焙，这样的兴趣爱好对您的期货交易有没有帮助？

郑洁波： 投机市场如同战场，一天交易下来，还是比较辛苦的，绘画和烘焙可以让我放松心情，从市场中回到生活中来。这些爱好对期货交易还是很有帮助的。

王大宇：交易就是追逐价差，操作就做龙头黑马

（2014年10月30日　翁建平整理）

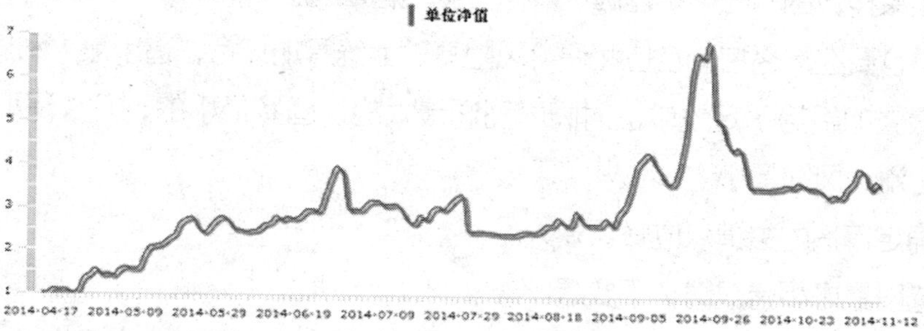

王大宇

辽宁人，现居广东惠州。兼职做股票和期货，2000年开始做股票，2010年开始做期货。主要做日线及以上级别的波段，还做套利；偏向于技术分析，主要关注价格形态，采用客观手工交易；有一套按价格定义强势和反转的交易系统。

第五届蓝海密剑期货实盘大赛优秀选手。

访谈精彩语录

价格是定性定量的，绝对的，是一切因素的总决策者，甚至是领导者（影响社会的意识和行为），是最准确最早的技术，简单明确易于判定。

在价格面前一切都是浮云。

单位时间内价差越大越强势。

交易就是追逐价差，操作就做龙头黑马，最强势。

个人系统基础和框架是不变的，否则就是你的理论错误。

60分钟以下，异动多线性差可操作性差，确定性差价值不大，资金、品种也有受限。

套利交易也是做一条价格曲线，并不会降低风险，还是要靠交易控制风险。

大盘整理期间拿不准的趋势，选相对最强、最弱的品种对冲，多数都是短期的。

无论波段还是套利，要想挣钱就要归结到买卖价差。

宏观上长线考量资本市场意义更大，这是真正的基本面。

如果挣钱的方法站不住脚，本质上就是错误的。

重仓要在严格控制仓位和停价风险基础上统筹加减仓，追求最大利润。

最强的趋势一定是单位时间内利润最大的、回撤最小的，龙头品种往往只会上涨，风险最小。

确定行情的关键点位底仓要大。

选股最好相信眼睛，不要想。

任何人各行各业成功是无法复制的，成功的方法也是无法传授的。

做好人总没坏处，尤其期货，做人要正直，一个人性好的人才能真正保持客观，追求真理，才能赚钱，才能想得清做得到，正是修身养性建立了正确的路径。

问题1：王大宇先生您好，感谢您在百忙之中接受东航金融和七禾网期货中国的联合专访。您创建了一个按价格定义强势和反转的交易系统，请问这套系统最大的优点是什么？您能跟我们介绍一下这套系统吗？

王大宇：价格定义系统，其意就是完全依据价格来交易，也是最客观的对待交易标的，毕竟任何有关价格和金钱的交易操作都是建立在价格基础上的，都是在交易价格，**价格是定性定量的，绝对的，是一切因素的总决策者，甚至是领导者**（影响社会的意识和行为），**是最准确最早的技术，简单明确易于判定**，跟人们常说的趋势，形态，跟随市场，差不多，如果说优势那么就是（交易标的成熟稳定）迫使你**最客观地接触交易本质的东西，在价格面前一切都是浮云。**

问题2：请问您如何定义强势？如何定义反转？

王大宇：单位时间内价差越大越强势。当然，波动越小可控风险越小，

交易就是追逐价差，操作就做龙头黑马，最强势，事实上盈利最大，回撤风险最小。当然，操作细节上的东西还要愈求精进，不能教条，一概而论。

价格波浪运动不创新高创新低就是反转，反之亦然（标准的反转点是概念上的，操作的时候在可能和接受的情况下，可以不断向小周期细分），行情也不可能有别的解释，盈亏结算与价格别无二致。

问题3：您觉得自己这套交易系统最大的优点和缺点分别是什么？

王大宇：综合来看，**严格按照趋势反转定义的标准的操作点，结果是最好的**，这也是程序化交易者追求的，按价格形态具有合理性，很多自动系统只能机械设定一个开仓和停损的时空单位。但实施中有**两个难点，第一，有时波浪不规则所属周期大小交叉混杂**，这也是主要操作的一个难点；**第二，个人对趋势反转的判定水平有限**，不可能总同步于价格定义，再加上执行力折扣，结果跟事后分析行情有一定差距，所以还是要多学、多练。

问题4：您觉得一套交易系统是否需要经常性完善和优化？

王大宇：站在真理的角度，正确的理论是严谨的、确定的，需要严格求证，我所理解的系统主要是理论策略方法规则，不只是下单的条件，**我个人系统基础和框架是不变的，否则就是你的理论错误**，要么理论正确你认识不清，要么需要完善的都不是原则性的东西。

站在个人认知的角度讲，人是主观意识动物，技巧上的东西还是要精益求精，不光是认识，更重要的是做得怎么样，所以谨记任何时候都是要学无止境的。

问题5：您主要做日线及以上级别的波段交易，请问为什么选择这个级别的波段交易？

王大宇：60分钟以下，**异动多线性差可操作性差，确定性差价值不大，资金、品种也有受限**，短线纯粹的技术控制水平最重要，行情其次，分时只是看一个形态和做小单加减仓操作点。

月线级别，只做战略思考，大行情应了然于胸，但周期太大对散户来讲扛的回撤太大，不求把行情拉直，小资金也没有必要做太长，道指100多年都是一个大上涨趋势，做易于操作的周期就是了，我是大多数人，主要做日线波段。

问题6：您波段交易操作的频率大概是怎么样的？持仓的单子一般会持仓多少天？

王大宇：**预谋策划一波行情，是按一个大的战役考虑的，做对了最少也**应该十天八天，如果行情起来了，控制风险加仓，按住了两三个月也不过分，越长越好，每年这样的行情机会不下四五次，统筹加减仓的单子就无数了，忍不住赌大小停损的对冲的单子也很多。

问题7：您也做套利交易，请问您会在什么情况下做套利？会选择哪种类型的套利（如跨期套利、跨品种套利、期现套利、跨市场套利）？

王大宇：没有所谓套利，其实**套利交易也是做一条价格曲线，并不会降低风险，还是要靠交易控制风险**，只是客观条件限制了风险或一些相关性对了的选择造成的错觉，同样有无法破解的致命风险。

所以**我都是跨品种套利，多空差异越大越好**，差一点儿也可分多个品种轻仓，但没大方向结果就是乱忙不挣钱，**大盘整理期间拿不准的趋势，选相对最强、最弱的品种对冲，多数都是短期的**，因为整理市强弱转化也没什么规律，但还算能做出利润来，还是交易曲线，情况转变还是按定义操作，主要注意开平仓要同步。无论盈亏，如果一个品种走出比较顺的单边，就可以解除对立品种了。

问题8：您的波段交易和套利交易的利润贡献分别占整个账户的比例是多少？

王大宇：基本是波段利润，套利不得已才为之。

问题9：根据您的交易经验，您觉得波段交易盈利的关键是什么？套利交易盈利的关键是什么？

王大宇：**无论波段还是套利，要想挣钱就要归结到买卖价差**，非强烈单边无以操作，像无数前辈说的，买上涨的股票是赚钱的唯一方法，你买的什么股票几乎决定了一切，而不是多牛的技巧，事实最强势是一切技术之首。

问题10：您的交易偏向于技术分析，主要关注价格形态。请问，就您看来，哪些类型的形态出现后，后续行情的确定性比较高？

王大宇：行情走出来后确定性百分百，我并非关注固定的形态，包括K线组合等，因为要综合衡量很多东西，如位置、仓量、细节不能一概而论，比如双头，掉下来了它就是M头，涨上去了则叫abc三浪调整，说是什么分析也行，我要讲清我不是关注形态，我是考察纯价格价差，也可以说成价格运动的结构或者原理。我舍弃了钻研多年的技术分析的东西，有时觉得可惜，就是感觉毫无道理，我不看新闻也不看指标，其实基本面和技术面是统一的，禅讲一，道讲二，我看是一码事。

问题11：您如何看待技术图形上越来越多的假突破？

王大宇：恰恰透露了最真实的情况，控制它、利用它，原则上不做假突破的考虑，你怎么走我怎么来，无非就是上下。

问题12：除了价格形态分析，您还会关注哪些技术指标或变量？

王大宇：参考一些比较直观反映价格建立在价格基础上的指标，均线、MACD；契合自己习惯和波动摆动指标，布林极限。

问题13：您会不会关注基本面？基本面信息的变化对您的交易是否会产生影响？

王大宇：不刻意关注，还不如看点儿花边新闻，也不重视。不管你总统讲话还是什么人砸出几百亿，整个全球经济是一个整体系统，刨除不成熟市场和品种，**宏观上长线考量资本市场意义更大，这是真正的基本面。**还有一些信息有价值，但是无法公平或者全面知悉。

问题14：您2013年做菜粕赚了10倍左右，请问当时您为什么选择菜粕这个品种？赚了这么多倍您觉得是市场的奖励，还是自己的能力？当时有没有搏一把的成分？

王大宇：月线大区间菜粕完全复制前一年走势，大概是年初一开始建底仓都砍了几次，亏了1～3万，但是我一眼就看出这是一条大龙的须子，生怕自己按不住，好在几经反复，最后出仓离我定义的反转点只有二三十点，但还是没能尊重价格，因为这么强的多头品种我提醒自己一定不要做空，肯定不好做。结果反转下跌比上涨的行情还大，我一路看画，真是猜得透就不叫市场先生了，牛就牛在这里，谁的面子也不给。让市场先生帮你挣钱，难道不是最好的奖励吗？众多投资者哪一个是他的对手呢？所以我什么也不怕。

关于搏一把我这样理解，这是一个条件路径，**如果挣钱的方法站不住脚，本质上就是错误的**，这都能成功天理何在？我现在也注意任何时候不承担生存风险，要么你不去河边，要么你一定会湿鞋。

问题15：从您在蓝海密剑参赛的“做头大哥”账户中发现，净值从9月2日的2.68上升到9月25日的6.93，请问您觉得净值攀升的主要原因什么？您在这波行情中主要抓住了哪几个品种的行情？

王大宇：重仓做头，抓住铁矿和橡胶，虽然操作拖泥带水还算两条腿走路加至满仓，最后因为棉花拐棍摔了跟头，说明协调客观和主观是个难题。我一直试图策划这样的大波段，**重仓要在严格控制仓位和停价风险基础上统筹加减仓，追求最大利润**，但盘中还是比较乱，对自己的操作原则做到的程度很差，就是大家理解的执行力，一个开加仓位置不好，一个停损还是要严格按你操作的大波段的趋势定义，点位不好影响到仓位风险和老仓的利润，分时形态一定要也只能回撤结束拐头，按价格反转定义开加仓。当然，为了控制停价，波浪的周期是可以不断向下一级延伸的，这要看个人的水平和风险度，以及品种的操作性。

问题16：您一般用什么方法控制账户的回撤风险？

王大宇：资金曲线创新低平全场，其实账户和价格行情是一致的，任何价格反转都是不能接受的，还是做得不好，没做到或者不够细致。

问题17：在交易过程中，您是否注重止损、止盈？您一般会如何止损、止盈？

王大宇：先说一句**开仓位置在交易中第二重要**，对止损影响很大，个人对止损认识较清没有障碍，大众化的方法设在压力支撑外，随行情向前调整，止盈顺其自然，主要是被止损，大行情历史的压力轨道，更关注一点，可以按比例测算，有时乱写一个很不要脸的价位，看它给不给。

问题18：从参赛的账户中发现您的仓位较重，请问您如何看待重仓交易？如何理解交易中风险和收益的关系？

王大宇：最强的趋势一定是单位时间内利润最大的、回撤最小的，龙头

品种往往只会上涨，风险最小。

重仓是在安全的风险杠杆范围内的，即以风险要求测算的承受度为杠杆去重仓，追求利润/风险最大化，其次相对于这个比率就相当于逆势，重仓不是必须的，看个人水平，但是做头是必须的。当然，说起来简单，操作中行情是变化的，需要按行情斜率和周期位置及时统筹控制，避免被末端行情架空，强势不再只剩重仓。也可以为重仓设一个底线，比如单品≤50%仓位，除了放大假再极端的行情也不可能封4个一字停板爆仓。

问题19：您表示只要有行情又有赚钱空间的品种都会做，请问您如何定义“有行情又有赚钱空间”？如何发现这样的品种？

王大宇：有势无类，只要有价差、有斜率，就有确定性大的预期盈利空间。在价格运动本质上区别不大，某些大品种更成熟稳定一些，当然波动越小越规则越好操作

看大周期，整体的价格结构，眼界开阔一点，更容易看清行情，当然在市场时间长了，不排除有人有很准确的第六感，但就是说不清理由，没关系，做好对策，不主观认定，以实事求是为准就行了。

问题20：品种选好后，您首次进场的仓位一般是多少？后续还会不会有加减仓的动作？

王大宇：确定行情的关键点位底仓要大（关于加仓和止损个人想法这里面有一些误区看似合理极具欺骗性），不要怕定义有什么意外，逢回撤结束小周期按定义加仓，两次以上的加仓，从行情发展上来看收益风险比率已经很差了，加仓止损暂按小周期控制。

问题21：您当时是什么原因参加了蓝海密剑大赛？参加大赛后，您有何收获？

王大宇：当初也是炒着玩，顺便参加了大赛，但是比赛办得还是相当的好，不违心的说应该是我见过最好的了，各方面支持，数理统计，信息共享，编制的合理性，都很好，鲜有不足，不然我也不会浪费时间多说。看期货江湖风起云涌，还是感想颇多，反思了很多自己的东西，借人鉴己也是捷径。

问题22：在蓝海密剑大赛中您有没有欣赏的一位或者几位选手？他们有

哪些优点值得学习？

王大宇：老树&Jane叫舒伟军吧？就是现在的两个奔菁友联，优点就是白花花的银子，长期一贯的确定稳定的高盈利，我有钱都投给他们就能退休了。

问题23：您最早接触的是股票，然后在2010年开始做期货，请问您当初是什么原因进入到了期货市场？

王大宇：其实**股市还是最主要的投资市场**，基本等同于整个人类的经济社会，期市还是没法比的，只是国内阶段性行情不好无法做空，投资价值不是没有，比较少吧？一个炒股的朋友做期货，也就试试看。

问题24：根据您多年的交易经验，您认为股票市场和期货市场的本质区别是什么？对您来说，哪个市场更容易盈利？

王大宇：我交易价格，区别不大，国内期货杠杆很合理，比如股指，不同外盘那些纯粹杠杆交易。目前行情肯定期货偏好，就市场来讲风险和收益还是正相关的，毕竟世界是平的。

问题25：您做股票已经10多年了，请问您是怎么选股的？

王大宇：**选股最好相信眼睛，不要想**。牛股会跳出来顶你，长线最简单，综合收益是最好的，白药、南瑞、片仔癀、茅台、天士力、大华、歌尔，一路上涨没有最高，涨得大股东都害怕。中期依托牛市，预先策划大行情确定下的强势整体大波段。短线黑马平台整理突破，时间越长越好，突破量越大越好，最好追第二个涨停板，直到缩量。

问题26：您刚开始做期货的时候，主要用哪些交易方法？是否有借鉴股票交易的方法？

王大宇：股票上的方法。但是成交量的技术没法平移很遗憾，指标习惯上也有区别，然后看书学习。

问题27：您说自己有个缺点就是追求完美，这个缺点是否会影响您的交易？在交易中您会不会也追求完美？

王大宇：是的。禀性难移，比较致命，有点儿像强迫症，99分也不行，一旦缺憾容易破罐子破摔，不会循序渐进，不会和谐统筹，跟不紧行情，容易走偏锋情绪化，容易形成交易惯性。

问题 28：您是兼职做交易的，您一般如何安排工作时间和交易时间的？以后考虑专职做交易吗？

王大宇：工作较少，相当于专职，但也看个人理解，一个人每天炒股票，可能只是他志向规划的手段或一部分，操作无非为了盈利，钱是手段而非目的，钱为一生职业的，这种人比较少。

问题 29：最后请您谈一谈，您对自己今后三五年的期货事业是如何规划的？

王大宇：自由散漫，眼高手低，还是希望自己更能做到更坚定地践行正确的理论原则方法。行动是生命质量，你做到什么程度，就会有什么样的结果。时间越紧越浪费不起，得对得起做头大哥这几个字。

最后申明两点，一是**任何人各行各业成功是无法复制的，成功的方法也是无法传授的，**这一定是个人去做的东西，学巴菲特、索罗斯的人有几个成功了？我也没有成功，所以也不怕抛砖，砸着谁也不管最好砸着自己。二是**做好人总没坏处，尤其期货，做人要正直，一个人性好的人才能真正保持客观，追求真理，才能赚钱，才能想得清做得到，正是修身养性建立了正确的路径。**

陈果经：风控越严厉，你越没有生意可做

（2014 年 10 月 29 日　李婷整理）

陈果经

广东惠州人，出生于 1990 年。大学主修计算机信息管理，毕业之后进入 IT 行业。2012 年 10 月进入期货市场并开始交易。操作风格以波段和中线为主。

以“坏小裸”昵称参与东航金融蓝海密剑大赛，从 2012 年 10 月 24 日注册到 2014 年 9 月 29 日，账户收益率为 214.053%。

访谈精彩语录：

抱着“好奇”以及“玩”的心态进入了期货市场。

我相信投资有大亏损也会有大的盈利。

失败了就意味着浪费时间了，所以在这个平台就给自己一次机会。

我的分析逻辑主要包括品种的特性、供需、市场的情绪、技术走势。

我说的“确定的行情”，不是真的确定，而是我觉得胜率比较高的行情。

期货平台，不会创造资金。

市场有许多信息，通过分析后，你可以得到做单的方向。

期货有着10倍或以上的杠杆，所以一定要控制好资金，一旦方向反了，也不至于游戏结束。

每次进场的策略，最多能接受亏损的幅度，亏损后还能潇洒地活在这个市场上就可以了。

不管是资金量小或者大，每到一个阶段，都需要一段时间适应。

一个大的主要矛盾是不会轻易被改变的，所以沿着这个方向做，概率会比较高。

一般会在阻力位置附近建仓，不设置自动止损、止盈。

一些品种涨了有一段时间并且涨势很好，但是我的基本面是判断为空的，我会一直留意找机会做空。

焦炭是日内经常反弹比较猛的品种，所以焦炭要尽量轻仓才能赚钱。

随着资金的增大，我会逐渐降低仓位。

每笔投资承受的风险越大，意味着收益、亏损也越大。

你的风控越严厉，你越没有生意可做。

操作小资金时，用利润去博取更大利润，我认为是可以接受的。

无论玩什么，第一都是要熟悉游戏规则。

问题1：陈果经先生您好，感谢您在百忙之中接受东航金融和七禾网期货中国的联合专访。您学的是计算机信息管理，毕业之后进入IT行业，这与金融投资行业的跨度比较大，请问您是如何接触到期货的？并且您是抱着什么样的心态进入期货市场的？

陈果经：我有一个同学在做期货，经常听他提起关于做期货的事情，觉得好玩，自己对期货也产生了好奇的心理，同时也觉得期货市场是个可以赚钱的地方。**抱着“好奇”以及“玩”的心态进入了期货市场。**

问题2：有人说期货市场是一个95%的人亏钱的地方，而您初入市场就开始用真金白银进行交易，当时是否已经具备了一定的理论基础？是否考虑过会有亏损甚至大亏的情况？

陈果经：开始做交易之前，只是抽出几天时间看了关于期货概念、规则的书籍。但是**我相信投资有大亏损也会有大的盈利。**

问题3：您是1990年出生的，对于期货市场而言，属于比较新鲜的血液，您觉得自己的年龄在期货交易上是否有一定的优势？

陈果经：我觉得年纪小在期货交易上是没有优势的，因为相对经验也少。

问题4：有人说年轻是资本，失败了也不怕，从哪里跌倒再从哪里爬起来，基于年龄优势，您在期货的操作上是否会抱着“闯”的心态而更激进一些？

陈果经：我觉得**失败了就意味着浪费时间了，所以在这个平台就给自己一次机会。**不会抱着“闯”的心态，当然，在有盈利的前提下，是会激进一些，毕竟资金还是太少。

问题5：从期货交易到现在，您在期货市场获得的经验、教训，除了来自于自己的实践之外，还来自于哪些地方(比如人、书籍等)？

陈果经：人：另一个正在参赛中的朋友“Borlan”，让我认识期货的同学“小K”，他们都比我早做期货，可以从中获取些交易经验。Borlan在期货交易中以中长线为主，不为短期波动所影响，胜率极高。分析宏观大逻辑方面很强。

微博上的高手们：虽然我不认识他们，但是我可以学习他们分享出来的一些关于期货的逻辑观点以及一些数据。

书：因为听说很多人根据纯技术做交易，那么就要知道做纯技术交易的大部分人是怎么想的，所以我看了一本技术书《日本蜡烛图》，然而只是懂得了一些皮毛，例如，阳线、阴线、日线、均线，等等。

问题6：您表示想抓的行情是“在您的分析逻辑中比较确定的行情”，请问您的“分析逻辑”包含哪些要素？从哪些方面入手？

陈果经：我的分析逻辑主要包括品种的特性、供需、市场的情绪、技术走势。因为没有一手资料，许多信息都要看别人的分析，找到一些客观的资料；同时我每天还会关注发生的大小事件。

问题7：在您的交易逻辑中，哪些类型的行情是您能够确定的？

陈果经：我说的“确定的行情”，不是真的确定，而是我觉得胜率比较高的行情。例如，在宏观背景下出现的通货紧缩现象，那么做空的胜率就会比做多的胜率高。

问题8：期货投资是一门比较深奥且专业的学科，而您则把它比喻成是一场投资游戏。为什么？

陈果经：期货平台，不会创造资金。在资金量一定，然后平台不断收取每笔交易的手续费，所有交易者的总资金也在不断减少。因为跟现实很多娱乐项目都很像(具体不说)，所以我觉得是一场投资游戏。

问题9：同时您觉得逻辑分析和资金管理是这场投资游戏的秘密武器，为什么“逻辑分析”和“资金管理”在这场投资游戏中如此重要？

陈果经：市场有许多信息，通过分析后，你可以得到做单的方向。但是，市场存在着信息的不对称，别人拿到的数据跟你拿到的数据不同，分析的结果也就不同了；或者一样的数据，都会分析出不同的方向。加上**期货有着10倍或以上的杠杆，所以一定要控制好资金，一旦方向反了，也不至于游戏结束**。

问题10：资金管理是风险控制的重要组成部分，请问您的资金管理是如何设置的？包含了哪些方面？

陈果经：我认为的资金管理是：你**每次进场的策略，最多能接受亏损的幅度，亏损后还能潇洒地活在这个市场上就可以了**。所以我没有特定的设置。

问题11：您的账户在交易之初，资金在1万以内，随着时间的推移，您的权益不断增长(盈利和入金)，目前在11万左右，在资金的掌控上难度是否有所增加？心理压力是否会扩大？

陈果经：权益增长的同时，我接受亏损的金额也不断变多(非金额百分比），每当资金增长到一个阶段，刚开始总会有点儿难度，到后面适应了就好了。例如，现在是11万，我能接受2万左右的波动（当然，这2万必须是今年利润）。

问题12：您认为现在资金量小，所以盈亏能把握好。当资金量增长到50万、100万或更多的时候，您是否还能坚定地认为自己能把握好账户的盈亏？

陈果经：我认为100万内，我都可以把握好。

不管是资金量小或者大，每到一个阶段，都需要一段时间适应。适应后，我觉得还是能把握好账户的盈亏。

问题13：您觉得自己目前属于激进型、进取型，还是稳健型交易者？随着操作资金量的变大，您的操作风格会不会变得更稳健一些？

陈果经：我觉得是偏激进型。现在随着资金量的变大，我已经对单个品种有了一定的仓位限制，例如单个品种不超过30%。后续会朝着更稳健的方向发展。

问题14：您的交易周期以波段和中线为主，您选择这种交易模式的原因是什么？

陈果经：以前也尝试过日内短线，但止损太频繁了，心态也容易乱，在期货上也赚不了钱。**日内短线，波动得很无序，方向我也无法抓住。而周期越长，方向会比较好确定，所以我会选择周期较长的波段和中线。**

问题15：您的波段交易一般抓取的是多长时间的行情？

陈果经：我的波段交易和中线交易，时间一般都是3天以上，两个月以内。在进场时已经决定了波段还是中线，目前我做波段占主要，一般会根据行情的发展而持有。

问题16：有人认为趋势交易是成功率最高的交易，也是最容易成功的投机理念。您是否认同这一观点？从您的角度出发，阐述一下您对趋势交易的理解？

陈果经：认同。**因为一个大的主要矛盾是不会轻易被改变的，所以沿着这个方向做，概率会比较高。**我认为趋势交易是在一段时间内（周期），价格从高位跌到低位，就认为是空的趋势。低位到高位，就认为是多的趋势。

问题17：具体交易中，您会同时参考基本面和技术面，请问在基本面上您关注的是哪些动向？在技术面上主要看哪些技术指标、K线、图形或者参数？

陈果经：基本面上我会关注国家每月发布的数据、现货信息、市场对上涨、下跌的解读，等等。

在技术面上看得最多的是日K线、周K线、持仓量的增减、均线。

问题18：您表示自己没有特别设定的交易系统，在具体操作中，您是根据什么来执行一系列的进场、出场、止盈、止损等动作的？

陈果经：一般会在阻力位置附近建仓，不设置自动止损、止盈。例如在一个箱体，根据我掌握的基本面，如果基本面信息我是认为要多的，我会选择在箱体的下面慢慢加仓做多，一旦向下突破箱体(我判断是否突破，当日接近收盘时的价格离突破点的价格，差距如果比较大，我认为是真突破。会先止损出来观察)。止盈没有特别设置。

问题19：有些交易者为了防止自己情绪的影响或外界的干扰，会制定一些交易纪律。您有没有为自己制定一些明确的交易纪律？

陈果经：我在交易中没有明确的交易纪律。会比较主观、随意。

问题20：您说只要是有行情的品种，您都会选择参与交易，请问您是如何选出某一阶段值得参与的品种？

陈果经：在我认识的七八个品种中，例如**一些品种涨了有一段时间并且涨势很好，但是我的基本面是判断为空的，我会一直留意找机会做空。**不认识的品种，一般不做。

问题21：一段时间以来，螺纹钢和焦炭两个品种的价格一直往下走，您最近也交易这两个品种，您觉得这两个品种的趋势性、波动特性如何？这两个品种是否有一定的联动性？

陈果经：这两个品种都属于黑色类，都有一定的联动性，但是**焦炭是日内经常反弹比较猛的品种，所以焦炭要尽量轻仓才能赚钱。**

问题22：您从2012年10月进入期货市场，到目前为止，有2年左右的期货交易经历，从最初的亏损到之后的逐步盈利，您觉得这一转变主要得益于哪些方面？

陈果经：最初做交易时，第一，资金只够做一手；第二，刚开始能接受的亏损容忍度很小，心态也不好。之后资金增长，能做多手了，使用策略进行操作，对亏损的心态也有了转变。

问题23：不少人做了三五年期货，甚至10来年期货，结果还是亏损的，而您却在第2年就实现了盈利，您觉得核心原因是什么？

陈果经：第一是运气；第二是不频繁止损；第三是心态。

问题24：有些人认为短期获得盈利不算难，但是要长期保持盈利是一件不容易的事情，您觉得自己的盈利能够每年持续下去吗？您觉得自己能否成为期货市场的"寿星"？

陈果经：我希望可以持续下去。如果后续**随着资金的增大，我会逐渐降低仓位。**

问题25：从蓝海密剑的排行榜中显示，您的账户从2014年8月1日开始到现在，出现了急拉、急跌的情况，从2014年8月1~5日，净值从2.993回撤到2.501，请问这次主要是做什么品种的什么行情？

陈果经：当时应该是做玻璃，重仓做空，也是我对市场预期的炒作。但当时出现了反向波动，经历了连续几天的震荡行情，之后开始拉升。由于我的仓位过大，承受不住，只能先止损出来。

问题26：您表示在这波行情里面您有重仓交易，请问当时的仓位是多少？正常情况下，在一笔交易中，您单个品种的仓位会控制在多少范围？整个账户的仓位会控制在多少范围？

陈果经：当时重仓交易，单个品种的仓位有50%，总共80%。

现在一般单个品种都会控制在30%以内，整个账户50%左右。

问题27：您账户权益的波动相对是比较大的，对此您觉得是否正常？您是否乐意承受这样的波动？

陈果经：我觉得权益的波动很正常。**每笔投资承受的风险越大，意味着收益、亏损也越大。**

你的风控越严厉，你越没有生意可做，何况波动小了，权益也一定是向上走的。我也不乐意承受这样的波动，但**操作小资金时，用利润去博取更大利润，我认为是可以接受的。**

问题28：您觉得自己目前的资金量不大所以起伏都能掌控，请问当账户出现连续回撤或者回撤幅度较大时，您会从哪些方面、采取哪些措施去控制风险？

陈果经：我认为是先止损出来，然后重新思考是否继续。主要思考的是，目前该品种的主要矛盾是否已经变了？市场情绪如何？现货跟上了吗？政策变化了吗？技术上是否被认为突破了？等等。

问题29：您目前仍然是兼职做期货，除了日常工作外还需要安排看盘的时间，那么您是如何合理安排工作与期货交易的时间？今后是否会考虑专职做期货？

陈果经：如果决定要建仓时，看盘时间会长一些。 如果以后盈利的资金比较大时，会考虑专职。

问题30：作为一个刚进入期货市场2年就能取得盈利的人而言，除了天赋之外还需要勤奋，对于那些刚进入期货市场的新手而言，从您自身的经历看来，想要在这个市场中获得盈利，应该做好哪些工作？

陈果经：我觉得**无论玩什么，第一都是要熟悉游戏规则**。刚开始做交易时，最好只做一手期货，多看盘，感受一下市场的情绪，直到熟悉各种规则，再开始慢慢加仓操作。

刘辉宇：先把自己本钱保住，然后才能说赚钱的事

（2014年11月3日　李婷整理）

刘辉宇

网络昵称“哼哩”、“henrrry”。湖北省宜昌市人，现居住在广东省东莞市。目前在重卡销售公司做管理，兼职做期货。1994年开始做股票、权证，2007年起尝试过外汇、外盘，2007年底开始期货交易。2008～2010年，3年时间从3.8万元做到107万元。认为通过复利最终可以获得财富的增长。中长线交易者，拥有一套中长线趋势跟踪策略，源于海龟交易法则。

获得第五届（2012～2013年）蓝海密剑期货实盘大赛中少校晋衔奖。

在七禾网期货中国的实战排行榜（www.7hcn.com）上注册“哼哩”的账户，自2012年2月5日到2014年11月3日，账户收益率548.021%。

访谈精彩语录：

投机和人性密切相关，这20年人性几乎没什么变化，“贪婪”和“恐惧”还是充斥在人们心中。

当时股票赚了一点儿钱，但是觉得股票已经涨得太高了，不可能永远涨下去，那么就要找其他投资手段。

亏了50%以后要想赚回来，必须要赚100%才行，也就是赚钱比亏钱难得多，所以首先我们要少亏，先把自己本钱保住，然后才能说赚钱的事。

保证本金方面，我主要是尽量缩小单笔交易的风险额。另外就是控制总的头寸规模。

复利是时间给予的礼物，每年稳定赚50%，那么10年后就是57倍，前提就是要稳定，如果中间爆仓重来就不可能实现了。

选择这个交易体系是因为长线趋势跟踪策略被历史证明了是有效的，而海龟交易法也是被历史证明了是一个正期望值的交易系统。

海龟法则将一次亏损控制在账户总资金的2%，我随着账户总金额的增加将单笔风险逐步缩小，从2%缩小到1.8%，然后到1.5%，再到1.2%，现在准备缩小到1%以下。

当一个交易系统参与的人太多，这个系统必然会失效，这是不可改变的客观规律。

我觉得未来肯定还会出现2008年规模的行情，只是希望到时候我还在交易场内。

对趋势跟踪策略来说，参与品种越多，资金曲线越平滑。

要我推荐书籍，首先毫无疑问那就是《海龟交易法则》，其他有《专业投机原理》《短线交易秘诀》《走向财务自由之路》，还有有关交易哲学的《随机致富的傻瓜》和《黑天鹅》。

散户和个人投资者也有自己的优势，比如转换方向容易，比如可以允许更大的回撤，那么就可以使用更激进的策略，我觉得这是挑战，更是机遇。

问题1：刘辉宇先生您好，感谢您在百忙之中接受东航金融和七禾网期货中国的联合专访。您使用两个比较独特的网络昵称，分别为“哼哩”和“henrrry”，起的名字比较独特，是否有什么含义？

刘辉宇：也没什么特殊含义，就是当年上大学时，英语老师要求起个英文名字，我就用自己名字的谐音起名 Henry，后来有了互联网，注册网名时我就用这个英文名，但是叫这个名字的太多，经常被其他人先注册了，我就多加两个 r，这样就没有重复了。有些网站只能注册中文名，中文亨利两个字也经常被别人先注册了，我就用了同音的哼哩，这样也很容易注册成功，于是我就固定用这两个网名了。

问题 2：您 1994 年就开始做股票以及权证，可以说是资深股民了，请问您当时是如何接触到金融市场并且参与进来的？

刘辉宇：当年中国重新开始股票交易，到处传说着炒股票赚钱的故事，我就对股票开始感兴趣了。但是,刚开始的时候只有上海和深圳才有股票市场，我老家只是一个小城市，根本没法炒股。直到 1994 年终于有了股票营业部，我就连忙去登记一个户头，一头扎进了投机市场。

问题 3：您从 1994 年接触股票进入金融市场到现在已经 20 年整了，在这 20 年中，以您的观察角度来看，这个市场发生了哪些重大变化？

刘辉宇：刚开始中国的股票市场是散户为主，股票品种少，市值也小，市场监管也不健全，庄股横行，经过这么多年发展，现在股票品种多了很多，期货品种也有了不少，还有了股指期货。机构占的份额越来越大，但是我觉得**投机和人性密切相关，这 20 年人性几乎没什么变化，“贪婪”和“恐惧”还是充斥在人们心中。就像常言说的“太阳下面没有新事物”。**

问题 4：与很多投资者不同，您在 2007 年先尝试外汇、外盘后到了年底才开始期货交易，为什么会选择先尝试海外市场？在您看来，海外市场与国内市场有什么不同？

刘辉宇：**当时股票赚了一点儿钱，但是觉得股票已经涨得太高了，不可能永远涨下去，那么就要找其他投资手段。**外汇和期货可以做空，跌也可以赚钱，然后发现外汇只要很少的钱就可以交易，可以提供比较大的杠杆。因为只是尝试，不敢多投入，钱少就是亏完了也不心疼，而且那些外汇平台还可以用信用卡入金，还有积分，所以就用信用卡入了1000美元去体验。这样的平台可以交易外汇和黄金，就这样开始交易外盘了。海外市场当时和国内市场最大的不同就是几乎可以24小时交易，不像国内一天只有4个小时。

问题5：现在您还继续参与外盘或者股票交易吗？如果有，那么在您的交易篮子中，股票、外盘外汇以及期货的资金比例是如何分配的？

刘辉宇：现在精力都在国内期货上面，没有交易外盘和股票了。

问题6：期货市场被很多人定义为零和游戏，而您却认为期货市场实质是一个负和游戏，为什么您会这样理解？

刘辉宇：如果没有交易所和期货公司收的手续费，期货可以说是零和游戏，赢家赚的就是输家赔的，但是实际上2013年156家期货公司手续费收入合计为124.28亿元，而期货交易所收的更是这个数字的好几倍，输家还要支付这一部分费用，剩下的才是赢家赚的。所以我认为期货是负和游戏。

问题7：您在追求利润上分三步走策略，首先是保证本金安全，然后是一致性获利的能力，最后才是追求卓越回报。请问您目前处于哪一步？通过这个策略是否取得了明显的成效？

刘辉宇：这个策略是《专业投机原理》的作者维克多斯波朗迪提出来的，因为我们知道，**亏了50%以后要想赚回来，必须要赚100%才行，也就是赚钱比亏钱难得多，所以首先我们要少亏，先把自己本钱保住，然后才能说赚钱的事。**这一点巴菲特也是这样看的，他也强调了保证本金的重要性。我现在应该算是第二步吧，作为中长线的趋势跟踪手法可以认为具有一致性的获利能力，至于卓越回报，就是等到一个适合自己手法的机会，比如2008年那样的大幅波动。

问题8：请问如果要保证本金安全，您会从哪几个方面入手？请您解释一下什么是“一致性获利的能力”？同时如何去提高这个能力？

刘辉宇：保证本金方面，我主要是尽量缩小单笔交易的风险额，比如原版海龟交易系统就要求一笔交易的亏损额不能高于总账户资金的2%，当总亏损超过10%后，一笔交易的亏损额更要缩减到总账户资金的1.8%以下。**另外就是控制总的头寸规模，**不然虽然一笔交易亏损的少，但亏损的交易太多，也是不能承受的。至于“一致性获利能力”是说交易手法从逻辑上说能够获利，而且交易规则必须保持一致。提高这个能力必须先要找到一个正期望值的交易系统，然后严守纪律，在系统发出信号时严格执行。

问题 9：您认为单纯追求暴利的可能性是爆仓，复利最终获得的回报则是难以想象的。您比较认可复利模式，那么您是如何去做好复利并且逐步取得利润的？

刘辉宇：其实我也想暴利，快速地赚钱多好啊！但是必须看赚钱的方法，如果为了暴利去加大杠杆，去承受不能承受的风险，那就太危险了。很多人为了暴利去过度交易，比如增加交易次数，那么就会多支出手续费，比如增加杠杆，那么行情稍微反走就会引起大的亏损。**复利是时间给予的礼物，每年稳定赚 50%，那么 10 年后就是 57 倍，前提就是要稳定，如果中间爆仓重来就不可能实现了。**

问题 10：您除了参加东航金融的蓝海密剑大赛之外，还参加了其他一些大赛，请问您参与这些大赛的目的是什么？通过比赛，是否有一些额外的收获？

刘辉宇：一个是想看看自己在期货交易者中到底是个什么水平，另一个就是希望能认识一些高手，向他们多学习。通过去年的蓝海密剑的颁奖会，认识了不少获奖选手，通过与他们的交流，增加了不少见识。

问题 11：您以中长线交易为主，请问您平均一笔单子持仓时间有多久？您进入期货市场以来，是否有尝试过周期更短的交易？为什么选择中长线交易？

刘辉宇：这个还真没有统计过。不过，一般来说亏损的单子持仓时间短，赚钱的单子持仓时间长，比如目前我仓位中的白银是从 8 月初就开始持仓的，因为一直没有平仓信号，所以就一直拿着了。

我觉得应该是和我自身的条件相吻合吧？我反应不是很快，但是比较有耐心，而且**从开始就接受了“长线是金”的观点**。所以，虽然我刚开始踏入投机市场的时候，股票还能做“T+0”，我也没有当天炒进炒出的折腾。

问题 12：我们了解到您基本不看基本面而是根据技术分析来做交易，这是否意味着在您的交易系统中，基本面可以忽略不计？在您的技术分析中主要会去参考哪些指标、图形或者参数？

刘辉宇：是的。在我的交易系统中，基本面可以忽略不计，技术分析中主要参考的就是价格和价格的波动幅度。

问题13：现在很多基本面的信息在市场上的传导非常快，也在一定程度上直接影响到了商品合约的价格，而您对基本面并不感冒，但当这些基本面信息反映到市场上时，会不会影响您的行情分析和交易决策？

刘辉宇：基本面的信息很多，有时候又是互相矛盾的，我分不清这些信息哪些是真哪些是假，但是基本面要起作用，最终会影响价格，所以我只去关心价格就好了。

问题14：您曾表示，您目前使用的长线趋势跟踪策略，基本上就是海龟交易法，请问您选择这个交易体系的原因什么？

刘辉宇：选择这个交易体系是因为长线趋势跟踪策略被历史证明了是有效的，而海龟交易法也是被历史证明了是一个正期望值的交易系统。

问题15：在原有的海龟交易法则上，您的这套交易系统是否有调整或修改？

刘辉宇：我进出场基本按照原版海龟法则，但是在风险控制方面更加保守了。海龟法则将一次亏损控制在账户总资金的2%，我随着账户总金额的增加将单笔风险逐步缩小，从2%缩小到1.8%，然后到1.5%，再到1.2%，现在准备缩小到1%以下。

问题16：随着市场的不断变化升级，有部分人认为海龟交易系统已经过时了，而您依然通过海龟交易系统在市场中获利，您觉得您使用这套系统能够盈利的根本原因是什么？

刘辉宇：我觉得我使用这套系统能够盈利的根本原因是这套系统确实是一个正期望值的交易系统，同时我能比较严格地去按照信号执行。当然，当一个交易系统参与的人太多，这个系统必然会失效，这是不可改变的客观规律。不过，由于海龟系统亏损交易多，回撤大，很多人坚持不下来。

问题17：海龟交易法则崇尚“顺势而为”，那么在您的交易过程中，是否也是这样贯彻的？您会如何去选择进场点和出场点？

刘辉宇：海龟交易系统是一个趋势跟踪系统，就是当涨到一定程度了就做多，跌到一定程度就做空。**我的进场点和出场点沿用了原版海龟系统，就是20日高低点进场，10日高低点出场。**

问题18：良好的仓位控制可以使中长线交易事半功倍，在您的交易中，您如何去控制交易仓位？在持仓过程中是否有加减仓的策略？

刘辉宇：首先就是按照单笔风险的额度去控制头寸单位大小，再按照头寸单位的多少控制总仓位。我是按照海龟交易法来加仓的。

问题19：2008年金融海啸，在很多投资者遭受重大亏损的时候您却获得了1年7倍的收益，请问您会根据哪些因素去捕捉这些重大行情？您觉得未来是否还会出现2008年那样让您收益颇丰的行情？

刘辉宇：2008年是趋势跟踪策略的收获之年，年初豆类和糖类的上涨趋势和年末几乎所有品种的大幅下跌趋势都是少见的，不少品种都出现了“三板”，这样的行情下，所有的趋势跟踪策略的交易者肯定都赚得很多。**我觉得未来肯定还会出现2008年规模的行情，只是希望到时候我还在交易场内。**

问题20：您在2011年遭受到了相对您账户的巨大回撤，107万的账户最低回撤到了27万，这样大幅的回撤对您的影响应该是不言而喻的，您当时的感受是怎么样的？是否有离开这个市场的想法？为什么后来又会坚持下来？

刘辉宇：当时的感受肯定是很煎熬啊！根据《海龟交易法则》这本书的统计，历史上单位头寸2%风险下，最大回撤是55%，而我在实际交易中已经超过了这个历史最大回撤。不过，我也想了，我这107万元也是用这个交易系统从不到4万元赚的，就是亏到剩5万元我也是赚的，所以就这么挺过来了。但是我也知道了，以前没有发生过的，以后不一定也不发生，对“黑天鹅”这个概念有了更直观的认识，也是从那时开始缩小单笔交易承受的风险了。

问题21：我们从您的账户中发现您的最大回撤在35%，这样的回撤是否在您的容忍范围内？您理想中的回撤幅度应该是控制在什么范围内？您为此是否会有策略或者是系统上的调整？

刘辉宇：这个回撤是在我的容忍范围内，我觉得50%以内的回撤我都是可以接受的。所以也不会在策略或者是系统上做调整。

问题22：您在七禾网期货中国实战排行榜（www.7hcn.com）注册名为“哼哩”的账户，从2013年12月20日到2014年3月12日，净值从3.580上升到7.251，请问您在这段时间抓住了什么品种的行情？

刘辉宇：这一段时间主要是抓了黑色系、玻璃和铝等的下跌行情。

问题23：根据排行榜中的资料显示，您参与的品种比较丰富，总计37个品种，请问您选择品种的依据是什么？一般情况下，您的交易系统会选择多少品种同时参与交易？

刘辉宇：我选择品种的依据主要是流动性，只要流动性足够的品种，我都会加以关注，并在有信号发出时参与。而且**对趋势跟踪策略来说，参与品种越多，资金曲线越平滑**。我一般账户里同时持有品种大概8～20个之间吧。

问题24：“哼哩”这个账户的净值在2014年9月5日创新高之后，净值出现了较大的回落，从8.540回到了5.934，请问这是什么原因造成的？

刘辉宇：这次回落主要是我带有主观情绪，超风险参与了股指期货，结果把化工品种跟丢了，当其他品种出现回撤时，没有了化工产品的对冲。

问题25：您曾表示您经常会看一些投机的书籍，特别是国外大师的著作，这些书籍给您的交易带来了哪些帮助？请您推荐几本您觉得有价值的书籍？

刘辉宇：从前人的经验教训中学习，可以让自己少走弯路，特别是如果能从成功人士那里获得可以复制的经验，对自己的帮助就更大了。**要我推荐书籍，首先毫无疑问那就是《海龟交易法则》，其他有《专业投机原理》《短线交易秘诀》《走向财务自由之路》，还有有关交易哲学的《随机致富的傻瓜》和《黑天鹅》**。

问题26：您目前还是兼职做期货，主业还是公司的管理工作，您也曾表示您都是开盘前下好条件单，再看看成交没有，然后就忙于自己的工作，这样的交易状态是否程序化交易更合适您？您是否研究过程序化交易？

刘辉宇：**我也觉得程序化交易会更好，但是我在编程方面一窍不通，所以就用简单的条件单**。目前我也在朋友的帮助下拿出一个账户尝试程序化交易，如果有成绩的话会向这个方向发展。

问题 27：现在越来越多的专业机构进入到了这个市场，随之而来的是更多的专业盘手以及更大规模的资金，有人称这对散户及个人投资者来说是一场绞杀，您对此有什么看法？您觉得作为个人投资者应该如何去应对这样的市场格局？

刘辉宇：更专业的盘手和更大规模的资金对交易来说肯定是优势，但是**散户和个人投资者也有自己的优势，比如转换方向容易，比如可以允许更大的回撤，那么就可以使用更激进的策略，我觉得这是挑战，更是机遇。**

附录一：蓝海密剑期货实盘大赛第一至五届获奖名单

第一届蓝海密剑期货实盘大赛第一赛季(见龙在田)(2008 年 9 月 1 日至 2009 年 2 月 28 日)获奖名单

A 组赛季收益率排序

排名	选手名称	单位净值	奖金
1	做期货的	4.30084	8 万
2	stockman	1.96419	5 万
3	寇比欧	1.62964	5 万
4	gaofengguo	1.57022	2 万
5	ooeight1	1.52331	2 万
6	st 大豆	1.43387	2 万

B 组赛季收益率排序

排名	选手名称	收益率	奖金
1	王向洋	5474.92%	5 万
2	fhwcy	1090.97%	2 万
3	期海垂钓	850.38%	2 万
4	hendry118	724.35%	1 万
5	格老要我出山	584.01%	1 万
6	erliu	467.81%	1 万

最佳流动指标排序

排名	选手名称	流动指标	奖金
1	hendry118	112069.78	1万

第一届蓝海密剑期货实盘大赛第二赛季(飞龙在天)(2009年3月1日至2009年8月31日)获奖名单

综合总冠军

排名	选手名称	综合总指标	奖金
1	做期货的	9.0	20万

A组赛季收益率

排名	选手名称	单位净值	奖金
1	gaofengguo	1.93545	8万
2	郑加华	1.90620	5万
3	陈默	1.78491	5万
4	淡然我素	1.75573	2万
5	做期货的	1.62154	2万
6	erliu	1.53883	2万

B组赛季收益率

排名	选手名称	收益率	奖金
1	mingzi	1175.54%	5万
2	邵杰	618.21%	2万
3	夜色	499.81%	2万
4	凌波微步	338.38%	1万
5	ziyan	325.61%	1万
6	不败在己	235.35%	1万

最佳流动指标

排名	选手名称	流动指标	奖金
1	gaofengguo	98.83 亿元	1 万

第二届(2009～2010 年)蓝海密剑期货实盘大赛获奖名单

荣誉勋章

排名	资产账号	选手名称	单位净值	奖金
1	8580156	期货梦想	37.67	15 万
2	8580305	溪水潺潺	13.27	9 万
3	8515837	梁任	10.75	6 万

三军杰出奖章

奖励类型	奖项说明	资产账号	选手名称	单位净值	奖金
导弹部队杰出奖章	导弹部队未获荣誉勋章选手收益率第 1 名	8515252	郑加华	7.03	5 万
空军杰出奖章	空军未获荣誉勋章选手收益率第 1 名	8510905	lmgctt	4.55	4 万
海军杰出奖章	海军未获荣誉勋章选手收益率第 1 名	8510113	freezegogo	2.46	3 万
陆军杰出奖章	陆军未获荣誉勋章选手收益率第 1 名	8580187	宁静致远	7.40	2 万
预备役杰出奖章	预备役未获荣誉勋章选手收益率第 1 名	8510723	judychoo	7.75	1 万
机枪手杰出奖章	机枪手特战营未获荣誉勋章选手收益率第 1 名	——	——	——	——
远征军杰出奖章	远征军未获荣誉勋章选手收益率第 1 名	8580901	sche	5.46	1 万

注：因机枪手军种参赛人数少于 10 人，根据大赛规则规定取消该军种杰出奖章。

功绩勋章

排名	资产账号	选手名称	盈利额	动态奖金
1	8515252	郑加华	3017390.65	15万
2	8510618	做期货的基金	2902944.98	7万
3	8515878	niweigengl	2860329.21	3万

快速反应勋章

奖励类型	奖项说明	资产账号	选手名称	成交金额	奖金
快速反应一等勋章	成交金额第1名	8515123	h2o740405	22220246910	10万
快速反应二等勋章	成交金额第2名	8580121	北冥有鱼，其名为鲲	7511619095	5万
快速反应三等勋章	成交金额第3名	8510208	walkfish	6960987485	3万

后备战地指挥官

排名	资产账号	选手名称	奖金
1	8515252	郑加华	15万
2	8510618	做期货的基金	15万
3	8580156	期货梦想	15万
4	8580305	溪水潺潺	15万
5	8580049	ST大豆	15万

高地军旗手

奖励类型	资产账号	选手名称	奖励说明	记录值	奖金
月度记录高地军旗手	8515878	niweigengl	2010年8月9日至2010年9月6日打破此前比赛321.72%月度收益率记录	344.50%	3万

晋衔奖

排名	盈亏额	军衔	单位净值	资产账号	选手名称	奖金
1	18349106	上将	2.3066	8666677	温州在握投资 1 号	--
2	10628092	上将	2.3458	8666635	温州在握投资 3 号	--
3	3017391	少将	7.0348	8515252	郑加华	5 万
4	2902945	大校	2.1929	8510618	做期货的基金	3 万
5	2860329	大校	5.6939	8515878	niweigengl	3 万
6	2662494	大校	1.1724	8800158	探索 2 号基金	--
7	2159626	大校	3.1596	8580049	ST 大豆	3 万
8	1955069	上校	1.2351	8666676	温州在握投资 2 号	--
9	1430229	上校	37.6725	8580156	期货梦想	1 万
10	1378390	上校	2.2677	8515123	h2o740405	1 万
11	1330572	上校	3.1812	8510208	walkfish	1 万
12	1189895	上校	5.4647	8580901	sche	1 万
13	1121556	上校	2.0756	8515877	niweidong	1 万
14	1071188	上校	4.5468	8510905	lmgctt	1 万
15	1052958	上校	1.3856	8580888	镌灏投资	1 万
16	950792.3	中校	1.259	3000773	wuxue	--
17	896721.2	中校	2.8027	8510852	舍得	7000
18	840172.5	中校	1.4852	8580121	北冥有鱼，其名为鲲	7000
19	838736.5	中校	13.2705	8580305	溪水潺潺	7000
20	823669.1	中校	2.2597	8510183	ooeight	7000
21	808141.7	中校	1.3724	8580800	syz1236	7000
22	762899.3	中校	4.2623	8800533	六年	7000
23	688107.1	中校	1.7245	8510368	nxrrry	7000
24	685257.5	中校	7.3969	8580187	宁静致远	7000
25	625967	中校	1.3915	8801773	爱上趋势基金	--
26	556256.5	中校	1.465	8680201	睿海投资	7000
27	548994.1	中校	4.6272	8515268	zyl7712	7000
28	545911.6	中校	1.2518	7079000	龙行天下	--
29	510123.4	中校	2.4491	8515266	lijing868	7000

续表

排名	盈亏额	军衔	单位净值	资产账号	选手名称	奖金
30	476250.4	少校	1.7011	8518899	mingzi	5000
31	430638.9	少校	2.4355	8580056	久赌必赢	5000
32	416136.1	少校	2.4576	8510113	freezegogo	5000
33	380591.2	少校	3.3087	8830805	爱上趋势陆军部队	---
34	365928.2	少校	1.6102	8510999	9号基金	5000
35	351533.5	少校	2.1726	8580159	wplovelm	5000
36	343599	少校	3.5884	8830381	sampras	5000
37	342698.1	少校	1.7092	8511977	夜色	5000
38	315984.5	少校	3.0882	8580352	8580352	5000
39	305659	少校	1.9807	8515691	爱上趋势空军部队	--
40	305316.7	少校	1.4115	8580216	老树	5000

注：以上表格只发布了将官晋衔奖和校官晋衔奖，未发布尉官晋衔奖和士官晋衔奖。

第三届(2010～2011年)蓝海密剑期货实盘大赛获奖名单

年度先锋勋章

8680288	闪闪红星	年收益率第1名	15万
DHHP2652	蓝色海岸	年收益率第2名	9万
8580389	大海投资	年收益率第3名	6万
8515661	凌波微步	年收益率第4名	5万
8515568	猫猫猫	年收益率第5名	4万
8515068	九世轮回	年收益率第6名	3万
8581003	RXD集团军	集团军收益率第1名	3万
8515878	倪伟更	导弹部队收益率第1名	3万
8581098	海天1号	空军收益率第1名	3万
8581113	甲虫	海军收益率第1名	3万
7173002	丁洪波	陆军收益率第1名	3万
8515013	eprc2000	预备役收益率第1名	3万
8581385	红孩儿	机枪手收益率第1名	3万
DHFS3607	阿福	远征军收益率第1名	3万

高地军旗手

8510588	王向洋	打破比赛日收益率记录(2次)	20万
8580389	大海投资	打破比赛季度收益率记录	10万
8580199	zjl727689	打破比赛季度收益率记录	10万
8680288	闪闪红星	打破比赛季度收益率记录	10万

快速反应勋章

7079000	杜小东	成交金额第1名	10万
8581223	风险控制第一	成交金额第2名	6万
8510208	擎天柱	成交金额第3名	3万

晋衔奖

资产账号	ID	军衔	奖金
8581003	RXD集团军	中将	20万元+佩剑
8580389	大海投资	少将	10万元+佩剑
8515878	倪伟更	大校	5万元+佩剑
8510618	做期货的基金	大校	5万元+佩剑
8580049	ST大豆	大校	5万元+佩剑
8800533	六年	上校	3万元+佩剑
100001	镌灏投资	上校	3万元+佩剑
8515123	杜小东	上校	3万元+佩剑
8515659	顾伟浩	上校	3万元+佩剑
8510113	freezegogo	上校	3万元+佩剑
8515661	凌波微步	上校	3万元+佩剑
8580515	jane	上校	3万元+佩剑
7022001	樵夫	上校	3万元+佩剑
8580283	zijinzhilu	中校	2万元+佩剑
DHWW0078	sche	中校	2万元+佩剑
8680201	cw2006B	中校	2万元+佩剑
8580113	珍姐	中校	2万元+佩剑
8510208	擎天柱	中校	2万元+佩剑
8581098	海天1号	中校	2万元+佩剑
8580528	天行健	中校	2万元+佩剑
DHHP2652	蓝色海岸	中校	2万元+佩剑

续表

资产账号	ID	军衔	奖金
8581016	于海飞	中校	2万元+佩剑
8515013	eprc2000	中校	2万元+佩剑
8581113	甲虫	少校	1万元+佩剑
8515252	郑加华	少校	1万元+佩剑
8510183	ooeight	少校	1万元+佩剑
7173002		少校	1万元+佩剑
8580352	8580352	少校	1万元+佩剑
8515106	zyl0717	少校	1万元+佩剑
8830381	sampras	少校	1万元+佩剑
	老树	少校	1万元+佩剑
8519999	爱上趋势	少校	1万元+佩剑

注：以上表格只发布了将官晋衔奖和校官晋衔奖，未发布尉官晋衔奖和士官晋衔奖。

第四届(2011～2012年)蓝海密剑期货实盘大赛获奖名单

年度先锋勋章

年度净值排名	资产账号	选手	单位净值	奖金
1	8580012	shou115	6.47	150000
2	8515039	株洲老马	6.46	90000
3	8582215	lfl	5.38	60000
4	8580767	雪狼 polar	5.07	50000
5	8515025	cloudxu	4.72	40000
6	DHZX8278	LOU	4.47	30000

军种第一	资产账号	选手	单位净值	奖金
集团军	8510113	freezegogo	2.71	30000
导弹部队	8580515	jane	4.19	30000
空军	8580518	杭州尚泽投资	4.19	30000
海军	8580961	tjahzgj	2.47	30000
陆军	8580025	chinababy	3.55	30000
预备役	8581505	惊鸿魅影	4.25	30000
机枪手	8581376	一叶轻舟	1.6	30000
远征军	DHZJ2009	韩柏	2.47	30000
志愿军	8519999	爱上趋势	3.83	

快速反应勋章

排名	资产账号	选手	奖金
1	8510208	擎天柱	100000
2	8515252	郑加华	60000
3	8510113	freezegogo	30000

高地军旗手

资产账号	选手	奖项说明	奖金
8580591	喜得千金	打破月收益率记录	100000

晋衔奖

资产账号	选手	盈利额	原军衔	晋升军衔	奖金
8510113	freezegogo	7,647,421	上校	中将	170,000
580515	jane	5,513,990	上校	中将	170,000
8580800	syz1236	3,263,572	上尉	少将	97,000
100001	镌灏投资Ⅰ	4,618,455	上校	少将	70,000
8580961	tjahzgj	2,255,718	上尉	大校	47,000
8580216	老树	2,465,711	少校	大校	40,000
8580666	叶小凤	2,722,211	中校	大校	30,000
8580528	镌灏投资Ⅱ	2,514,994	中校	大校	30,000
580518	杭州尚泽投资	1,333,166		上校	30,000
7089111	长安财富 1 号期货基金	1,041,815		上校	30,000
8580027	a197208837	1,005,401		上校	30,000
8510999	9 号基金	1,133,702	少校	上校	20,000
8830381	sampras	1,026,381	少校	上校	20,000
8580888	镌灏投资	1,896,243	中校	上校	10,000
8510208	擎天柱	1,454,898	中校	上校	10,000
8515877	东东锵	901,854		中校	20,000
8515025	cloudxu	834,474		中校	20,000
7208008	爱上趋势的小清新	709,448		中校	20,000
7097067	杭州华天纸业	673,179		中校	20,000
8580767	雪狼 polar	585,855	中级士官	中校	20,000
8580025	chinababy	505,077		中校	20,000
8580707	xiaorong	788,901	少尉	中校	19,000
8515266	风生水起	840,865	中尉	中校	18,000
8515568	天降大任 9.0 神灵附体	557,060	中尉	中校	18,000

续表

资产账号	选手	盈利额	原军衔	晋升军衔	奖金
8510822	daohun	551,748	中尉	中校	18,000
7173002	丁洪波	609,082	少校	中校	10,000
7212001	James	461,055		少校	10,000
8510121	平恺	431,103	高级士官	少校	10,000
8580151	wubiao888	424,067	中级士官	少校	10,000
7151002	江南之春	392,077		少校	10,000
7999888	融景投资	391,716		少校	10,000
8581505	惊鸿魅影	309,576		少校	10,000
8582191	盛夏光年	302,529		少校	10,000
DHFS3607	阿福	469,764	中尉	少校	8,000
8510212	jianke	456,387	上尉	少校	7,000
8580621	段定川	347,849	上尉	少校	7,000
8580108	江枫渔火	305,380	上尉	少校	7,000
8515068	朱啸宇	302,411	上尉	少校	7,000

注：以上表格只发布了将官晋衔奖和校官晋衔奖，未发布尉官晋衔奖和士官晋衔奖。

第五届(2012～2013年)蓝海密剑期货实盘大赛获奖名单

蓝海密剑勋章（统计连续三年）

累计净值排名	资产账号	选手	单位净值	奖金
1	8515568	兵哥战无不胜	31.3084	300,000
2	8515231	如履薄冰	13.04178	200,000
3	7089071	钱丽娜	12.63057	36,000
4	8580389	东海	12.18939	80,000
5	DHZJ2009	韩柏	10.77296	60,000
6	8581382	Innova	10.00581	50,000

年度先锋勋章

年度净值排名	资产账号	选手	单位净值	奖金
1	DHZJ2009	韩柏	10.77	150,000
2	8581382	Innova	10.73	90,000
3	7089071	钱丽娜	10.52	18,000
4	8582259	戈灯岁月	8.92	50,000
5	**2325*	生煎馒头	7.50	4,000
6	8830381	[温州在握]资管团队 5 号	7.30	30,000

军种第一	资产账号	选手	单位净值	奖金
基金	100005	合顺投资 IV(有限合伙)	1.69	9,000
集团军	100006	光头包 1 号	2.99	30,000
导弹部队	8581003	niweixing	3.92	9,000
空军	7021111	[温州在握]资管团队 11 号	2.24	30,000
海军	**1076*	全国第三	3.87	3,000
陆军	3000773	wuxue	6.61	9,000
预备役	8515582	aa911	5.43	30,000
机枪手	8581539	老裤	5.24	30,000
远征军	WYHH0558	haihai	1.73	30,000

快速反应勋章

排名	资产账号	选手	奖金
1	7089071	钱丽娜	30,000
2	8510113	freezegogo	60,000
3	100005	合顺投资 IV(有限合伙)	9,000

高地军旗手

资产账号	选手	奖项说明	奖金
DHLJ2401	凤凰	打破日收益率记录	100,000

晋衔奖（统计连续三年）

资产账号	选手	盈利额	原军衔	晋升军衔	奖金
8810466	种子1号基金	14512638.82	中将	上将	--
8510113	freezegogo	12876832.86	中将	上将	100,000
100005	合顺投资IV(有限合伙)	12534834.17	士兵	上将	90,000
100006	光头包1号	8541899.98	上尉	中将	197,000
7089071	钱丽娜	7712248.71	中校	中将	54,000
8581382	Innova	6811363.98	上尉	中将	197,000
100001	合顺投资I	5694380.4	少将	中将	100,000
8580800	syz1236	5186694.91	少将	中将	100,000
**0018*	煌昱资产	4667250.13	士兵	少将	10,000
8515659	顾伟浩	4495355.03	上校	少将	70,000
8580216	友联(中长线)	4432382.46	大校	少将	50,000
8580961	tjahzgj	3428357.25	大校	少将	50,000
8580528	合顺投资II	3007179.42	大校	少将	50,000
7089111	长安财富1号期货基金	2357124.68	中校	大校	30,000
**0289*	持赢投资	2061091.79	士兵	大校	5,000
DHHX3902X	陆家嘴野牛	1814789.37	上尉	上校	27,000
**0035*	输缩赢冲	1705631.91	士兵	上校	3,000
**5060*	睿福投资稳健一	1639987.23	士兵	上校	3,000
DHZJ2009	韩柏	1588358.41	士兵	上校	30,000
**3055*	瑞雪	1493906.77	士兵	上校	3,000
**0091*	syz1236(二)	1456568.08	士兵	上校	3,000
**9057*	长安财富2号期货基金	1329482.82	士兵	上校	3,000
**0161*	紫贝壳一号	1295450.1	士兵	上校	3,000
8800533	f六年股指	1290265.53	士兵	上校	30,000
8580027	a197208837	1247664.8	少校	上校	20,000
**1076*	全国第三	1244543.03	士兵	上校	3,000
WYHH0558	haihai	1200033.07	士兵	上校	30,000
8515266	风生水起	1174906.34	中校	上校	10,000
8515877	niweidong1	1122868.54	中校	上校	10,000
8580707	xiaorong	1089802.87	中校	上校	10,000
3000773	wuxue	1040552.4	士兵	上校	9,000
**0019*	睿福投资稳健2	990107.5	士兵	中校	2,000

续表

资产账号	选手	盈利额	原军衔	晋升军衔	奖金
**0286*	吴洪涛	972080.51	士兵	中校	2,000
7309002	林朝昱	950725.35	上尉	中校	17,000
7859020	孤舟蓑笠翁	895081.39	少尉	中校	19,000
8515880	蓝色昆仑	813982.42	少校	中校	10,000
**0180*	嘉诚投资－康	800826.19	士兵	中校	2,000
**0109*	量化风华 2 号	710486.95	士兵	中校	2,000
**0266*	熊德裸辉耀	691717.4	士兵	中校	2,000
8518208	borlan	670323.31	中尉	中校	18,000
8801088	精英一号	663820.11	士兵	中校	20,000
**2516*	赤天龙－赢家	609587.67	士兵	中校	2,000
**2325*	生煎馒头	590363.18	士兵	中校	2,000
**0322*	i-futures	575735.67	士兵	中校	2,000
8510121	平恺	563245.59	少校	中校	10,000
**5018*	睿福投资激进	563243.74	士兵	中校	2,000
7293006	恶狼	523543.5	上尉	中校	17,000
8580352	zhgh1688	504109.9	少校	中校	10,000
**0003*	36man	486727.54	士兵	少校	1,000
**1006*	独行侠	486684.97	士兵	少校	1,000
DHWD0812	倪伟东	481754.445	中尉	少校	8,000
**0052*	见风使舵	472414.08	士兵	少校	1,000
7021111	【温州在握】资管团队 11 号	456167.26	士兵	少校	10,000
**0206*	fangyuf	447830.58	士兵	少校	1,000
8582259	戈灯岁月	446856.12	士兵	少校	10,000
**0257*	听天由命	440834.89	士兵	少校	1,000
8581539	老裤	435159.15	高级士官	少校	10,000
7923029	易简之善	426098.42	士兵	少校	3,000
**0006*	他山	416615.95	士兵	少校	1,000
**0103*	道合投资	405100.01	士兵	少校	1,000
8580809	长安财富 3 号期货基金	397309.69	少尉	少校	9,000
**6279*	般若	385144.52	士兵	少校	1,000
8580977	8580977	382572.13	中尉	少校	8,000
7923003	百年投资	382446.18	士兵	少校	3,000

续表

资产账号	选手	盈利额	原军衔	晋升军衔	奖金
6019705	老狼基金	380998.41	少尉	少校	9,000
8580277	关山007	356017.09	少尉	少校	9,000
**0080*	聚禾基金激进	340761.87	士兵	少校	1,000
**5680*	鼎立基金	338526.69	士兵	少校	1,000
8515857	成长基金	325421.87	少尉	少校	9,000
8580879	ydsscz	324888.35	士兵	少校	10,000
**6120*	小熊猫二号	316696.04	士兵	少校	1,000
DHSS6702X	lishushan	314869.53	士兵	少校	10,000
**3023*	henrrryl	311334.92	士兵	少校	1,000
**2870*	南昌稳赢	308382.57	士兵	少校	1,000
8580363	rtl867356	300459.56	中级士官	少校	10,000
8515231	如履薄冰	297209.61	中尉	上尉	1,000
8582181	anewworld	293821.19	士兵	上尉	3,000
DHXY4129	诚诺投资	277674.38	士兵	上尉	3,000
8580952	spear2345	240011.32	中尉	上尉	1,000
7270021	荣晓东	221068.27	高级士官	上尉	3,000
8515582	aa911	219483.31	士兵	上尉	3,000
8580935	chenyanwin	152768.81	士兵	上尉	3,000
8580358	huanghui	151040.23	中尉	上尉	1,000
8581099	feiyu2010	144810.77	少尉	中尉	1,000
8581392	tdr12345	137068.23	士兵	中尉	2,000
8511314	qqxxw	133541.49	士兵	中尉	2,000
DHYL6106X	花雨漫天	121868.82	士兵	中尉	2,000
8516288	cchenlongg	102064.46	少尉	中尉	1,000
8580336	ZY741105	98314.23	高级士官	中尉	2,000
8515793	srtx2008	88404.1	士兵	中尉	2,000
8581390	Love&Belief	84469.33	士兵	中尉	2,000
WYXZ6655	王一歡	82907.77	士兵	中尉	2,000
8580356	zhuliangchen	81702.08	士兵	中尉	2,000
8581376	一叶轻舟	71054.47	高级士官	少尉	1,000
8582079	小娟子	69480.49	高级士官	少尉	1,000
7538002	龙女赚钱钱	66156.33	高级士官	少尉	1,000

续表

资产账号	选手	盈利额	原军衔	晋升军衔	奖金
8614444	wzx	60627.6	初级士官	少尉	1,000
8515370	qiuhongxia	58882.71	士兵	少尉	1,000
8580611	dingchaofeng	58288.9	士兵	少尉	1,000
7989017	永不服输	57068.69	士兵	少尉	1,000
DHYF7552X	清风山岗	52590.63	士兵	少尉	1,000
6078901	师法自然	51927.64	士兵	少尉	1,000
DHMD4832H	华尔街期货软件	51332.97	士兵	少尉	1,000
8580099	cnjxndlc	50213.19	高级士官	少尉	1,000

注：以上表格只发布了将官晋衔奖和校官晋衔奖，未发布尉官晋衔奖和士官晋衔奖。

附录二：第六届(2013～2014 年)蓝海密剑中国对冲基金经理公开赛获奖名单

第六届(2013～2014 年)蓝海密剑中国对冲基金经理公开赛获奖名单

年度先锋勋章

年度净值排名	资产账号	选手	单位净值
1	DHXY9588	王向洋	24.77
2	8580836	Zhangmeijun	10.15
3	8582501	国利资产:趋势为王	10.13
4	8701886	时务投资	9.47
5	8580679	zhaohui	9.26
6	16810079137	寂寞之狐	9.25

军种第一	资产账号	选手	单位净值
基金	9900100000105	持赢 1 号	2.55
集团军	3711002862	善境投资吴洪涛	4.90
导弹部队	8510121	汉辰	3.68
空军	13703700508	南京飞鹰	4.27
海军	171076197	乘务队	6.00
陆军	8515013	小李飞刀	5.13
预备役	6616102	得与失	7.22
远征军	DHCY3623	火蓝投资	5.83
机枪手	8515636	gogo	1.55

高地军旗手

资产账号	选手	奖项说明
DHCY3623	火蓝投资	打破季度、半年收益率记录
DHLJ2401	凤凰	打破日、季度收益率记录
DHMB6584	漂流筏	打破季度收益率记录

晋衔奖(统计连续三年)

资产账号	选手	盈利额	原军衔	晋升军衔
208257119999	14 持赢进取一号	45338687	士兵	上将
13010303018	刘福厚 02	43470135	士兵	上将
8808888	东航金融种子一号	32320635	士兵	上将
8580515	奔菁友联①	24098355	中将	上将
9900100000105	持赢 1 号	18833616	士兵	上将
158100106345	得胜六号	18062384	士兵	上将
9900100000155	持赢稳健 1 号	17677802	士兵	上将
DHCY3623	火蓝投资	16761846	士兵	上将
3711002862	善境投资吴洪涛	16295831	中校	上将
8581382	Innova	15275305	中将	上将
8580216	奔菁友联②	15174269	少将	上将
6060121	合顺投资Ⅳ(有限合伙)	13685678	上校	上将
189000002000358	输缩赢冲	13408900	上校	上将
8801301	凌云 1 号	11624358	士兵	上将
8801503	凌云 2 号	11054057	士兵	上将
100006	光头包 1 号	10824556	中将	上将
13010303030	刘福厚	10343920	士兵	上将
1812600537	恩萌 18	9564371	士兵	中将
7710909956	syz1236(四)	7311848	士兵	中将
8515659	顾伟浩	7104770	少将	中将
208201000916	syz1236(二)	7088604	上校	中将
13010303029	百川爷	6968564	士兵	中将
6800002899	持赢投资	6580940	大校	中将

续表

资产账号	选手	盈利额	原军衔	晋升军衔
208279100615	jason	6559367	士兵	中将
3000773	wuxue	5892188	上校	中将
12981010068	独行侠	5762640	少校	中将
7061201	小熊猫二号	5352039	少校	中将
213330669	铁纪	5009765	士兵	中将
171270966	云淡风轻	4829831	士兵	少将
1778561004028	乾一	4816131	士兵	少将
12208816	佛意投资吴洪涛	4523851	大校	少将
8581016	飞鹤东航	4375096	士兵	少将
8515013	小李飞刀	3803898	中校	少将
8510121	汉辰	3751968	中校	少将
12610000187	煌昱投资专户	3567914	士兵	少将
8516152	苹果梨	3557371	士兵	少将
8800533	f 六年股指	3278745	上校	少将
12981081619	蓝色天际 A	3250558	士兵	少将
12984021888	合顺投资量化交易团队一号	3166513	高级士官	少将
1728010100133	踏浪	3092418	士兵	少将
7309002	期待黑天鹅	3062195	中校	少将
13703700508	南京飞鹰	2924463	士兵	大校
60660300202792	syz1236(五)	2799604	士兵	大校
7712011985	期货兔子	2726474	上尉	大校
8610353	睿福投资基金 2 号	2667130	士兵	大校
22261158	刘学伟	2620994	士兵	大校
156620083	恩萌 28	2547251	士兵	大校
11383300050	BLUE(程序化)	2447675	中尉	大校
8610356	睿福投资基金 3 号	2356434	士兵	大校
WYHH0558	haihai	2057295	上校	大校
158100300376	传奇	2052341	士兵	大校
171076197	乘务队	2012916	少尉	大校
20710058858	中睿投资	1838937	士兵	上校
7293006	恶狼	1820784	中校	上校
DHWD0812	东东锵④☆外盘☆	1781614	少校	上校

续表

资产账号	选手	盈利额	原军衔	晋升军衔
8582369	emmazhangster	1734426	士兵	上校
91928705	南昌稳赢	1648864	少校	上校
22290819	投资在线 2014	1641468	士兵	上校
6021603	★云旗★资产	1631814	上尉	上校
1778002252588	蓝色天际 B	1625407	士兵	上校
5290358208	奇获投资 2 号	1601520	士兵	上校
6818400035	老白干	1581758	少校	上校
151001101506	FLBT	1392186	士兵	上校
18728002679	成长投资	1322470	士兵	上校
8701519	喵了个咪	1288700	士兵	上校
22399989	奇获投资 10 号	1245472	士兵	上校
2552979	奇峰投资	1205058	士兵	上校
208257100502	杭州阿超投资	1193557	士兵	上校
1012301097	量化风华 2 号	1155904	中校	上校
12984020600	合顺投资 0600	1155019	士兵	上校
DHXY9588	王向洋	1123109	士兵	上校
8580809	长安财富 3 号期货基金	1121412	少校	上校
8610331	明天	1100941	士兵	上校
8580712	滚雪球	1080881	上尉	上校
11920210706	百里马	1045753	士兵	上校
10767213	徐不疾	1028563	初级士官	上校
12981162911	百年投资	1024118	士兵	上校
208257901015	东北角 2	998932	士兵	中校
8701130	18900662***	984675	士兵	中校
7032853	杰西糖 2014	978503	士兵	中校
15202067	fangyuf	975610	少校	中校
2102020330	东北角	965054	士兵	中校
156882397	恩萌 d	963925	士兵	中校
8515231	如履薄冰	950616	上尉	中校
8582331	深圳景春	933580	士兵	中校
151001101505	张田(范磊指导)	913844	士兵	中校
8580108	江枫渔火	911864	少校	中校

续表

资产账号	选手	盈利额	原军衔	晋升军衔
12980700082	一根均线	886936	士兵	中校
763070018	lsd	886221	士兵	中校
1778002220562	gold16	884765	士兵	中校
8510212	jianke	882589	少校	中校
80100006769	期蛭	858123	少尉	中校
8582512	老火鸡	857424	士兵	中校
156882601	恩萌 08	852154	士兵	中校
156882721	恩萌 b	822453	士兵	中校
2160201900019	鳄鱼猎食	794559	士兵	中校
13010303001	刘福厚 01	772239	士兵	中校
8831920	琳石一找伯乐	751772	士兵	中校
13588716658	品石资产	740095	士兵	中校
12981130925	恒星	734833	士兵	中校
13588702579	听天由命	724127	少校	中校
91918008	大国崛起	713676	中尉	中校
6818400036	向日葵投资	707249	中尉	中校
8701886	时务投资	696050	士兵	中校
12981081598	海豚一号	695286	士兵	中校
205600333999	qihuo laoren	686538	士兵	中校
7293003	狼啊狼	686340	士兵	中校
8580879	稳健投资	676144	少校	中校
59392158	f6	667414	上尉	中校
7989003	申林 1	662904	士兵	中校
151000500311	点石成土	643231	上尉	中校
7805553	张金光	637517	士兵	中校
8582501	固利资产:趋势为王	626446	士兵	中校
205881001521	思思飞	623934	上尉	中校
205881009990	毛主席说我真丑	622537	上尉	中校
8580679	zhaohui	618914	中级士官	中校
2133607	义美基金	596826	士兵	中校
21979040109	玮猪炒期货	587203	士兵	中校
208100105657	焓天 Allen	587000	中尉	中校

续表

资产账号	选手	盈利额	原军衔	晋升军衔
20799006692	杭州阿超投资种子帐户	571471	士兵	中校
22811803162	朗智基金1	561064	中尉	中校
8581022	8581022	557433	上尉	中校
8580855	lixinpeng	547911	士兵	中校
7710700898	程序交易者	546183	士兵	中校
8510183	ooeight	536749	少校	中校
213305089	持之以恒89	515428	士兵	中校
DHXX9320	许盛智	514467	上尉	中校
156620087	恩萌c	512924	士兵	中校
9600600152	挪威森	507133	士兵	中校
59710820	龙行海天	490663	士兵	少校
880603028	元杰_玉米	476342	士兵	少校
8582212	以期货为生	464559	初级士官	少校
218879064	老白干01	459960	士兵	少校
6022719	李蓉2146	455228	士兵	少校
12983100018	鳄鱼捕食	444470	士兵	少校
156602029	UniHarvest	425821	士兵	少校
16810079137	寂寞之狐	411739	士兵	少校
780025888	林之鹤	408973	士兵	少校
21021500098	富甲一方	404899	士兵	少校
193707133	守望者(股指)	401036	士兵	少校
2711888	鲁南投资	399470	士兵	少校
116602325	纽约Futures	396452	士兵	少校
23091000960	全部程序交易	391721	上尉	少校
100008	布林鳄1号	389899	士兵	少校
1800965	微时量化基金	386039	上尉	少校
8581510	蒋晓辉	385275	士兵	少校
18786001780	恩萌38	384561	士兵	少校
8610363	CACF4	367049	士兵	少校
15639211	tom顺势而为	362513	中尉	少校
60330034000534	知秋	357529	士兵	少校
60660300202999	周正晓	355717	士兵	少校

续表

资产账号	选手	盈利额	原军衔	晋升军衔
11920227088	fangyuf3	354014	士兵	少校
139100101007	谈小二	353979	士兵	少校
8580835	billcai	351888	高级士官	少校
1817005761	恩萌 j	348513	士兵	少校
DHZY9089X	houyong	347016	高级士官	少校
7270021	荣晓东	340148	上尉	少校
2829230	天才之梦	339641	士兵	少校
8516288	cchenlongg	339572	中尉	少校
12984018908	大信 5 号	337861	中级士官	少校
8703923	18960522***	337139	士兵	少校
8801300	煌昱一号基金	332729	士兵	少校
2088030309	ST 涛涛	330453	中尉	少校
10516579	杨沂茹	327003	士兵	少校
8513816	wyhaier	326320	中尉	少校
8831878	王卿:做期货的 95 后	325417	士兵	少校
20610180372	大信六号	319068	士兵	少校
22921700008	孙子兵法	318123	中级士官	少校
1010102227	QKPGDRWVXSLMHTZNBCF	317532	士兵	少校
170801002910	一粒米	312099	士兵	少校
22811803185	冬日恋歌	306798	士兵	少校
8705380	御风致远	304768	士兵	少校
8582528	长安财富 5 号期货基金	302414	士兵	少校

注：以上表格只发布了将官晋衔奖和校官晋衔奖，未发布尉官晋衔奖和士官晋衔奖。

附录三：“蓝海密剑”中国对冲基金经理公开赛比赛【最新规则】

“蓝海密剑” 中国对冲基金经理公开赛比赛规则

为了促进衍生品市场投资管理人才的成熟，探索和积累衍生品投资基金管理经验，推动我国衍生金融力量全面成长，秉承科学、严谨、创新、高效的精神，东航金融(www.kiiik.com)联合汇添富基金(www.99fund.com)、第一财经 (www.yicai.com)共同举办“蓝海密剑” 中国对冲基金经理公开赛。

[比赛时间]每年(1 月 1 日至 12 月 31 日)一届，连续 10 年。

[奖金总额]计划每年超过 100 万元人民币，总计 1000 万元以上。

[赛事规划]

1. 适应对外开放趋势需求，大赛向全球开放。为全面加速培养衍生品投资管理人才，第七届比赛期货实盘大赛基础上， FOF、金融期货仿真和杠杆式外汇仿真等辅助策略测试平台，参与者可单独报名。

2. 第六届“蓝海密剑”实盘大赛选手默认自动进入本次比赛，过往比赛成绩将被连续计算列入大赛官网“蓝色档案”以备查考。

3. 比赛中成绩优异、表现突出的选手将载入精英档案，组委会将予以推广。

4. 为提升比赛竞技水平，国内任何期货公司的投资者均可参加期货实盘大赛。

5. 特约交易商 (东航期货与东航国际金融) 投资者将有机会获得增值服务中心使用机会。

6. 其他期货公司投资者可向大赛组委会申请参加比赛，该类投资者在参赛后列入盟军序列，并需提供相关必要信息，该类信息仅用于比赛成绩处理和获奖时身份验证。

7. 主办方将通过科学严谨的评估体系进行星级基金经理评估，同时还将邀请潜质选手加盟“种子系列”基金经理培养计划，提供规模资金操作培养平台，锻炼选手规模资金掌控能力。

8. 大赛表现优异选手将获主办方相应礼遇，并有机会获组委会以高薪职涯邀聘或进行深度合作。

9. 大赛所有奖项均为税前额。

10. 蓄意弄虚作假而非展示真实操作水平者，组委会可根据情况取消其参赛资格。

11. 组委会拥有本次比赛解释权并随赛程进展必要时对规则进行合理调整，但每届比赛最后三个月不再修改比赛规则。

[奖项总揽]

第七届中国对冲基金经理公开赛设年度先锋勋章、晋衔奖、高地军旗手等奖项，年度比赛结束后颁发。

<table>
<tr><th colspan="4">奖项总揽</th></tr>
<tr><th colspan="2">所属赛事</th><th>奖项要求</th><th>计奖周期</th></tr>
<tr><td rowspan="5">实盘比赛</td><td rowspan="2">年度先锋勋章</td><td>年净值增长前6名</td><td rowspan="4">每年颁发</td></tr>
<tr><td>各军种年净值增长前3名</td></tr>
<tr><td>晋衔奖</td><td>累计收益额突破晋衔标准</td></tr>
<tr><td>高地军旗手</td><td>突破各周期收益率纪录</td></tr>
<tr><td>星级基金经理</td><td>星级排名评分前100位</td><td>优先入选FOF基金池</td></tr>
</table>

[大赛官网]比赛详情请登录蓝海密剑http://www.lhmj.org

[大赛论坛]选手交流请登录蓝海密剑－中国对冲基金论坛 http://forum.kiiik.com/

[大赛技术协办]东航期货有限责任公司、东航国际金融(香港)有限公司

[隐私保护]主办方承诺对所有选手个人信息资料、交易数据实行最严格

保护，未得选手同意，不得泄露。

期货实盘大赛竞赛规则

[基本规则]

1. 有志于从事衍生金融事业的国内、外所有期货(期权)投资者和杠杆式外汇投资者，均可报名参加比赛。

2. 国内市场交易不限交易商，如申请在特约交易商东航期货有限责任公司比赛，将获各类增值服务、特许手续费率、机枪手组等机会，非特约交易商为盟军选手；国际市场特约交易商为东航国际金融(香港)有限公司。

3. 比赛交易风格不限，交易品种不限(包括在竞赛期间推出的新品种)，保证金规模不限，保证金出入不限。

4. 上届"蓝海密剑"期货实盘赛选手，默认自动进入本次比赛。特约交易商客户如愿参加比赛须向组委会申请并提供资产账号。

5. 比赛中将构建科学严谨的评估指标体系全方位考察选手交易状况。

6. 为增强比赛的直观性和观赏性，比赛模拟军事行动展开，特引入兵种、军衔序列编制，根据选手的资金规模(日均净本金)和取得的收益额划分不同兵种和配授相应军衔；晋衔选手将获得相应奖项。

7. 为保证盟军参赛选手交易数据连续性，参赛选手应向主办方提供参赛账户的保证金监控中心账户和密码且在比赛期间持续有效。如遇期货保证金监控中心技术升级、选手保证金监控中心密码变更及其他非主办方原因造成盟军成绩缺失，大赛主办方不承担责任。

[入伍编队规则]

1. 所有选手按日均净本金或战技特征编入蓝海密剑相应军种：

军种	日均净本金(战技)
基金组	1000万(含)以上
集团军	200万(含)以上
导弹部队	100万(含)以上
空军	50万(含)以上
海军	30万(含)以上
陆军	10万(含)以上
预备役	10万以下
机枪手特战营	日内交易选手
远征军	外盘选手
志愿军	特约交易商非特许手续费选手
盟军	非特约交易商选手

2. 军种划分及军种调整条件

(1)所有选手参赛后如有出入金变化，其军种划分方法采取日均净本金的算法。

(2)盟军选手以日均净本金编入基金组、集团军、导弹部队、空军、海军、陆军、预备役等常规军种(不包括机枪手和远征军)参与大赛排名。

(3)机枪手特战营(日内交易)根据选手的交易状况编队。具体条件为：

① 日内交易，无隔交易日持仓。不符合条件者，自动划入其他军种继续参战。

② 常规军种选手申请加入机枪手，以重新参赛处理。

③ 对于利用比赛规则，反复申报机枪手组别情形实施限制条件：违反组别规则退出机枪手组后，每届比赛只有一次再度申报该组别资格。

(4)进编远征军(外盘选手)选手需向组委会特别申请并提供相应账户资料。具体条件为：

① 持有东航国际金融(香港)有限公司的港股、恒指及海外证券、海外期货、杠杆式外汇交易账户的选手均可加入远征军。

② 远征军选手的成绩每日将根据中国外汇交易中心外汇中间价统一结算成人民币后进行计算。

[成绩计算]

1. 实盘大赛根据选手权益、出入金等情况采取单位净值法计算成绩，并与每日进行发布。年单位净值为以当届参赛为初始状态计算的单位净值，当届比赛内连续计算，每届比赛结束后清零重新计算。总单位净值以 2014 年 1 月 1 日 10 年比赛周期起点为初始状态计算的单位净值，连续滚动计算。

2. 选手由常规军种申请转入机枪手，当届比赛成绩清零，次日重新计算。

3. 机枪手选手违反比赛规则持仓，自动转入常规军种，当届比赛成绩延续计算；选手由机枪手转为常规军种，当届比赛成绩延续计算。

4. 盟军选手申请转入常规军种、机枪手参赛的，需向特约交易商申请开立交易账户，其中盟军选手转为常规军种参赛的，当届比赛成绩延续计算；盟军选手转入机枪手的，当届比赛成绩清零，次日重新计算。

5. 盟军选手转入常规军种后，延续计算此前盟军成绩的，需同时满足以下条件方可视为常规军种组别奖励：第一，不少于 50%盈利额在转入常规军种后取得；第二，当届比赛以常规军种身份参加比赛时间不少于 50%且不少于 3 个月。未同时满足上述条件的选手，奖金依然依据盟军标准颁发。

6. 主办方每日对选手成绩进行计算和发布，其中常规军种选手在开赛前如有持仓，期初权益按开赛前日收盘价计；如中途报名参赛或因其他原因导致重新计算，期初权益按前日结算价计；比赛过程中按结算价计算，每届比赛末按最后一日收盘价计算成绩；盟军选手账户权益在比赛全程按结算价计算成绩。

7. 由于外盘、外汇市场在国内时段为跨天交易，大赛统一规定 T 日账户权益为累加计算 T-1 交易日外汇市场收盘，T 日港交所收盘以及北京时间凌晨 5:15(夏令时)海外期货市场的即时账户权益，作为计算当日远征军选手成绩的依据。(海外期货数据冬令时比夏令时延迟 1 小时)。

8. 大赛盟军选手成绩计算所需数据通过期货保证金监控中心获取，因各期货公司结算时间差异，大赛盟军选手成绩于每日 18：00 左右发布，并在此后陆续更新，次日 6：00 为当日成绩最终截止时间。

9. 比赛各周期收益率、收益额奖项以及各项收益率记录的认定，均以周期起始日前一个交易日和周期期末日收盘价确认账户权益。盟军选手涉及参赛奖项和收益率记录认定时，需按所在军种统一手续费标准调整账户权益后确认。

10. 为真实反映选手交易能力，保证大赛公平，每个比赛周期末组委会将按照收盘价和手续费水平对账户成绩进行核实，最终获奖情况以大赛官网正式公告为准。

[奖项设置]

第七届实盘大赛专设年度先锋勋章、晋衔奖、高地军旗手等奖项，于每届比赛结束后颁发。盟军均根据日均净本金编入相应军种排名，各评奖周期末根据所在军种进行交易手续费统一核算，如达到各奖项要求，可参选年度先锋勋章、晋衔奖、高地军旗手奖项和星级基金经理评估体系，盟军选手可获得相应奖项奖金的10%。

年度先锋勋章

奖励类型	奖项说明	获奖人数	奖金／人	奖金合计
先锋勋章	年净值增长第1名	1名	6万	21万
	年净值增长第2名	1名	5万	
	年净值增长第3名	1名	4万	
	年净值增长第4名	1名	3万	
先锋勋章	年净值增长第5名	1名	2万	21万
	年净值增长第6名	1名	1万	
先锋勋章（年净值增长前6名以外）	各军种年净值增长第1名	1名	5000	9万
	各军种年净值增长第2名	1名	3000	
	各军种年净值增长第3名	1名	2000	
每年奖金30万				

注：如某军种参赛人数少于10人，则取消该军种年度先锋勋章。

晋衔奖

大赛所有选手盈利额采取滚动连续方式计算。所有在每届比赛参赛时间在3个月以上(含)且在每届比赛结束时获得衔级者，均可获得相应晋衔奖励。晋衔奖每年向当年晋级选手颁发一次，奖金额为晋升后衔级与历史过往最高衔级奖金差额。

军衔	收益额	晋衔奖
元帅	1亿元(含)以上	50万元
五星上将	5000万元(含)至1亿元	30万元
上将	1000万元(含)至5000万元	20万元
中将	500万元(含)至1000万元	10万元
少将	300万元(含)至500万元	5万元
大校	200万元(含)至300万元	3万元
上校	100万元(含)至200万元	2万元
中校	50万元(含)至100万元	1万元
少校	30万元(含)至50万元	5000元
上尉	15万(含)至30万元	
中尉	8万元(含)至15万元	
少尉	5万元(含)至8万元	
高级士官	3万元(含)至5万元	
中级士官	1万元(含)至3万元	
初级士官	5000元(含)至1万元	
士兵	5000元以下	

注：盟军选手需获得校官以上衔级可获得晋衔奖奖金。

高地军旗手

奖励类型	奖项说明	获奖人数	奖金/人
年度记录高地军旗手	打破比赛年度收益率记录	不限	1万
半年记录高地军旗手	打破比赛半年度收益率记录	不限	1万
季度记录高地军旗手	打破比赛季度收益率记录	不限	1万
月度记录高地军旗手	打破比赛月度收益率记录	不限	1万
日记录高地军旗手	打破比赛日度收益率记录	不限	1万

注：① 本次10年比赛周期"蓝海密剑"比赛的日、月度、季度、半年、年度等各项

收益率记录，均以累计东航金融举办前五届期货实盘比赛比赛结果对应各项收益率最高记录为初始值。

② 某周期纪录被刷新后，即作为下一次纪录突破的基准值；如有多位选手在同一天打破某周期记录，均可获得高地军旗手奖项，取成绩最高者作为下一次纪录突破的基准值。

③高地军旗手奖项确认除满足突破此前比赛收益率记录外，同时在该周期内盈利应不少于人民币5万元，每届比赛结束后根据当年比赛记录情况颁发一次。

④ 比赛新产生的日、月度、季度、半年、年度等各项收益率记录，均以周期起始日前一个交易日和周期期末日收盘价确认账户权益，并通过单位净值法进行计算。每个记录周期期末，组委会将对比赛自动计算出的超过或接近各项记录成绩进行人工复核，并对破记录的成绩予以确认。

FOF 仿真测试平台

1. 长期关注期货资产管理，有志从事对冲基金事业者均可报名参与，参加者需提供姓名、联系方式、有效身份证等资料，每人只能注册一个账户。报名成功后，获得主办方开设的蓝海 FOF 账户和统一的 5000 万人民币资金规模。

2. FOF 参赛选手以蓝海密剑实盘大赛参赛账户做为作为目标基金池进行投资，首批目标基金池为蓝海密剑星级评估排名前 100 位选手(以申购前一交易日名单为准)，标的基金根据其账户规模有投资权重限制。选手可自行利用蓝海密剑大赛官网的数据、指标、资料等对目标基金进行评估。

3. 蓝海 FOF 账户初始权益为 5000 万，初始 FOF 蓝海净值为 1。

4. 每日收盘后计算蓝海 FOF 账户单位净值，单位净值 =T 日权益 / 初始权益，其中 T 日权益 =T-1 日现金 +T 日目标基金份额 *T 日目标基金净值之和，T 日现金 =T-1 日现金 -T 日申购金额 +T 日转入赎回金额。

5. 蓝海 FOF 账户对目标基金投资采取现金申购、份额赎回方式，申购和赎回可 24 小时连续进行。申购赎回价格以申购赎回指令发出时间来确定，交易日当天 15：15 以前发出的申购赎回指令以当日收盘价作为申购赎回的成交价。15：15 以后发出的申购赎回指令以下一个交易日收盘价作为申购赎回的成交价。申购赎回指令的发出时间以系统接收到委托指令的时间为准。

6. 为了培养基金投资的审慎态度，FOF 目标基金的申购和赎回费用均由基金申购人承担，使用蓝海 FOF 账户内的现金支付扣除，FOF 基金的申购费率为 0.5%，赎回费率为 0.5%。

7. FOF 目标基金申购份额的计算：净申购金额 = 申购金额 /（1+ 申购费率），申购费用 = 申购金额 - 净申购金额，申购份额 = 净申购金额 / 提出申购当日基金年单位净值

8. FOF 目标基金赎回金额的计算：赎回采用"份额赎回"方式，赎回价格以提出赎回当日（T 日）基金年度单位净值为基准进行核算，计算公式如下：赎回总金额 = 赎回份额×T 日当日收盘时基金年单位净值，赎回费用 = 赎回总金额×赎回费率，净赎回金额 = 赎回总金额 - 赎回费用

9. 根据目标基金净本金规模不同，蓝海 FOF 账户对其投资份额进行限制（下表）。

军种	日均净本金	份数限额
基金组	1000 万（含）以上	5000 万
集团军	200 万（含）以上	1000 万
导弹部队	100 万（含）以上	500 万
空军	50 万（含）以上	250 万
海军	30 万（含）以上	150 万
陆军	10 万（含）以上	100 万
预备役	10 万以下	50 万
机枪手	日内交易选手	50 万
远征军		暂不参与

10. 蓝海 FOF 账户如遇所持目标基金在实盘比赛中申请退赛，以退赛前一日净值赎回该目标基金的全部份数计算权益。如遇目标基金在实盘比赛中军种组别调整，目标基金份数限额跟随自动调整，原持有人所持该基金的份额不变。

衍生品及外汇仿真策略测试交易平台说明

1. 为全面培育提升投资者交易能力，国内金融衍生仿真交易、杠杆式外汇仿真交易为不具备实盘条件的选手以及体验未在实盘上市的品种提供测试交易和风控策略的平台。

2. 由于仿真开户的需要，满足中国证监会及香港证监会相关规定的投资者均可报名参与，参加仿真平台需提供姓名、联系方式、有效身份证明等资料。

3. 仿真平台通过大赛官网报名，报名需提供相关资料信息，报名成功后由主办方分配账号和初始密码。

4. 参与仿真平台需采取指定操作软件，国内金融衍生仿真交易指定软件——全球鹰仿真系统，杠杆式外汇仿真交易指定软件——CES-MT4 仿真软件。

5. 账号及密码一经提供需由参赛者自行保管，丢失或遗忘主办方均不负责。

6. 国内衍生品仿真交易账户初始权益为 500 万人民币，杠杆式外汇仿真交易初始权益为 50 万美元，初始单位净值为 1。

7. 国内金融衍生仿真交易主要交易中国金融期货交易所沪深 300 指数仿真期货合约及交易所适时推出金融期货和期权等衍生品仿真合约。

8. 杠杆式外汇仿真交易品种为主办方所提供交易软件中允许交易的外汇种类，最小交易单位为 10000 基本货币，杠杆比例为 20：1。

9. 仿真账户 T 日的年度单位净值 =T 日权益 / 比赛初始权益，仿真账户 T 日的月单位净值 =T 日权益 / 当月初始权益，其中 T 月初始权益 =T-1 月最后一个交易日权益。

10. 考虑未来上市各类仿真交易合约价格不连续，衍生品种杠杆和保证金计算方式差异较大。保证公平交易及为引导投资者正确交易理念，衍生品及外汇仿真策略测试交易平台不设收益率奖项。仿真参与者可自愿在大赛官方论坛以发帖跟踪形式测试情况，经大赛组委会及实盘投资者评估测试成熟策略，给予资金推荐或实盘合作奖励。

11. 为培养挖掘潜力人才，增加高校学生实务动手能力，主办方特别为展示记录优异的校园选手提供实盘赛事活动观摩、交流以及东航金融旗下机构实习和优先录用等多项奖励。

12. 本次活动最终解释权归主办方所有。

附录四：“种子一号”对冲基金经理养成计划

“种子一号”对冲基金经理养成计划

衍生产品基于企业规避市场风险需要而产生，作为金融工具而完善，显现为重要的投资渠道而繁荣。2010年，随着中国股指期货的成功推出，期货市场的功能完善和市场容量迈上了新台阶。

然而，我国期货市场发展水平与国际同行业相比仍然存在很大差距。在成熟的期货市场上，机构投资者是市场中的主要力，而我国期货市场个人投资者占据了市场的主要地位。失衡的投资者结构不利于我国期货市场的健康发展，加快培养我国专业的机构投资者是市场建设的当务之急。

为此，东航金融在“潜龙出渊”和“蓝海密剑”期货实盘大赛开赛之初就明确了“探索和积累衍生品基金管理经验”的宗旨。通过数年的探索和积累，拟推出 “种子一号”基金经理养成计划，以期为未来真正的对冲基金培养出优秀的经理人才。

一、基金经理养成计划目的

通过系统组合，资金规模增压，促进比赛中表现出卓越潜能的选手成长，使选手通过本计划培养后顺利过渡为未来基金经理。东航金融通过提供种子基金的方式，为选手提供一个贯彻自己投资理念和展示交易技巧的平台。随着选手投资水平的提升和选手数量的扩充，逐步增加种子基金规模，进一步提升选手运作资金的能力。本设计方案参考目前基金公司“专户理财”产品的运行架构，但保持资金和选手的开放性，以实现资金规模和人才规模的扩充。

二、基金经理养成计划的运作

针对目前期货行业资产管理无序的情况，本基金经理养成计划按照基金公司方式运作，希望通过规范的运作形式，提升整个期货行业资产管理标准，使得期货行业资产管理向着有序、健康、标准化的方向发展。基金经理养成计划运作期间，东航金融对参加基金经理养成计划的选手定期进行评估，通过对选手交易记录进行多维度分析， 结合对选手交易手法、交易风格的定性考察，甄选优秀的选手稳步增加资金规模。以下是本计划运作的流程图。

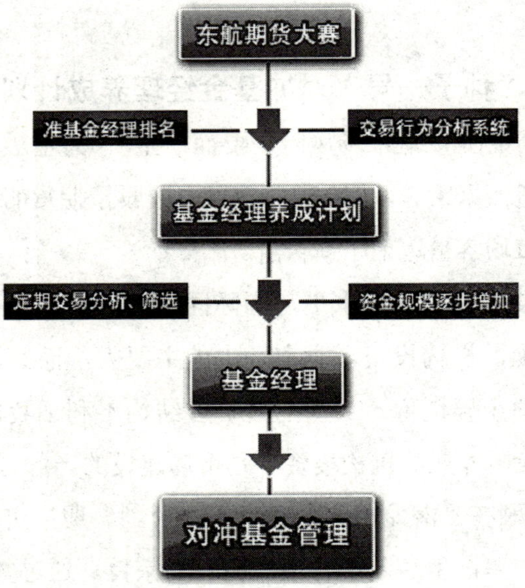

三、基金经理养成计划选手挑选标准

1．参加潜龙出渊和蓝海密剑大赛满12个月，个别表现极为突出选手可放宽至6个月。

2．准基金经理(“蓝海密剑”实盘大赛综合排名)排名前60(随着参赛人数增加,可酌情放宽)。

3．有较明确的投资理念和交易策略，符合基金经理养成计划产品的要求。

4．有较为严格的风控方案，并有较强的执行力。

5．有合作意愿，具有较强自律性。

四、基金经理养成计划产品构建方法

通过对参加 “蓝海密剑”期货大赛的优秀选手进行交易行为分析并结合本基金产品的风险控制要求，首期甄选出10～15位优秀选手；将选手交易策略进行分类、组合，根据“种子一号”风格要求分配权重和资金规模(以后定期调整权重和资金规模)。

五、基金经理养成计划产品特点

通过优选期货组合投资经理，利用短线、中线、长线等策略进行组合投资，并采用对投资经理的组合比例调整，追求资本在低风险水平下的长期平稳复利增长；以期“种子一号”有杰出表现。

通过多种不同投资策略组合，获取稳健基础上的高额投资收益。

东航金融发挥主动管理能力，采用组合基金的设计结构，根据市场状况和选手表现，适时动态调整子基金配置权重，对选手在综合谨慎考察基础上实行优胜劣汰。

多种措施保障风险。通过东航金融、期货公司和投资经理三级风控体系严密布控；通过动态保证金比率调整、投资品种设定、严格止损、交易软件自动交易参数设定、多重安全垫等多种手段实施风控。

明星投资经理 + 激励约束机制。东航金融从八百多位交易选手中，挑选了 60 位投资经理组成备选池，再从中挑选 10 多位投资经验丰富，投资策略鲜明的明星基金经理。同时东航金融将出资认购种子基金的启动规模。对培养的基金经理实行投资顾问(CTA)制度，激励措施为基本顾问费 + 绩效奖励。

风险承托机制。如果基金实际净值低于 0.7，即亏损额超过 30% 的部分由东航金融承担

六、基金经理养成计划产品要素

基金经理养成计划产品采取主动管理组合投资方式，业绩激励参考国外期货投资基金以及国内的专户理财产品的激励制度，对投资顾问实行基本投资顾问费 + 业绩奖励方式，投资顾问不承担投资风险。基金经理养成计划投资产品，每 3 个月为一个申购赎回窗口，申购赎回逻辑如下：

基金类型	主动管理组合期货投资基金
基金投资范围	暂仅限定于上海期货交易所、大连商品期货交易所、郑州期货交易所的主力合约
基金投资规模	最低投资1000万元人民币，不封上限
投资者申购赎回费率	申购费0%；赎回费0%
投资者申购赎回期	每季度末倒数第二个交易日开放申购赎回
基金产品期限	不定期限
基金分红	在产品份额单位净值超过1.0进行分红，每年至少分红一次
基金计划跟踪指数	绝对回报
静态预警线	子基金净值0.85
止损线	子基金净值0.7
基金固定管理费用	2%/年，按理财产品资产规模收取，按日计提，逐日累计到每月月末，按月支付
基金浮动业绩报酬	按照基金份额年化收益率超过8%部分计提20%作为业绩报酬
基金经理业绩奖励总额	根据基金份额的年化收益率表现超额部分按以下方式计算： 0<基金份额年化收益率≤8%，不提取业绩奖励； 8%<基金份额年化收益率≤18%，超额部分收取9%业绩奖励； 18%<基金份额年化收益率≤28%，超额部分收取10%业绩奖励； 28%<基金份额年化收益率≤35%，超额部分收取11%业绩奖励； 35%<基金份额年化收益率，超额部分收取12%业绩奖励
基金经理基本投资顾问费总额	资产总规模1%/年，为扶持基金经理养成计划，初期暂定资产规模6%/年左右
基金经理个人业绩奖励	基金经理个人业绩奖励 $=\frac{\text{子基金的贡献额}}{\text{所有子基金的贡献额之和}}\times$ 基金的奖励总额； 子基金贡献额根据子基金份额的年化收益率表现超额部分计算，具体参照基金业绩奖励计算； 若基金经理单位净值达到止损线，终止合作；不享有个人业绩奖励

七、投资决策程序和投资限制

1．投资决策流程

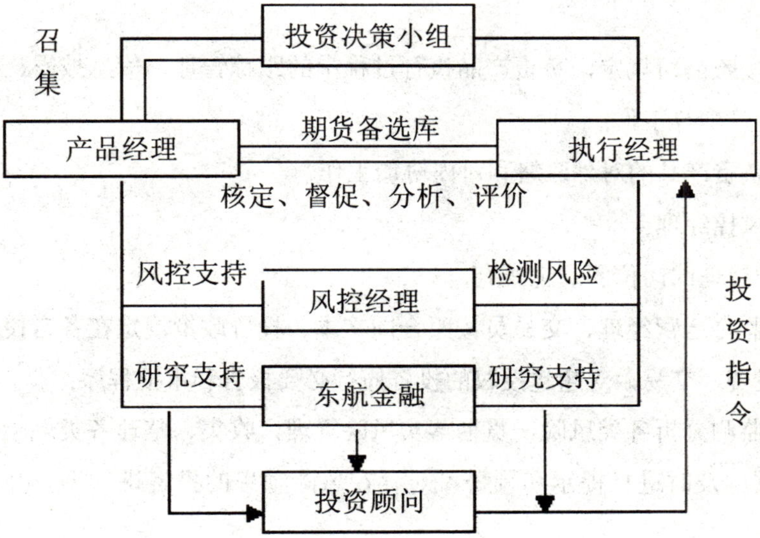

2．投资决策组

1)成员：包括产品及运营部门负责人、产品经理、投资顾问、运营经理、风控经理。

2)职责：审议运营经理报告的投资异常状况并确定处理方案。

3)议事规则：

(a)投资决策组会议由产品部门或运营部门负责人召集，须半数以上人员出席方可召开(产品及运营部门负责人必须出席)，召开前运营经理须将投资异常状况报告发送到小组每个成员。

(b)投资决策组讨论确定的处理方案形成会议纪要由小组成员签字表决，半数以上成员同意予以通过并执行，否则予以否决。部门负责人可再行提议其他处理方案并表决。运营经理负责形成书面报告，上报产品和运营部门负责人并报公司分管领导；

(c)投资决策组确定的处理方案，分管领导有一票否决权。

3．运营经理

运营经理的岗位职责主要有：

(a)对投资顾问的投资建议进行审核，在授权范围内执行场外交易指令，并记录交易执行情况，必要时对投资异常情况报告投资决策组并执行处理方案；

(b)按照公司规定，负责产品执行过程中的跟踪管理、信息披露、终止清算和档案管理等工作；

(c)负责产品的对外联络和对内协调工作。

4. 风控经理

风控经理的岗位职责主要有：

(a)监督运营经理、交易员按照合同文本、投资政策规定在各自授权范围内进行投资、交易，对超越授权的投资履行必要报告和审批程序；

(b)监测分析各类风险，贯彻落实风险管理，收集、整理各类风险监测的指标数据，及时进行提示和预警；对存在风险隐患的投资进行调查并做出独立判断；

(c)与公司风险管理部，落实公司有关风控政策。

5. 投资顾问

(a)按照自己的交易策略对执行经理发出投资指令；

(b)对投资异常情况报告产品经理以及投资决策组；

6. 投资限制

(a)只交易商品期货的主力合约和次主力合约；

(b)禁止交易近交割月合约。

注：主力合约和次主力合约按照交易量排名的最大的两个合约。非主力合约是指除主力合约和次主力合约的其他合约。近交割月合约是指交割月合约或临近交割月合约。

八、风险分析及管理对策

期货市场的保证金制度使得期货具有较高的杠杆效应，这决定了期货具有高收益、高风险的特征，“种子一号”基金经理养成计划作为探索性的期货基金，如何建立科学有效的风险监管制度，通过有效措施，对基金风险进行控制，规避、分散，成为一个重要课题。

“种子一号”基金经理养成计划通过三层风险保障措施设置既基金经理、

东航金融、期货公司三级风控体系严密布控，以期达到对风险的严格控制。作为基金的管理者，东航金融分别从以下方面对基金进行风险监控管理。

1．基金组合配置监控：

1)基金经理资产配置

通过东航期货主办的实盘期货大赛，对优秀选手的交易进行数量化分析，挑选出优秀的基金经理。同时，根据基金经理的交易风格，进行基金组合配置，从而达到对冲，分散风险和稳定盈利的目的。确定基金经理的投资组合也是我们进行风险管理的事前风险部分，通过事前对选手的交易策略和风险控制有足够的了解和认识，从而对整个组合产品的收益风险特征有足够的了解，在产品运行后对产品出现的异常情况能够及时进行监控。

2)基金经理资产配置定期调整

"种子一号"基金经理养成计划产品运营后每3个月定期调整一次，根据此期间基金经理的交易行为、交易结果调整基金组合资产配置。此期间主要考察以下方面：

(a)基金组合管理水平分析，通过对基金组合的收益构成分析，收益增长分析(主要关注基金组合收益率的增长及回撤情况)研究基金组合资产配置能力及业绩的持久性；

(b)基金经理交易分析，通过东航金融自有的客户交易行为分析系统跟踪基金经理交易行为，并定期对基金经理交易行为进行分析。

2．基金交易行为监控：

1)交易合约限制

根据期货市场和子基金投资策略的特点，综合考虑基金组合产品风险管理和公司内部风险管理的要求，根据合约的交易量、活跃程度以及是否为近交割月合约等因素，我们确定基金经理可交易的合约。通过东航金融自行开发的"红绿联盟交易系统"对基金经理可交易合约进行设定，并根据实际情况不断调整基金经理可交易的合约。

2)交易保证金率限制

通过调整期货合约的保证金比率即调整基金经理使用的投资杠杆倍数，

从而有效的实现对期货投资杠杆的控制。根据基金经理不同的交易策略特征，设定不同的初始保证金和维持保证金比率：在亏损的时候将提高基金经理的保证金比率，而在盈利的时候将降低基金经理的保证金比率，根据基金经理的交易情况动态调整保证金比率，根据净值表现调整不同基金经理的保证金比率。保证金比率表见附件1。

3)交易参数设定

通过东航金融自行开发的“红绿联盟交易系统”，对基金经理的交易参数进行设置，包括选手使用资金额度，交易品种等。同时，本系统可以对基金经理一些交易行为通过参数设置进行预警，如日内超短线基金经理的过夜持仓超过比率限制。

4)盘中实时交易监控

采用“红绿联盟交易系统”，及时、有效的进行盘中交易监控。对基金经理的交易品种进行评估，以及选手的交易风格进行监控，在突发的情况下采取减仓、强平等措施控制风险。

3. 基金经理投资风险监控：

本基金经理养成计划的业绩很大程度上依赖基金经理的投资管理能力、勤勉尽责的执行投资管理义务和恪守各项法律法规。为了更好的控制本基金的风险，保护投资者利益，特此规定：

(1)要求基金经理进行无不良记录和合规运作等的陈述和保证；

(2)要求基金经理应及时向东航金融披露其信用事件、涉及诉讼、被国家机关立案调查、及影响其发挥专业能力的事件，以便对其跟踪管理；

(3)要求基金经理定期准备投资计划、研究分析报告、评估报告等投资管理文件，递交并配合东航金融用于风险分析和信息披露；基金经理发出的投资建议应符合东航金融认同的研究分析报告；

(4)在基金经理养成计划中向投资人披露可能出现的投资风险，特别是出现道德风险时造成的不利影响。

(5)基金经理违反其职责时，东航金融有权根据合同的规定解聘基金经理或者提前终止养成计划。

4．基金净值跌破 0.70 止损点的风险：

若基金产品净值在接近止损点之时仍满仓交易，即便不存在杆杆(保证金比率为 100%)，也有可能在次日交易时盘中因交易品种价格的下跌，而导致最终清盘后的基金单位净值跌破 0.70，出现净值跌破止损点的风险。在净值跌破 0.7 以后该基金将停止运作，东航金融首先用自己购买份额补足客户的亏损，保证投资人最大亏损控制在 30%以内。

九、保证金调整比率表

1．基础保证金率：

交易所	品种	交易所基础保证金	基础保证金率
郑州商品	硬冬麦　WT	5%	10%
	强筋麦　WS	5%	10%
	棉花　CF	5%	10%
	白糖　SR	6%	12%
	PTA　TA	6%	12%
	菜籽油　RO	6%	12%
	早籼稻　ER	5%	10%
大连商品	豆粕　m	5%	10%
	大豆 1 号　a	5%	10%
	聚乙烯　l	7%	14%
	玉米　c	5%	10%
	大豆 2 号　b	5%	10%
	豆油　y	5%	12%
	棕榈油　p	7%	12%
	聚氯乙烯　v	7%	14%
上海期货	铜　cu	8%	16%
	铝　al	7%	14%
	天然胶　ru	8%	16%
	燃料油　fu	8%	16%
	锌　zn	7%	14%
	黄金　au	7%	14%
	螺纹钢　rb	8%	16%
	线材　wr	8%	16%

2．当子基金单位净值≤0.9时，则按照下面标准执行：

交易所	品种	交易所基础保证金	保证金率
郑州商品	硬冬麦　WT	5%	15%
	强筋麦　WS	5%	15%
	棉花　CF	5%	15%
	白糖　SR	6%	18%
	PTA　TA	6%	18%
	菜籽油　RO	6%	18%
	早籼稻　ER	5%	15%
大连商品	豆粕　m	5%	15%
	大豆1号　a	5%	15%
	聚乙烯　l	7%	21%
	玉米　c	5%	15%
	大豆2号　b	5%	15%
	豆油　y	5%	15%
	棕榈油　p	7%	21%
	聚氯乙烯　v	7%	21%
上海期货	铜　cu	8%	24%
	铝　al	7%	21%
	天然胶　ru	8%	24%
	燃料油　fu	8%	24%
	锌　zn	7%	21%
	黄金　au	7%	21%
	螺纹钢　rb	8%	24%
	线材　wr	8%	24%

3．当理财产品单位净值≤0.8时，则按照下面标准执行：

交易所	品种	交易所基础保证金	保证金率
郑州商品	硬冬麦　WT	5%	20%
	强筋麦　WS	5%	20%
	棉花　CF	5%	20%
	白糖　SR	6%	24%
	PTA　TA	6%	24%
	菜籽油　RO	6%	24%
	早籼稻　ER	5%	20%
大连商品	豆粕　m	5%	20%
	大豆1号　a	5%	20%
	聚乙烯　l	7%	28%
	玉米　c	5%	20%
	大豆2号　b	5%	20%
	豆油　y	5%	20%
	棕榈油　p	7%	28%
	聚氯乙烯　v	7%	28%
上海期货	铜　cu	8%	32%
	铝　al	7%	28%
	天然胶　ru	8%	32%
	燃料油　fu	8%	32%
	锌　zn	7%	28%
	黄金　au	7%	28%
	螺纹钢　rb	8%	32%
	线材　wr	8%	32%

4．当理财产品单位净值>1.1时，则按照下面标准执行：

交易所	品种	交易所基础保证金	保证金率
郑州商品	硬冬麦　WT	5%	8%
	强筋麦　WS	5%	8%
	棉花　CF	5%	9%
	白糖　SR	6%	10%
	PTA　TA	6%	10%
	菜籽油　RO	6%	10%
	早籼稻　ER	5%	8%
大连商品	豆粕　m	5%	9%
	大豆1号　a	5%	9%
	聚乙烯　l	7%	11%
	玉米　c	5%	8%
	大豆2号　b	5%	8%
	豆油　y	5%	10%
	棕榈油　p	7%	10%
	聚氯乙烯　v	7%	11%
上海期货	铜　cu	8%	13%
	铝　al	7%	11%
	天然胶　ru	8%	13%
	燃料油　fu	8%	13%
	锌　zn	7%	11%
	黄金　au	7%	11%
	螺纹钢　rb	8%	13%
	线材　wr	8%	13%

同时注意一下：

1. 当上述保证金率低于交易所规定的保证金率，按照交易所保证金率执行。

2. 调整保证金率的时候将在基金净值达到调整值的±2%范围内灵活调整，防止频繁调整。